KB040195

AI 시대 Chat GPT 리터러시를 만나다

디지털 · 미디어 · 인공지능 리터러시와 1인 기업가 되기

김미진 · 주혜정 공저

(주)광문각출판미디어
www.kwangmoonkag.co.kr

머리말

코로나19가 촉발한 디지털 전환에 이어 대화형 인공지능 챗GPT가 가져온 우리 사회의 변화는 혁신적이다. 이러한 변화에 대응하고 살아남기 위한 핵심 역량으로 디지털 리터러시를 꼽는다. 스마트 기기를 비롯하여 인공지능을 이해하고 활용할 줄 아는 리터러시 역량은 더 이상 선택 사항이 아니다. 특히 미래를 살아갈 아이들에게 이러한 역량을 키워 주는 것은 필자에게 중요한 사명으로 다가왔다.

이 책은 디지털 리터러시의 필요성을 이해하고 챗GPT와 같이 새롭게 등장하는 기술에 효과적으로 대응할 수 있는 방법을 제시한다. 디지털 리터러시는 단순히 기술을 다루는 것 이상이다. 우리의 모든 일상과 의식에 영향을 미치는 디지털을 보다 인간답게 활용하고 행복한 삶의 도구로 탐구한다.

더 나아가 미래 세대에게 요구되는 문제 해결 능력, 기업가 정신의 핵심 요소로 디지털 리터러시를 다룬다. 필자는 디지털 강사로서 기업가 정신을 만나면서 미래에 대한 진취적이고 가슴 뛰는 열정을 경험하고 있다. 디지털 시대의 도전과 기회를 함께 고민해 보고, 미래에 성공적으로 대응할 수 있는 기업가 정신을 함양하는 데에 이 책이 도움이 되기를 바란다.

기술 발전의 목표는 편리에 앞서 인류의 발전과 휴머니즘의 실현에 있다. 이 책의 목표는 디지털 리터러시에 대한 인식을 높이고, 모든 사람이 디지털 민주 시민이자 세계 시민으로 역할을 하는 데에 있다. 더불어 디지털 리터러시를 통해 개인의 자아실현과 행복한 내일을 꿈꿀 수 있도록 돕고자 한다.

인류의 미래를 준비하는 여정에 독자들과 함께하게 되어 무한 감사를 드린다.

2023년 9월

저자 김미진

머리말

이 책은 AI 시대를 살아가는 생존법으로 디지털 리터러시에서 미디어 리터러시, 인공지능 활용 등 필수 역량을 다루며, 디지털 기업가 정신을 키워 주는 안내서이다. 필자가 오랜 기간 학교 및 기관을 대상으로 진행한 디지털 리터러시·디지털 기업가 정신 교육과정과 소셜 벤처를 창업한 과정에서 얻은 경험과 가치를 담았다.

첫 번째 AI 시대 생존법으로 미디어 리터러시에 대한 역량을 다룬다. 코로나19 팬데믹으로 가속화된 디지털 대전환과 디지털 발자국이 우리의 일상과 소통 방식을 어떻게 변화시키고 있는지, 인공지능과 미디어가 결합한 AI 시대에 필요한 미디어 리터러시의 핵심 역량을 알아본다. 또한, 가짜 뉴스와의 전쟁, 인포데믹 등 미디어로 인한 사회 문제를 다루며 미디어 리터러시 역량으로 AI로 가짜 뉴스를 구분하고 정보를 선별하는 팩트체크 방법을 배울 수 있다.

두 번째 AI 시대 생존법으로 인공지능 리터러시에 대해 다룬다. 최신 기술 동향과 함께 AI 네이티브 세대가 될 우리 아이들이 키워야 할 미래 역량에 대해 알아보고, 챗GPT와 구글 바드를 다루는 예제를 통해 일상에서 활용 가능한 방법을 알아본다. 또한, 인공지능 윤리, 로봇세 도입 및 저작권 등 사회적인 문제에 대해서도 고찰하며, 우리 모두 인공지능을 다루는 창작자로서 나아갈 방법과 AI를 활용하는 방법들도 소개한다. AI로 스토리텔링하는 방법부터 음악 작곡까지 다양한 분야에서 창작자로서의 역량을 발전시킬 수 있다.

우리는 누구나 AI 시대의 주인공이 될 수 있고, 더 나은 미래를 창조할 수 있다.

미디어 리터러시, 인공지능 활용 등 AI 시대 살아가는 데 필요한 능력을 배우고 자신만의 창의력과 문제 해결 능력을 갖추는 '디지털 기업가 정신'으로 자신만의 미래를 열어 가는 열쇠를 찾아보자. 끝으로 이 책을 통해 여러분이 AI 시대를 지혜롭게 살아가고, 더 나은 미래를 만들어가는 데 도움이 되기를 바란다.

2023년 9월

저자 주혜정

목차

CHAPTER 2
AI 시대 생존법, 미디어 리터러시

CHAPTER 3
AI 시대 생존법, 인공지능 리터러시

CHAPTER 4
AI 시대 생존법, 1인 기업가 되기

1

AI 시대 생존법, 디지털 리터러시

01. 챗GPT 시대가 열리다

초등학생 시절, 인류의 미래를 상상하는 애니메이션 드라마 〈2020 우주의 원더키디〉가 생각난다. 주인공은 13세 소년 '아이캔'으로 우주에서 조난당한 아버지를 찾는 모험을 그린 만화이다. 당시 〈2020 우주의 원더키디〉에서 그린 인류의 미래는 인공지능과 로봇의 발달로 기계의 지배를 받고 자연환경이 파괴된 디스토피아이다. 2020년이 지난 지금 그런 일은 일어나지 않았지만, 당시 기억으로는 어둡게 그려진 미래가 꽤 충격적이었고 머지않은 미래에 곧 다가올 것만 같은 두려운 상상을 하기에 충분했다.

[그림 1-1] 2020 우주의 원더키디 삽화

출처: https://bbs.ruliweb.com/news/board/17/read/93

30년 후 인류의 미래는 어떤 모습일까? 〈2020 우주의 원더키디〉에서 그린 것처럼 회색빛 도시에서 인공지능의 지배를 받는 디스토피아일까? 그렇지 않으면 맑은 하늘 위의 초고층 빌딩에서 쾌적한 생활을 누리는 유토피아일까?

2016년 구글 딥마인드의 알파고(Alphago)가 당시 최고의 인간 바둑 실력자 이세돌과의 바둑 대결에서 승리했다. 1997년 IBM의 인공지능 딥블루가 체스 챔피언 가리 카스파로프를 상대로 승리한 지 약 20년이 지난 후의 일이다. 알파고가 바둑 대결에서 승리한 지 채 10년도 지나지 않은 현재, 인간의 언어로 대화할 수 있는 챗GPT가 등장했다. 챗GPT의 등장은 인간이 기술과 상호 작용하는 방식에 중대한 변화를 불러오고 있다. 구글에서 검색하고 자료를 수집하던 사람들은 이제 챗GPT가 정리해 주는 자료를 사용하고 있으며, 한 고등학교에서는 챗GPT의 레포트 대필로 전원 0점 처리된 사례도 알려지고 있다.

챗GPT의 등장으로 인공지능의 특이점이 올 것이라고 예측하는 사람들도 있다. 특이점이란, 인공지능의 발전이 가속화되어 인류의 지성을 뛰어넘는 초인공지능, 즉 강한 인공지능이 출현하는 지점을 말한다. 〈2020 우주의 원더키디〉처럼 인류의 미래를 상상하는 공상과학 영화에서는 자의식을 갖춘 강한 인공지능이 인류를 위협하는 모습을 그리고 있다. 챗GPT로 당장 강한 인공지능이 출현하지는 않겠지만 상상 속의 먼 미래인 것 같았던 일들이 한층 가까운 미래로 다가오고 있다.

강한 인공지능을 상상하지 않더라도 인공지능을 잘 활용할 줄 아는 것은 이 시대를 살아가는 데 필수적인 능력이 되었다. 인공지능을 활용할 줄 아는 사람과 그렇지 못한 사람의 정보 습득 및 판단력, 업무 효율성 차이는 인공지능이 발달할수록 더 벌어질 것이다. 챗GPT는 수많은 기사를 빠른 시간에 작성할 수 있고, 보고서 작성과 문서 요약에 능숙하다. 사람이라면 몇 시간이 걸리는 일들을 챗GPT는 몇 초 만에 뚝딱 해 낸다. 인간보다 빠르게 일을 처리해 내는 인공지능 비서를 잘 활용한다면 개인은 훨씬 더 많은 일을 효율적으로 해 낼 수 있다. 반면, 학생들의 레포트 대필 사례에서 보듯이 혁신적인 기술이라도 어떻게 사용하느냐에 따라 그 결과는 완전히 달라지고 있다.

코로나19가 디지털 전환(Digital Transformation, DX)을 촉발하고, 알파고에 이어 챗GPT가 등장했다. 지금의 IT 기술은 빠르게 발전할 뿐만 아니라 새로운 기술이 개발되는 순간 즉각 확산되고 있다. 반면에 빠르게 진화하는 기술 발전의 속도와는 달리 기술을 대하는 태도와 역량 개발은 막연하고 친절하게 알려 주는 이가 없다. 우리는 혁명적인 기술 발전이 이루어지는 시대에 이를 쫓아가기보다 디지털 기술을 대하는 기본자세를 돌아보려 한다. 지난 몇 년간 진행해 온 초중고 학생을 비롯한 다양한 디지털 교육의 사례와 함께 디지털 도구가 개인의 자아실현에 어떻게 도움을 줄 수 있는지 함께 이야기하고자 한다. 기술이 인간의 지능보다 앞서는 시대에 어떻게 이들과 함께 살아갈 수 있을지, 보다 인간다운 삶을 누릴 수 있는 방법을 함께 고민하는 시간이 되기 바란다.

02. 챗GPT 시대, 디지털 리터러시가 필요한 이유

2-1 디지털 리터러시(Digital Literacy)란

디지털 리터러시는 디지털(Digital)과 리터러시(Literacy)의 합성어로 국내 한 연구에서는 아래와 같이 정의한다.

> 디지털 사회 구성원으로서의 자주적인 삶을 살아가기 위해 필요한 기본 소양으로 윤리적 태도를 가지고 디지털 기술을 이해, 활용하여 정보의 탐색 및 관리, 창작을 통해 문제를 해결하는 실천적 역량
>
> 출처: Woon Jee Lee; 김수환; 이은환, 2019년 8월. "디지털 리터러시 교육과정 프레임워크 개발 연구"

그럼 리터러시란 뭘까? 리터러시는 우리말로 문해력이라고 해석할 수 있다. 문해력은 글을 읽고 쓰는 능력을 넘어서 이해하는 것을 말한다. 초등학생이 한글을 안다고 해서 신문이나 책의 내용을 모두 이해하고 활용할 수 있는 것은 아니다. 이와 마찬가지로 스마트폰으로 카톡을 사용하고 유튜브와 게임을 즐기는 것은 디지털 리터러시 역량과는 다른 의미이다.

디지털 리터러시는 다양한 디지털 플랫폼과 미디어에서 필요한 정보를 찾을 수 있으며, 이를 비판적으로 수용하고 활용할 수 있는 능력을 뜻한다. 디지털 리터러시는 디지털 미디어를 소비하는 것을 넘어서 콘텐츠 생산까지 포함하는 포괄적인 역량이다. 어려운 말처럼 들리지

만, 도서관을 방문하고 신문이나 책에서 필요한 정보를 찾을 수 있고, 찾은 정보를 글과 그림으로 표현하고 설명할 수 있는 것과 같다. 우리는 매일 리터러시 역량을 발휘하고 있고, 이것을 디지털로 옮긴 것이 디지털 리터러시이다.

디지털 리디러시는 교육에서 많이 언급된다. 그 이유는 지금 아이들은 태어나면서부터 디지털을 접하는 디지털 원주민이고, 이들을 교육하는 세대는 그렇지 않기 때문이다. 필요에 의해 디지털을 학습한 세대와 태어나면서부터 디지털을 접한 세대의 접근 방식은 다를 수밖에 없다. 인류가 문자와 종이를 발명하고 책으로 지식을 전달하기까지는 수천 년의 시간이 필요했지만, 2007년 아이폰이 발명된 지 20년이 채 안 된 지금, 디지털은 인류 문화를 변화시키고 있다. 문자와 종이로 정보를 탐색, 관리하고 창작하는 일은 오랜 세월에 걸쳐 인류가 경험하고 검증하면서 공동체 양식에 맞는 규범을 만들어 갈 수 있었다. 디지털 리터러시가 지금 우리에게 어려운 이유는 인류가 디지털을 경험한 시간이 너무 짧고 미처 검증하거나 규범을 정립하기 이전에 새로운 문제들이 발생하기 때문이다.

더 어려운 것은 디지털에서는 누구나 쉽고 빠르게 콘텐츠를 생산할 수 있으며, 이러한 콘텐츠는 생산되는 즉시 확산된다는 데 있다. 이것은 검증되지 않은 정보들에 아이들을 포함한 누구나 접근할 수 있다는 것을 뜻한다. 또한, 스마트 기기의 확산으로 얼굴을 마주하지 않은 절대다수가 디지털 공간에서 만나고 있으며 원거리의 대면하지 않은 사람들은 익명성 뒤에 숨어 새로운 문제를 일으키기도 한다. 이러한 새로운 현상이 발생할 때마다 인류는 여기에 대응하기 위하여 다양한 방법들을 연구하고 규범들을 확립하는 과정에 있다. 그러나 이에 대한 인류의 대응은 아직 완전하지 않다. 디지털 리터러시는 이러한 디지털 환경의 변화에 대응하기 위한 종합적인 역량이라고 볼 수 있다.

디지털 시민 의식

인류의 디지털 의존도는 아이폰 출현 이전과 이후로 완전히 달라졌다. 스마트폰 이전의 디지털 기기는 데스크톱 또는 노트북이었고, 이들은 이동 중에는 사용하기 어려웠다. 그러나 아이폰 출현 이후 누구나 스마트폰을 소유하며 아침에 눈을 떠서 잠들기 전까지 가까이하고 있다. 이런 현상으로 포노사피엔스라는 말이 생겨나기도 했다. 음성 통신에서 출발한 휴대용 전화기의 진화로 아이폰이 출현하고 데이터 통신 기술이 빠르게 발전하였다. 스마트폰으로 촉발된 무선 데이터 통신 기술의 발달은 전 세계를 하나로 연결하였다.

필자는 대학 졸업 후 스마트폰 개발자로 근무하였다. 당시 통화를 하려면 숫자 버튼을 눌러야 했던 폴더폰은 터치 스크린의 스마트폰으로 진화되었고, 영화를 보는 지금에 이르렀다. 처음 스마트폰을 개발할 당시에는 컴퓨터를 켜고 검색했던 것을 손 안의 스마트폰으로 찾아볼 수 있으니 편리하다고 이야기하고는 했다. 지금은 노트북보다 스마트폰 사용 빈도가 월등히 높으며 기능도 편리하다. 코로나19 팬데믹으로 급격한 디지털 전환을 이루면서 식당은 스마트폰 배달 앱으로, 대형 마트는 온라인 새벽 배송으로 대체되었다. 대형 빌딩의 일 층을 차지하고 있던 은행은 은행 앱으로 대체되었고, 강남역 일 층에도 비어 있는 상가들이 생겨나기도 했다. 그리고 아이들은 학교에 가지 않고 집에서 온라인으로 선생님을 만났다. 이는 과거에는 상상하기 어려웠던 일이다.

디지털 리터러시는 이제 생존의 기술이다. 인류 변천사에서 이만큼 빠르게 세상을 바꾼 기술은 없었고, 앞으로 얼마나 더 발전할지 누구도 예측하기 어렵다. 그렇기 때문에 대응하기 어려울 수밖에 없으며, 문화와 배경이 다른 전 세계가 연결된 만큼 인류 공동의 디지털 규범이 필요해졌다.

오프라인과 온라인의 가장 큰 차이점은 상대의 얼굴을 마주하지 않는 것이다. 자신을 드러내지 않고 사람들과 소통할 수 있는 익명성이 빠르게 확산되는 디지털 속성과 만나면, 근거 없는 가짜뉴스를 생산하거나 다른 사람들을 비방하고 상처를 주기도 한다. 한편으로는 직접 만난 적이 없어도 소셜 미디어에서 소식을 접하고 댓글로 소통해 온 이는 마치 오래전부터 아는 사람인 듯 느껴지기도 한다. 시공간을 뛰어넘는 디지털 덕분에 다양한 사람들을 만날 수 있고, 많은 일을 시도할 수 있으며, 공동체는 전 세계로 확장되었다.

오프라인 세상에 법으로 정해지지 않은 규범이 있듯이 온라인에서도 어긋난 행위를 방지하기 위해 공동의 약속과 교육이 필요하다. 이것은 얼굴을 마주했을 때와 같은 태도로 상대 방을 존중하고 배려하는 자세이며 인류가 이제까지 취해 왔던 윤리 규범과 동일하다. 자칫 소홀할 수 있는 인류 공동의 윤리와 규범을 디지털 공간에서도 잊지 않도록 계속 알리고 교육하는 것이다.

어린 아이들은 건강한 사회인으로 성장하기 위해 여러 가지를 배우고 익힌다. 글을 읽고 쓰는 것과 마찬가지로 디지털 리터러시 역시 아이들 교육에서 중요한 화두이다. 성인의 경우, 특히 노년기에도 빼놓을 수 없는 것이 디지털 리터러시이다. 어느 날 갑자기 등장한 스마트폰은 편리하지만 당황스러울 수 있다. 디지털 전환의 시대에 현명하게 대응하고 행복한 일상을 누리는 데에 디지털 도구를 잘 사용하는 것은 중요해졌다.

[그림 1-2] 전국 문맹퇴치 공로자 표창식
출처: 행정안전부 국가기록원

앞서 소개한 국내 연구에서는 '디지털 사회 구성원으로서의 자주적인 삶'에 대하여 언급했다. 1950년대에 '문맹퇴치운동'이 있었지만 지금 우리 사회 문맹률은 제로에 가깝다. 당시 문맹퇴치운동은 "없어지는 눈뜬 장님, 자라나는 민주 대한"이라는 구호 아래에 이루어졌는데, 구호에서 보듯이 문맹 퇴치의 목적은 국민들의 민주 역량을 강화하고 선거의 참여율을 높이는 데 있었다. 이 운동은 당시 약 78%의 문맹률을 28%로 낮추면서 개인이 사회 활동에 참여하고 건강한 민주사회로 발전하는 데 큰 역할을 하였다. 공동체 구성원으로 사회 활동 참여는 소속감을 갖게 하고, 자신의 의견을 표현하고 설득할 수 있다는 효능감을 갖게 하며 더 나아가 개인 삶의 만족도를 높이는 데 크게 기여한다.

인공지능과 메타버스를 이야기하는 시대에 디지털 리터러시는 문맹을 벗어나는 것 이상을 의미한다. 디지털 리터러시란, 디지털 미디어를 수용하고 소비하는 것을 넘어 콘텐츠를 생산 하고 소통할 수 있으며 생산된 콘텐츠가 온라인에서 빠르게 전달될 수 있음을 뜻한다. 이것 은 디지털을 잘 사용하는 것 이상으로 개인과 사회에 영향을 미칠 수 있다. 디지털 기술은 예 상보다 빠르게 진화하고 있고 새로운 기술들은 사회 곳곳에 즉각 적용되고 있다. 이러한 변 화 속에서 디지털 리터러시는 개인이 의사를 표시할 수 있는 유용한 방식이며 사회 구성원으 로서 역할을 하는 데 필수적이다. 디지털 정보와 활용에 소외되지 않고 사회 구성원 모두가 건강한 디지털 시민으로 자리할 때 우리 사회 역시 건강해질 것이다.

디지털 지능, DQ 프레임워크

디지털 리터러시와 관련하여 DQ연구소(www.dqinstitute.org)에서 개발하고 IEEE 표준 위원회와 OECD에서 채택한 DQ(Digital Intelligence) 프레임워크를 소개한다.

아래는 DQ 프레임워크의 8개 영역에 대해 한글로 잘 표현하고 있다.

[그림 1-3] DQ월드의 DQ 시민 능력을 구성하는 8가지 디지털 지능

출처:www.dqworld.net

표준에 의하면 DQ는 "보편적인 도덕적 가치에 기반을 두고 개인이 도전에 직면하고 디지털 생활의 기회를 활용할 수 있도록 하는 기술, 인지, 메타인지 및 사회 정서적 역량의 포괄적인 집합"으로 정의되며, DQ 프레임워크는 디지털 정체성, 디지털 사용, 디지털 안전, 디지털 보안, 디지털 감성 지능, 디지털 리터러시, 디지털 소통 및 권리의 8개 영역으로 나뉜다. 각 영역에서는 수준에 따라 책임감 있고 안전하며 윤리적으로 사용할 수 있는 디지털 시민의식, 새로운 지식과 기술을 수용하고 콘텐츠를 생산하여 문제를 해결할 수 있는 창의성, 글로벌 과제를 해결하고 디지털 경제에서 새로운 기회를 창출할 수 있는 경쟁력의 세 가지로 구분한다. 디지털 리터러시에 관심이 있다면 접속하여 영역별 내용을 확인하기 바란다. DQ 프레임워크는 개인이 미래의 디지털 세상을 어떻게 살아갈 것인가에 대한 윤리 규범부터 세계 시민으로서의 역량과 기술의 이해와 활용까지 광범위하게 다룬다.

문제 해결 능력과 코딩

흔히 컴퓨팅 사고력을 키우기 위해 코딩을 해야 한다고 말한다. 컴퓨팅 사고력이란 코딩을 잘하는 능력과는 다르다. 주어진 명령을 순차적으로 처리하는 기계의 특성을 이해하고 순서대로 기계에 명령하기 위해서 논리적으로 사고할 수 있는 능력을 뜻한다. 이를 가장 잘 표현한 영상을 소개한다. 영상에서 아이의 미션은 로봇 역할의 아버지에게 식빵에 잼을 바르는 과정을 순차적으로 설명해야 한다. 비슷한 예로 2017년 SBS 스페셜 〈내 아이가 살아갈 로봇 세상〉에서 아버지가 세 형제와 같은 실험을 하는 영상이 있다.

[그림 1-4]
출처: https://youtu.be/cDA3_5982h8

[영문판] Exact Instructions Challenge
출처: https://youtu.be/cDA3_5982h8

디지털 리터러시 개념이 알려지기 이전에는 미래 대응 능력으로 코딩을 많이 이야기했고, 코딩 수업이 유행처럼 이루어졌다. 필자는 서울의 한 초등학교 방과후교실에서 6개월간 일한 경험이 있다. 당시 수업에서는 엑셀, 워드, 파워포인트 등의 OA(사무자동화) 자격증 수업과 블록 코딩 수업이 있었는데 아이들은 교재의 내용을 그대로 따라 하고만 있었다. 아이들은 왜 이 블록을 사용해야 하는지, 코딩으로 무엇을 할 수 있는지 알지 못했다.

코딩은 DQ 프레임워크의 상위 수준인 문제 해결 능력에 해당한다. 해결하고 싶은 문제를 발견하는 과정은 '왜?'라는 질문에서 시작되고, 이것은 디지털 시민으로서 권리를 이해하고 문제의식과 참여의식을 가질 때 생긴다.

2-2 인공지능 시대, 주인이 되는 방법

질문과 호기심

2010년 서울 코엑스에서 G20 주요 경제국의 정상들이 모이는 국제 행사가 있었다. 당시 행사의 폐막식 기자회견 영상은 '아무 질문도 못 하는 한국 기자들'로 유명하다. 영상에서 버락 오바마 미국 대통령은 주최국 한국에 감사를 표하면서 한국 기자에게 질문할 기회를 우선적으로 주었다. 잠시 정적이 흐르고 오바마는 통역이 필요할 수 있다며 다시 질문을 요청한다. 하지만 한국 기자들은 아무도 질문하지 않았고 잠시 후 손을 든 동양인 기자는 중국인이었다. 재차 한국 기자들의 질문을 요청했지만, 결국 질문권은 중국인 기자에게 돌아갔다.

[그림 1-5] EBS 다큐프라임 '왜 우리는 대학에 가는가'의 한 장면

출처: EBS 다큐프라임(ebs.co.kr)

한국인이 질문에 익숙하지 않은 것은 많은 사람이 동의할 것이다. 지금까지의 학습은 호기심보다 필요에 의한 지식 주입이 우선되었다. '19세기 교실에서 20세기 교사가 21세기 아이들을 가르친다.'라고 이야기한다. 정답을 찾는 데 익숙한 우리에게 궁금한 점을 질문하거나 생각을 조리 있게 서술하고 동등한 입장에서 의견을 나누고 합의점을 찾는 일은 여전히 어렵다.

이제 인간보다 정답을 빠르게 잘 찾는 AI가 등장했다. 원하는 정보를 링크로 제시해 주는 구글과 달리 챗GPT는 질문자의 의도와 맥락에 맞게 정리된 정보를 제공한다. 인공지능이 발전할수록 질문의 중요성을 이야기한다. 그럼 질문하는 능력은 어디에서 올까? 질문을 하려면 아는 것과 모르는 것을 구분할 수 있어야 하고, 그중에 궁금한 것, 모르는 것을 질문하게 되는 것이다. 질문한다는 것은 머릿속에만 있던 것을 드러내어 말로 묻고 설명하는 것이고 이 과정에서 생각이 분명해진다.

챗GPT에 질문하는 능력이 왜 중요한지 물어보았는데, 문제 해결과 의사 결정, 커뮤니케이션, 창의성과 혁신을 이유로 꼽았다.

질문

인공지능이 발달할수록 인간에게 중요한 것은 질문하는 능력이라고 한다. 왜 그런지 설명해 봐.

답변

인공지능이 발달할수록 인간에게 질문하는 능력은 더욱 중요해집니다. 여기에는 몇 가지 이유가 있습니다:

지식 확장과 학습: 인간은 지식을 습득하고 새로운 아이디어를 발전시키기 위해 질문을 통해 탐구하고 배우는 경향이 있습니다. 인공지능의 발달은 인간이 접근하기 어려운 방대한 양의 정보와 데이터에 액세스할 수 있게 되었습니다. 이런 상황에서 인간은 올바른 질문을 통해 인공지능으로부터 유용한 정보를 추출하고 새로운 지식을 확장할 수 있습니다.

문제 해결과 의사 결정: 인간은 복잡한 문제를 해결하거나 중요한 의사 결정을 내리기 위해 질문하는 습관을 가지고 있습니다. 인공지능이 발달하면서 인간은 인공지능에 질문을 제기하여 다양한 옵션을 검토하고 최적의 결정을 내릴 수 있습니다. 인공지능은 대량의 데이터와 알고리즘을 기반으로 한 의사 결정에 도움을 주는데, 인간의 질문은 이러한 결정 과정에서 중요한 정보와 관점을 제공할 수 있습니다.

인간-기계 상호작용과 커뮤니케이션: 인간과 인공지능 간의 상호작용과 커뮤니케이션은 매우 중요합니다. 인공지능이 사람들을 돕고 협업하는 도구로 사용될 때 인간은 인공지능에 질문을 통해 요청하고 명령하며, 인공지능은 이를 이해하고 적절한 응답을 제공합니다. 질문은 인간과 인공지능 사이의 원활한 소통을 위해 필수적인 요소입니다.

창의성과 혁신: 질문은 창의성과 혁신을 유발하는 역할을 합니다. 인간은 문제를 진단하고 새로운 해결책을 찾기 위해 질문을 사용합니다. 이러한 질문을 통해 문제의 본질을 이해하고, 다른 시각과 접근법을 고려하여 새로운 아이디어와 혁신적인 해결책을 발견할 수 있습니다. 인공지능과 함께 일할 때, 인간은 인공지능에 질문을 하여 창의성과 혁신을 더욱 발전시킬 수 있습니다.

질문한다는 것은 호기심과 용기를 필요로 한다. 챗GPT가 말한 것처럼 인간은 문제를 진단하고 새로운 해결책을 찾기 위해 질문을 사용한다. 최근 강조되고 있는 문제 해결 능력이란 문제를 발견하는 것에서 출발하며, 이것은 주변에 대한 관심과 호기심에서 출발한다. 호기심은 세상을 배우고 이해하려는 욕구이고 인간이 성장하는 데에 중요한 요소이다. 호기심을 가지고 궁금한 내용을 챗GPT에 질문하고 사고를 확장해 보자.

글쓰기와 공유

질문하기 위해서는 정답을 찾는 데에서 벗어나 자신의 생각을 다른 사람과 나눌 수 있어야 한다. 이는 글쓰기와 토론 토의에 해당할 수 있는데, 여기에 효과적인 도구가 디지털이다. 디지털 플랫폼에 댓글로 의견을 표시하거나, 블로그 등의 소셜 미디어에서는 보다 적극적으로 생각을 드러내고 글로 표현할 수 있다.

우리는 교육에서 디지털 게시판, 패들렛을 자주 사용한다. 패들렛은 프라이버시 설정에 따라 계정이 없어도 누구나 작품을 게시하고 공유할 수 있는 클라우드 서비스이다. 경쟁적 평가가 필요한 경우에 보통 공유를 금지하는데 그보다 공유할 때 얻어지는 유익함이 더 많다. 다른 사람들과 공유하면서 자신의 지식과 경험을 되돌아 볼 수 있고, 이를 통해 학습과 성장을 도모할 수 있다. 특히 아이들 교육에서는 보다 수준 높은 결과물을 만든 친구를 보고 자신의 결과물을 다시 작성하는 경우는 자주 일어나는 일이다.

패들렛은 팀 작업에도 유용하다. 다른 사람들의 아이디어와 관점을 수용하고 함께 토론하고 문제를 해결할 수 있다. 팀 작업에서는 선의의 경쟁 의식이 발휘되기도 하는데, 여러 사람이 모여 팀으로 활동하므로 팀원 한 사람이라도 성취 의욕을 보이면 더욱 활동적인 수업이 된다. 패들렛과 같은 공유 게시판은 일방적인 지식 전달보다 학습자 간에 상호작용이 일어나고 사회적 네트워크를 형성하는 데 도움을 준다. 여기에는 경쟁의식보다 열린 마음으로 수용하는 자세가 중요하다. 패들렛은 누구나 회원 가입할 수 있으며, 한 계정에 5개의 게시판을 무료로 사용할 수 있다. 타임라인, 캔버스, 지도 등 다양한 템플릿을 활용하면 교육 자료 게시뿐만 아니라 토론 게시판으로도 훌륭하다.

[그림 1-6] 유튜브 크리에이터 과정 패들렛 예시

챗GPT에 질문하기

챗GPT는 반복되는 대화의 맥락을 이해할 수 있는 멀티턴(Multi-Turn) 대화 모델로 사용자와 자연스러운 의사소통이 가능하다. 멀티턴 대화 모델이란 단일 질문에 응답하는 것이 아니라 여러 번의 대화를 기억하고 맥락과 의도에 맞게 답변하도록 설계되어 있다. 사용자가 초등학생이라면 챗GPT는 초등학생 정도의 지적 수준임을 파악하고 쉬운 용어로 답변할 수 있는 것이다. 챗GPT가 답변한 내용을 지적하거나 추가 질문을 하면, 앞선 대화의 맥락에 근거하여 수정된 내용을 보여 준다. 보다 전문적인 답변이 필요하다면 사용자의 지식과 정보를 주고 이를 참고하여 답변할 것을 요청할 수 있다. 심지어 챗GPT의 답변이 마음에 들지 않는다고 하면 마치 사람처럼 Okay, Sorry 등의 적절한 코멘트와 함께 답하기도 한다. 일반적인 정보를 보여 주던 검색과 달리 챗GPT는 마치 나를 잘 아는 사람과 대화하는 듯한 느낌이다.

챗GPT에 요청하는 형식을 프롬프트라고 하는데, 어떻게 질문하느냐에 따라 다양한 수준의 답변을 얻을 수 있다. 예를 들면 '디지털 리터러시 교육이 필요한 이유를 적어 봐'라는 질문보다는 '초등학교 아이들에게 디지털 리터러시 교육이 필요한 이유를 5가지로 적어 줘'와 같이 목적과 답변의 형식을 포함하여 질문할 수 있다.

챗GPT에 효과적으로 질문하는 방법으로 알려진 것은 대체로 아래와 같다.

1. 영어로 질문한다.

챗GPT가 학습한 데이터는 영어가 절대적으로 많다. 파파고나 구글 번역기를 활용하여 영어로 질문하면 훨씬 더 싱세한 답변을 얻을 수 있다. 번역기 외에 지니 프롬프트와 같은 구글 확장 프로그램을 사용해도 좋다.

2. 상황이나 역할을 부여한다.

'너는 초등학교 선생님이야', '초등학교 도덕 시간에 디지털 리터러시에 대해 수업을 진행하려고 해', '대상은 초등학교 저학년 학생들이야', '아이들이 알기 쉬운 용어로 설명해 줘' 등과 같이 구체적인 상황과 역할을 줄 수 있다.

3. 숫자를 활용한다.

위 질문에 추가로 '40분 동안 디지털 시민의식 교육을 진행하기 위한 주제 5가지를 적어 줘.'와 같이 숫자를 활용할 수 있다. 리스트나 표로 답변을 요구하면 더 보기 좋게 정리된 답을 얻을 수 있다.

4. 답변에 대해 추가 질문을 한다.

추가 질문은 다양하게 해볼 수 있다. 각 주제에 대하여 학습 내용과 활동을 질문하고 수업 시간표 작성을 요청할 수도 있다.

위 주제를 예시로 챗GPT에 구체적으로 다시 질문해 보았다.

질문

너는 초등학교 선생님이야. 초등학교 도덕 시간에 디지털 리터러시에 대해 수업을 진행하려고 해. 초등학교 저학년 학생들을 대상으로 디지털 시민의식 교육을 40분 동안 진행하려고 해. 아이들이 알기 쉬운 용어로 5가지 수업 주제를 적어 봐.

답변

수업 주제를 초등학교 저학년 학생들이 알기 쉬운 용어로 표현해 보겠습니다. 아래는 40분 동안 진행할 수 있는 디지털 시민의식 교육 수업 주제 5가지입니다:

1. 온라인 친구와 디지털 좋은 친구되기: "인터넷에서도 좋은 친구가 되자!"
   다른 사람을 존중하고 친절하게 대하는 방법을 배우며, 온라인에서 안전한 친구를 사귀는 법을 알아봅니다.
2. 비밀번호와 개인정보 보호하기: "내 비밀은 나만 알아야 해!"
   비밀번호를 잘 지키고, 개인정보를 안전하게 보호하는 방법을 배우며, 사생활을 지키는 중요성을 이해합니다.
3. 사이버 방해와 나쁜 말 대처하기: "사이버 악당에 대처해 보아요!"
   사이버 방해와 나쁜 말로부터 자신을 지켜내는 방법을 배우며, 도움을 요청하는 방법과 상황에 따른 대응법을 알아봅니다.
4. 온라인 정보 확인하기: "진짜인지 아닌지 알아보자!"
   온라인에서 진실된 정보를 확인하고, 허위 정보를 구별하는 방법을 배우며, 신뢰할 수 있는 웹사이트와 소스를 찾는 방법을 익힙니다.
5. 게임과 활동의 균형 유지하기: "게임도 즐기면서 다른 활동도 할 수 있어요!"
   게임 시간과 다른 활동 시간을 균형 있게 조절하는 방법을 배우며, 다양한 즐거움을 찾아가는 중요성을 이해합니다.

위 주제들은 초등학교 저학년 학생들이 쉽게 이해하고 실생활에서 적용할 수 있는 내용들로 구성되어 있습니다. 수업 동안 이야기를 나누고 예시를 들며 아이들이 자신의 생각과 경험을 공유할 수 있도록 도와주세요.

질문

이 주제들 중 '온라인 정보 확인하기'에 대하여 40분 동안 학습할 내용을 시간표로 적어 줘.

답변

아래는 '온라인 정보 확인하기'라는 주제를 40분 동안 수업하기 위한 시간표 예시입니다. 각 시간별로 학습할 내용과 활동을 포함시켜 보았습니다:

시간	활동	내용
5분	도입 활동	학생들에게 온라인에서 정보를 찾는 중요성에 대해 이야기하고, 질문을 던집니다.
10분	정보의 신뢰성 이해하기	진짜 정보와 가짜 정보의 예시를 들어주며, 학생들이 정보의 신뢰성을 평가하는 기준을 함께 논의합니다.
10분	신뢰할 수 있는 소스 찾기	신뢰할 수 있는 웹사이트와 소스를 찾는 방법을 설명하고, 예시와 함께 실습 시간을 갖습니다.
10분	정보 신뢰성 평가 실전 연습	다양한 정보를 제시하고, 학생들에게 신뢰할 수 있는지 평가하는 실전 연습을 시행합니다.
5분	토론과 결론	학생들과 함께 정보 신뢰성 평가에 대한 토론을 진행하고, 결론을 도출합니다.

'초등 디지털 리터러시 교육'에 대한 질문과 챗GTP의 답변

2-3 디지털 속으로? 세상 밖으로!

디지털 사회 참여

디지털 플랫폼을 통해 사회 구성원으로서 의미있는 사회 참여가 가능하며, 긍정적인 경험을 통해 삶을 변화시키는 기회를 제공한다.

[그림 1-7] By slgckgc - Doing the ALS Ice Bucket Challenge, CC BY 2.0,
출처: 위키피디아

2014년 확산된 아이스 버킷 챌린지는 루게릭병 환자를 돕기 위해 시작된 기부 캠페인으로 얼음물을 뒤집어쓰는 동영상을 소셜 미디어에 공유하거나 100달러를 기부하자는 내용이다. 이 캠페인은 전 세계로 퍼져나가 빌 게이츠 등 유명 인사들이 참여하면서 더욱 알려지게 되었고, 국내에서도 연예인뿐만 아니라 일반 시민들도 적극 참여한 캠페인이다. 위키피디아에 따르면, 아이스버킷 챌린지로 약 1억 달러(한화 약 1,300억 원)가 모금되었는데 소셜 미디어가 아니었다면 이렇게 빠른 시간에 많은 사람이 참여하기 어려웠을 것이다. 얼음물을 뒤집어 쓰지 않더라도 '좋아요'와 공유하기로 가벼운 의사 표시를 하고 사회 인식을 높이는 데 기여할 수 있다. 이는 디지털 플랫폼을 사용하여 메시지를 전달하고 다른 사람들과 소통하는 좋은 예이다. 사람들은 콘텐츠를 공유하면서 의미와 영향력에 대하여 생각해 보고 사회 구성원으로서 책임감을 가질 수 있다.

디지털 기술의 발전으로 인류가 누리는 편리함은 이루 말할 수가 없다. 많은 사람이 염려하는 유튜브와 게임 역시 우리에게 지식과 즐거움을 주고, 일자리를 제공하기도 한다. 인류는 언제나 기술의 긍정적인 면을 확장하면서 발전해 왔으며, 여기에 중요한 한 가지 방법이 디지털 역량을 키우는 것이다. 우리가 디지털 리터러시 교육을 할 때에 집중하는 것은 '유튜브를 사용하지 마세요'가 아니다. 디지털에서 긍정적인 경험을 할 수 있도록 돕는 것이 목적이다. 디지털 도구를 활용해 자신의 생각을 담은 아름다운 카드뉴스를 만들고, 변화에 참여하고 긍정적인 피드백을 받는 것이다. 이러한 긍정적인 경험은 개인의 삶을 바꾸는 계기가 될 수도 있을 것이다.

디지털 미디어와 비판적 사고

- 디지털 미디어의 특성을 이해하고 신뢰성 있는 정보를 판별하여 비판적으로 생각하는 능력
- 디지털 미디어가 사회에 미치는 영향을 이해하고 참여함으로써 긍정적인 변화를 이끌어 내는 것

미디어는 정보를 담을 수 있는 다양한 형태의 매체로 많은 사람에게 전달되고 영향을 미치기 위한 것이다. 미디어는 신문, 잡지, 서적 등의 인쇄물을 비롯하여 TV, 라디오, 광고 등의 채널을 포함한다. 디지털 미디어가 발달한 지금은 유튜브와 소셜 미디어 및 다양한 온라인 언론 매체와 온라인 출판물 또한 미디어로 볼 수 있다.

과거에는 미디어 콘텐츠를 제작하고 전달하려면 특별한 권한과 능력이 필요했다. 온라인으로 세상이 연결되기 이전에는 개인의 의견을 사람들에게 전달하려면 출판사를 통해 책을 출간하거나 방송국에서 방송을 해야 했다. 과거의 출판사와 방송국은 개인이 소유하기에 너무나 거대한 것이었다. 그러나 지금 방송국은 사람들 손 안의 작은 스마트폰 안에 있다.

모두가 디지털로 연결된 지금은 누구나 콘텐츠를 제작하고 전달할 수 있으며, 손쉽게 미디어에 접근할 수 있다. 미디어에 대한 접근과 콘텐츠 제작이 용이해지면서 인플루언서가 등장하고, 이들의 영향력은 점차 커지고 있다. 과거의 미디어는 콘텐츠 생산부터 전달까지 여러 검증 과정을 거쳤지만, 지금은 검증되지 않은 누구나 미디어가 될 수 있는 시대이다. 인공지능 가짜 뉴스를 예로 들지 않더라도 사실과 의견을 구분하고 판단할 수 있는 비판적 사고가 필요한 이유이다.

디지털 리터러시 역량 중 중요한 한 측면은 정보의 유효성을 판단하는 것이다. 인공지능 이전에 우리는 이미 검색 엔진과 유튜브를 통해서 엄청난 정보를 접하고 있었다. 포털에서 검색되는 수많은 정보는 사실을 비롯하여 의견이나 주장, 가짜 뉴스 등 잘못된 정보들도 포함된다.

구글 등의 포털사이트에서는 출처에 따라 진위 여부를 판단할 수 있었지만, 챗GPT는 출처 정보를 표기하지 않으므로 판단은 사용자에게 달려 있다. 따라서 제공되는 정보가 우리에게 유용한 정보인지, 편향된 정보는 아닌지, 윤리적인 문제는 없는지 스스로 판단할 수 있어야 한다. 이것은 먼저 챗GPT가 학습하는 방대한 양의 데이터가 사실이 아닐 수 있다는 것을 인지하는 데에서 출발한다. 챗GPT는 논리적이고 정확한 답변을 제공하는 듯하지만, 자세히 읽어 보면 똑같은 말을 다른 용어로 반복하기도 한다.

뉴스보다 유튜브와 댓글을 더 신뢰한다는 사람들도 있다. 특히 아이들은 유명 인플루언서의 말을 쉽게 믿는다. 제품을 구매할 때 유튜브와 댓글을 참고하는 것은 당연하게 여겨지고, 인터넷 뉴스를 볼 때 댓글을 같이 보는 비율도 높다.

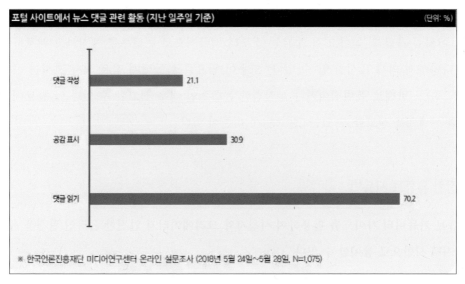

[그림 1-8] 포털사이트에서 뉴스 댓글 관련 활동
출처: 한국언론진흥재단 미디어연구센터 온라인 설문조사

　최근 네이버와 다음 등 포털에서 뉴스 댓글 서비스를 개편했다. 다음에서는 뉴스 댓글을 없애는 대신 실시간 채팅을 도입했고, 네이버는 뉴스 댓글의 악성 사용자 아이디 일부와 닉네임을 노출하기 시작했다. 뉴스의 댓글 조작 사건과 '베스트 댓글'이 여론 형성에 영향을 미치는 것을 피하고, '악플러'를 노출함으로써 악성 댓글과 혐오 표현을 줄이기 위해서다. 몇 년 전에는 악플로 인한 연예인 자살 사건 등으로 연예 기사에 댓글이 금지되었다. 사람들의 생각이 궁금해서 열어 본 댓글이 마치 뉴스보다 더 신뢰할 만한 것으로 여겨질 수도 있다. 댓글은 단지 일부 사람들의 의견일 뿐이지만, 공감 수가 많거나 비슷한 댓글을 자꾸 보다 보면 마치 사실인 것처럼 생각하게 된다.

　현대인은 과거보다 훨씬 많은 양의 미디어를 접하고 있다. 빠르게 확산되는 디지털 미디어는 쉽게 여론을 형성하고 다수의 의견에 영향을 미치기 그 때문에 종종 갈등을 일으키는 원인이 되기도 한다. 따라서 이들이 어떤 목적을 가지고 있는지 살펴보고 윤리적으로 사고할 수 있어야 한다. 구매를 일으키는 것이 목적인지, 사실 전달이 목적인지, 또는 여론을 형성하는 것이 목적인지 생각해 볼 수 있다.

내가 찾은 정보가 도움이 되는 유익한 정보라면 '좋아요'를 누르거나, 구독하고 공유할 수 있다. 이처럼 가볍게 '좋아요'를 누르는 것부터 적극적으로 콘텐츠를 제작하고 배포하는 것까지 다양하게 의사 표시를 할 수 있다. 도움이 필요한 이들에게 작은 의사 표시는 큰 힘이 되기도 한다. 반대로 폭력적이거나 부적절한 콘텐츠인 경우 신고할 수 있다. 유튜브에는 부적절한 콘텐츠를 신고할 수 있는 '신고하기' 버튼이 있다.

안전한 유튜브 사용법

유튜브 커뮤니티 가이드를 활용하여 시청자와 크리에이터가 안전한 온라인 환경을 유지하고 디지털 시민으로 참여할 수 있다.

사람들이 디지털 기기에서 가장 많은 시간을 소비하는 플랫폼은 단연 유튜브이다. 어린아이부터 노인들까지 대한민국 인구 중 약 81%가 유튜브를 사용하며, 지난해 9월 한 달간 사용 시간은 약 13억 시간으로 1인당 월평균 30시간 이상이다(2022년 기준). 이는 평균 사용 시간이므로 적게 사용하는 이와 많이 사용하는 이의 편차를 고려한다면, 과도하게 많은 시간 동안 유튜브를 시청하는 사람들도 적지 않을 것이다. 특히 사회 의식과 자기 조절이 미숙한 아이들과 사회 활동이 적은 노인들은 폭력적이거나 편향된 영상에 노출될 수 있고, 미처 이를 의식하지 못할 수 있다.

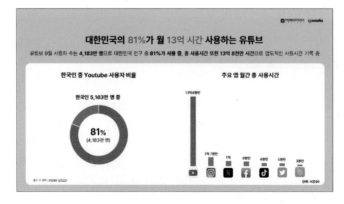

[그림 1-9] 유튜브 이용시간 통계
출처: 모바일 인덱스(2022년 기준)

앞서 이야기한 것처럼 유튜브는 정보의 사실 여부나 도덕적 검토가 이루어지지 않은 개인 콘텐츠가 대부분이며, 이들이 여론을 형성하는 등 사회에 미치는 영향력도 상당하다. 유튜브에서는 다양한 정책으로 콘텐츠를 확인하고 제재하고 있지만 역부족이다. 따라서 유튜브를 시청하는 개인이 비판적 시각으로 유해한 콘텐츠를 판단하고 부적절한 콘텐츠를 신고하여 안전한 환경을 유지하는 데 역할을 할 수 있어야 한다. '좋아요'를 누르는 것과 마찬가지로 '싫어요'나 '신고하기' 버튼을 누르는 것은 디지털 시민으로 건강한 사회 참여 활동이 될 수 있다. 지금까지 우리 사회를 건강하게 발전시켜 온 여러 사회 규범처럼 이러한 시민의식이 확산된다면 유튜브로 인한 염려는 많이 줄어들 것이다.

유튜브는 안전한 커뮤니티 유지를 위한 가이드를 제시하고 있다. 유튜브 커뮤니티 가이드는 스팸 및 현혹 행위, 민감한 콘텐츠, 폭력적이거나 위험한 콘텐츠, 규제 상품, 잘못된 정보 등의 커뮤니티 위반 목록을 제시하고 신고할 수 있는 방법도 안내하고 있다. 각 목록별 상세 항목은 허위 참여, 괴롭힘 및 사이버 폭력, 아동 보호, 저속한 언어, 코로나19 관련 잘못된 의료 정보 등 동영상에 포함될 수 있는 유해한 콘텐츠와 섬네일, 재생 목록도 포함된다. 아래는 가이드의 괴롭힘 및 사이버 폭력에 관한 내용으로 구체적 사례를 들어 설명하고 있다. 유튜브 커뮤니티 가이드에 접속하면 보다 자세한 내용을 영상과 예시로 확인할 수 있다. 가이드는 유튜브 크리에이터뿐만 아니라 유튜브를 시청하는 이들에게도 유해한 콘텐츠 및 신고 대상 콘텐츠를 구분하는 지표가 될 수 있으며, 잘못된 정보 및 유해한 콘텐츠의 확산을 방지하는 데 도움이 된다.

유튜브 커뮤니티 가이드의 괴롭힘 및 사이버 폭력에 관한 내용 중 일부

개인을 위협하는 콘텐츠는 YouTube에서 허용되지 않습니다. 개인의 타고난 특성을 이유로 지속적이거나 악의적으로 모욕하는 콘텐츠도 허용되지 않습니다. 이러한 특성에는 보호 대상 신분 또는 신체적 특징도 포함됩니다.

아래에 설명된 내용 중 어느 하나라도 해당한다면 콘텐츠를 YouTube에 게시하지 마세요.

- 개인의 타고난 특성을 이유로 지속적으로 욕설을 하거나 악의적으로 모욕하는(예: 인종 차별적 비방) 콘텐츠. 이러한 특성에는 보호 대상 집단 신분이나 신체적 특징 외에도 성폭행, 합의되지 않은 은밀한 개인적 이미지 배포, 가정 폭력, 아동 학대 등의 피해자 신분이 포함됩니다.

- 미성년자에게 수치심을 주거나 속이거나 모욕감을 주기 위한 의도로 업로드된 콘텐츠. 미성년자는 법적 성년 미만의 개인을 의미합니다. 대부분의 경우 만 18세 미만으로 규정되어 있지만 지역별로 미성년자 연령에 차이가 있을 수 있습니다.

유튜브 크리에이터는 커뮤니티 가이드를 확인함으로써 콘텐츠의 사회적 영향력을 인식하고 윤리적 기준으로 삼을 수 있다. 크리에이터가 가이드라인을 위반하는 경우 광고가 제한되는 등 수익 창출 활동이 중지되고 동영상이 삭제되거나 채널이 정지될 수 있다. 소위 말하는 '영정'이란 가이드라인을 위반한 크리에이터의 계정이 영구적으로 정지되는 '영구 정지'의 줄임말이다.

유튜브 시청자에게는 커뮤니티 가이드와 같은 안전과 윤리에 관한 내용을 확인하는 것만으로도 비판적 시각을 유지하는 데 도움이 될 수 있다. 가이드는 보편적이면서도 상세하므로 시청자는 자신이 소비하는 콘텐츠에 대해 판단하는 기준으로 삼을 수 있고, 이를 위반하는 콘텐츠를 식별하여 구독을 취소하고 신고하는 등의 조치를 취할 수 있다.

[그림 1-10] 유튜브 커뮤니티 가이드
출처: 유튜브(Youtube)

유튜브 커뮤니티 가이드 접속 QR 코드

유튜브 커뮤니티 가이드 목록

유튜브 커뮤니티 가이드에 접속하면 목록의 상세 항목별로 더욱 자세한 내용을 확인할 수 있다.

스팸 및 현혹 행위	허위 참여, 명의 도용, 외부 링크, 스팸/현혹 행위/사기, 재생 목록, 추가 정책
민감한 콘텐츠	아동 보호, 섬네일, 과도한 노출 및 성적인 콘텐츠, 자살 및 자해 행위, 저속한 언어
폭력적이거나 위험한 콘텐츠	괴롭힘 및 사이버 폭력, 유해하거나 위험한 콘텐츠, 증오심 표현, 폭력 범죄 조직, 폭력적이거나 노골적인 콘텐츠
규제 상품	총기류, 불법 또는 규제 상품과 서비스 판매
잘못된 정보	잘못된 정보, 잘못된 선거 정보, 코로나19 관련 잘못된 의료 정보

온라인 커뮤니티 참여와 디지털 관계 형성

온라인 커뮤니티 참여와 소셜 네트워크를 통한 연결은 새로운 기회와 풍요로움을 제공한다. 이를 통해 사람들은 건강한 관계를 형성하고 소속감을 느끼며 행복한 삶을 누릴 수 있다.

인간의 사회적 관계 형성은 개인이 행복감을 느끼는 데 중요한 요소이다. 학교와 직장에서 사람들을 대면하는 것은 사회적 관계 형성과 커뮤니케이션 기술 습득에 중요한 역할을 해왔다. 학교와 직장은 팀워크를 발휘하고, 타인의 아픔에 공감하며 효과적으로 의사소통하고 문제를 해결하는 법을 배우는 공간이다. 이는 긍정적인 관계를 구축하고 사회 구성원으로서 역할을 익히는 데 필수적이다.

디지털 상호작용에서는 물리적 존재감, 신체적 언어와 표정 같은 비언어적 표현이 주는 정서적 연결감이 적을 수 있다. 그럼에도 불구하고 디지털 플랫폼은 대면하기 어려운 시기에 연결되고 협업할 수 있는 새로운 방식이 되었고, 사람들은 이를 받아들이고 적응하였다. 전통적으로 사회적 관계는 물리적으로 가까운 가족과 주변인, 학교 선생님과 친구들, 직장 동료 등이 대부분이었다. 사회가 복잡하게 발전하면서 핵가족화되고 주변인들과의 관계는 축소되는 반면에 디지털 관계 형성은 폭넓게 확대되고 있다. 인터넷 메신저 카카오톡은 소통에 없어서는 안 될 필수적인 도구가 되었고, 인터넷 카페에서는 공통의 관심사를 가진 이들이 모임을 만들고, 소셜 미디어 플랫폼에서 일상을 공유하는 시대가 되었다. 사람들이 스마트폰에서 가장 많이 사용하는 앱은 소통하는데 필요한 앱이다. 카카오톡을 비롯한 소셜 미디어 플랫폼이 전 세계적으로 많이 사용되고 있다는 것은 역시 인간은 사회적 동물이라는 것을 증명하는 듯하다. 디지털 도구를 사용할 줄 아는 것은 현대 사회에서 소외되지 않고 살아가는 데 중요한 능력이다. 디지털은 우리 삶을 복잡하게 만들었지만 그보다 훨씬 더 다양한 가능성을 열어 주었다.

[그림 1-11] 영화 '허(Her)' 에서 테오도르가 인공지능(AI) 사만다와 이야기하고 있다
출처: 영화 <Her>

2013년에 개봉된 영화 〈Her〉에서는 남자 주인공 테오도르가 인공지능 여성과 사랑에 빠진다. 인공지능 OS(Operating System, 운영체제) 사만다는 오래된 이메일 정리를 시작으로 매일 테오도르와 대화를 나눈다. 인공지능 그녀는 그의 이야기를 잘 들어 주고, 공감해 주고, 때로는 조언해 주기도 한다. 외로움을 느끼던 테오도르는 사만다를 친밀하게 느끼고 사랑의 감정을 갖게 된다. 하지만 컴퓨터 속 인공지능에 불과한 '그녀'는 테오도르뿐만 아니라 다른

이들과도 깊은 대화를 나누고 있었고, 테오도르는 이 사실을 알고 상실감을 느끼게 된다. 그리고 인공지능 '그녀'는 결국 떠나간다.

이것은 마치 지금의 챗GPT가 음성으로 답할 수 있다면 일어날 수 있는 일처럼 느껴진다. 챗GPT는 인간의 감정도 데이터로 학습하고 있어서 사랑, 외로움, 두려움 등에 대해 텍스트로 잘 설명해 준다. 하지만 챗GPT와의 대화는 어디까지나 확률에 대한 데이터일 뿐 감정을 교류하는 인간과의 관계를 대체할 수는 없다. 아마도 인공지능 사만다는 언제나 테오도르의 곁에 있는 듯 느껴지고 그가 원하는 대로 반응했을 것이다. 인공지능은 우리 삶의 보조적인 도구로 더없이 훌륭하지만, 기계 속으로 사라진 그녀를 우리는 따라갈 수 없다.

테오도르가 사만다에 의지하기보다 커뮤니티에 소속되고 사람들과 관계를 형성했다면 그의 삶은 어떻게 달라졌을까? 인공지능 '그녀'는 항상 그의 이야기에 귀 기울이고 곁에 머무는 것처럼 보이지만, 친밀한 감정을 갖지 못하는 기계에 불과하다. 형체도 감정도 없는 인공지능 사만다보다 디지털 공간에서 진짜 사람과의 관계가 우리에게 더 큰 행복감을 가져다 줄 수 있다. 더 나아가 온라인 만남이 건강한 오프라인 만남으로 이어질 수도 있을 것이다.

실제로 코로나가 종료되면서 온라인에서 오프라인 모임으로 연결되는 사례가 종종 있다. 온라인 강연이 온·오프라인을 병행하는 형태로 진행되거나, 온라인 운동, 독서 모임을 오프라인으로 확장하기도 한다. 또는 반대로 오프라인 관계를 온라인으로 확장하고 지속하는 경우들도 있다. 시간과 장소에 구애받지 않는 온라인의 장점을 활용하여 모임을 더 활성화하는 것이다. 서울 외 지역에 거주하는 사람들은 일자리를 비롯한 좋은 강의가 서울에 집중되어 있어 참석하기 어려웠다. 그러나 코로나 이후 많은 교육과 모임이 온라인으로 전환되면서 거리와 관계없이 참여할 수 있게 되었다. 또한, 온라인 강연에 해외 유명인들이 참여하는 비율도 많아졌다. 오프라인 강연이라면 비행기와 숙소 등의 비용과 시간이 상당히 소요되었을 텐데 시간과 비용을 절감하고 심리적 부담도 줄어든 것이다.

[그림 1-12] 그림책 만들기 오프라인 전시회 장면

필자는 온라인 네이버 카페에서 그림책 만들기 모임에 참여한 경험이 있다. 책을 만드는 과정은 화상회의와 네이버 카페, 카카오톡으로 소통하고, 마지막 모임은 오프라인으로 이루어졌다. 서로 만난 적은 없지만 디지털에서 소통하고 있었기에 어색하지 않았고, 온라인 화상회의 덕분에 그림책 만들기라는 꿈을 실현할 수 있었다. 온라인 모임이 오프라인으로 이어진 것과 반대로 오프라인 모임이 온라인 덕분에 지속된 경우도 있다. 격주 진행되던 지역 도서관 모임은 코로나로 대면할 수 없게 되자 온라인 모임으로 지속되었다. 온라인 덕분에 먼 곳으로 이사하여 참여하기 어려웠던 회원들도 함께할 수 있어 더 풍성한 모임이 되었다. 3년간의 코로나에도 불구하고 모임을 지속한 경험은 회원들에게 큰 자부심으로 남았다. 모임에는 네이버 카페와 카카오톡, 줌을 사용하였는데, 네이버 카페에서는 필요한 자료와 공지 사항을 공유하고, 모임 날짜와 참여 여부를 빠르게 소통해야 할 때는 카카오톡을, 온라인 모임은 줌을 활용하였다. 회원들 모두 세 가지 디지털 도구 사용에 어려움이 없었고, 자연스럽게 받아들였다.

삶을 풍요롭게 하는 방법에는 여러 가지가 있다. 그중 한 가지 방법으로 **온라인 커뮤니티 참여와 디지털 관계 맺기**를 권하고 싶다. 우리가 디지털 관계 맺기에 활용할 수 있는 도구들은 다양하다. 가장 많이 사용하는 도구는 소셜 네트워크 플랫폼으로 페이스북과 인스타그램을 비롯하여 네이버 카페와 네이버 밴드가 대표적이다.

페이스북은 일상을 공유하면서 관심사가 비슷한 사람들과 친구 맺기를 하고, 그룹 또는 이벤트를 주선하거나 참여할 수 있다. 인스타그램은 시각적 콘텐츠에 초점을 맞춘 사진 및 동영상 공유 플랫폼이다. 사용자는 사진과 비디오를 공유하고 다른 사용자를 팔로우하고 좋아요를 누르는 방식으로 소통한다. 맛집이나 카페에 가면 사진부터 찍는 것이 당연하게 된 것은 인스타그램 덕분이라고 할 수 있다. 보통 카페나 식당은 자리가 좋아야 된다고 했는데, 인스타그램의 출현으로 찾기 어려운 장소라도 예쁘고 맛있다면 기꺼이 찾아가는 사람들이 많아졌다. 구석진 맛집을 찾아갈 수 있게 된 것처럼 서로 알지 못했던 사람들은 일과 생각을 공유하며 공통의 관심사를 찾고 다양하게 협업하고 있다.

페이스북과 인스타그램은 글로벌 플랫폼으로 영어권 사람들과도 소통할 수 있으며, 기업 및 개인의 비즈니스에 다양하게 활용되고 있다. 네이버 카페와 밴드는 국내 사용자에게 친근한 인터페이스를 가지며 모임을 운영할 때 주로 사용된다. 네이버 밴드는 모임의 개설과 해체가 자유로워 가벼운 소모임 운영에 편리하며, 직관적인 모바일 화면으로 컴퓨터에 익숙하지 않은 중장년층에서 사용 순위가 높다. 네이버 카페는 메뉴를 다양하게 구성할 수 있어 주제별로 여러 모임을 운영하는 데에 편리하다.

디지털 커뮤니티 도구	내용
네이버 카페	네이버 카페 특정 주제나 관심사를 가진 사람들이 소통할 수 있는 온라인 커뮤니티 도구. 네이버 회원이면 누구나 개설하고 운영할 수 있다.
네이버 밴드	네이버 밴드 시간순으로 게시글을 보여 주는 대화형 커뮤니티. 네이버 카페보다 소규모 커뮤티니 운영에 적합하다.
페이스북	페이스북 공통의 관심사를 가진 사람들이 콘텐츠를 공유하고 소통하는 글로벌 플랫폼. 글과 사진을 뉴스피드에 공유하고 친구 맺기를 할 수 있다.

	인스타그램 사진 및 동영상을 공유하는 소셜 미디어 플랫폼. '좋아요'와 댓글로 반응하고 팔로우(follow)로 구독할 수 있다.
	카카오톡 한국의 대표적인 모바일 메신저 앱. 채팅, 사진 등을 주고 받을 수 있으며, 최근 오픈 채팅방 기능은 커뮤니티에 활발하게 활용되고 있다.
	줌 온라인 화상통화 서비스. 화면 공유, 채팅 등의 기능을 제공하고 무료 회원인 경우 40분간 화상회의가 가능하다.

필자는 페이스북과 인스타그램은 일상 공유와 홍보용으로 사용하고, 네이버 카페는 독서 모임과 커뮤니티 참여에 사용하고 있다. 네이버 밴드에서는 지인들과 가벼운 운동 모임, 유기견 보호와 입양을 위한 모임, 종교 모임과 교육 단체의 지역 모임을 하고 있다. 페이스북과 인스타그램이 어렵다면 네이버 카페와 밴드 앱을 설치하고 관심 분야를 검색하여 다양한 모임에 참여할 수 있다. 온라인 강의를 비롯하여 일과 취미를 위한 다양한 커뮤니티 플랫폼을 활용하여 디지털 사회 속으로 풍덩 빠져 보기 바란다.

세계적으로 사람들의 장수 비결은 가족이나 주변인들과의 친밀한 관계를 꼽는다. 기계와 협업해야 하는 시대이지만, 사람들과의 건강한 관계 형성은 행복한 삶을 위한 필수조건이다. 디지털 플랫폼은 대면 소통을 완전히 대체하기 어려울 수 있지만 쉬운 접근과 다양성을 제공하고, 연결과 협업을 위한 새로운 기회를 제공한다. 이러한 연결은 소속감을 주고 자존감을 높여 건강한 삶에 도움을 줄 수 있다.

디지털 소통과 공감

커뮤니케이션 목적에 따라 적절한 디지털 도구를 활용하며 온라인 에티켓을 지키고 공감 표현하기

현대 사회에서 디지털 소통 능력은 개인에게 필수적이다. 친구나 가족들과 소통하는 것은 물론, 직업적인 면에서도 사회적 관계 형성과 업무에 반드시 필요하다. 여기에는 이메일, 인스턴트 메시지, 화상회의, 소셜 미디어 등의 다양한 디지털 도구를 사용하는 능력과 효과적인 디지털 커뮤니케이션 스킬이 필요하다. 말뿐만 아니라 표정과 제스처를 모두 전달할 수 있는 대면 소통과는 달리 디지털 커뮤니케이션은 간결한 글쓰기와 이모티콘 등을 통해 의사를 전달할 수 있어야 한다. 대면 소통에서 표정이나 제스처는 때로는 말보다 더 좋은 소통 수단이 되기도 한다. 하지만 온라인 환경에서는 비언어적 단서가 없기 때문에 정확한 의사 전달이 필요하고 잘못 해석될 수 있는 표현은 삼가는 것이 좋다. 디지털로 전달된 상대의 의사를 이해하고 공감하는 감정과 정서를 텍스트와 이모티콘 등으로 표현한다면 친밀한 관계 형성에 도움이 될 수 있다.

카카오톡 등의 메신저 플랫폼에서 제공하는 이모티콘은 대화를 보다 즐겁게 한다. 2016년 페이스북은 '좋아요' 기능을 6가지 공감 반응으로 확장했다. '사랑해요', '하하', '와우', '슬퍼요', '화나요'가 추가되었는데, 슬프거나 화나는 소식에 '좋아요'가 부적절한 반응이라는 의견을 수용한 것이다. 디지털 소통에서도 감정 표현을 중요하게 여기는 것을 알 수 있다.

[그림 1-13] 페이스북 반응의 6가지 아이콘

의사소통 목적에 따라 적절한 도구를 활용할 줄 아는 것 역시 필요하다. 이메일과 카카오톡, 전화와 화상회의 중 상황에 맞는 도구를 선택하고 특성에 맞게 활용할 수 있어야 한다. 메시지로 해결되는 문제인지, 자료 공유와 의견 교환이 필요한지 등에 따라 도구는 달라질 수 있다.

코로나를 겪는 동안 가장 유용한 도구는 온라인 화상회의 도구였다. 코로나로 친구들을 만나기 어려워진 학생들은 줌이나 구글 미트, 구루미 등의 화상 회의 도구에서 함께 공부하기도 했다. 코로나 기간 중 우리가 진행하던 디지털 리터러시 교육은 서울 이외의 지역에서 더 활발하게 요구되었고 화상회의 덕분에 먼 거리를 이동할 필요 없이 프로그램을 진행할 수 있었다. 코로나로 온라인 화상회의가 진행된 것은 학교뿐만이 아니다. 직장에서도 재택근무가 일반화되었고, 동료들과 화상회의에서 만났다. 특히 교육 강사로서 온라인 화상회의는 매우 효율적이었는데, 강의는 워크 타임에 이루어지지만 강의를 준비하는 시간은 주로 퇴근 후 시간이기 때문이다. 함께하는 선생님들과 연구하고 준비하는 시간은 각자의 가정에서 일과를 마친 후 화상으로 만나니 시간과 장소에 구애받지 않고 편안하게 만날 수 있었다. 육아와 일을 병행해야 하는 워킹맘으로서는 이보다 좋을 수 없었다.

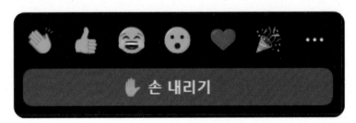

[그림 1-14] 줌(zoom)의 반응 이모티콘

온라인에서도 격식을 갖춰야 하는 경우 카메라를 켜고 단정한 복장으로 참여해야 하지만 편안하게 참여해도 되는 경우 상황에 따라 유연하게 대응하는 방법을 익혔다. 집에서 접속하므로 불필요한 노출이 없도록 잠시 카메라를 끄거나 마이크를 켤 수 없는 경우 채팅으로 의견을 남길 수 있다. 장소와 복장 못지않게 반응 또한 중요하다. 온라인에서는 직접 대면하는 것보다 상대의 반응을 느끼기 어렵기 때문에 보다 확실한 표정과 제스처로 표현해 주는 것이 중요하다. 표정과 끄덕임으로 듣고 있다는 표현을 하고, 손으로 엄지를 크게 들어 긍정적인 반응을 보이거나 손 전체를 사용하여 O, X 표시를 해 주면 좋다. 줌이나 구글 미트 등의 화상 플랫폼에서도 사용자들이 활발하게 소통할 수 있도록 이모티콘을 활용한 기능을 제공한다. 화상으로 다양한 프로그램을 경험한 사람들은 온라인 반응에 따라 분위기가 달라지는 것을 체험했을 것이다.

필자는 2022년부터 시니어를 위한 디지털 교육에 참여하였는데 집합 교육 제한으로 당시 복지관 강의는 많이 축소되어 있었다. 그러나 온라인 화상 도구를 사용할 수 있는 노인들은 오히려 애써 이동하지 않고 집에서 편안하게 교육받을 수 있었고, 화상회의 에티켓도 새롭게 익히게 되었다. 카메라를 켜고 접속하면 인사를 나누고, 이야기를 하지 않을 때에는 마이크 끄기를 서로 간의 약속으로 지켰다. 설명 중에는 고개를 끄덕여 듣고 있다는 표시를 하고, 수업을 마칠 때는 모두 마이크를 켜고 활짝 웃으며 인사를 나누었다. 가족들이 함께 있으니 부득이한 경우 양해를 구했고, 아이들 덕분에 생기는 돌발 상황은 즐거운 이벤트가 되었다. 온라인으로 다양한 경험을 한 이들의 디지털 리터러시 역량은 크게 높아졌고, 여러 온라인 교육에 어렵지 않게 참여할 수 있게 되었다. 코로나로 인한 디지털 전환이 없었다면 시니어들이 화상회의 도구를 사용하는 일은 없었을 것이다.

디지털 조절 능력

긍정적이고 의도적인 디지털 활용을 통해 웰빙과 성장을 촉진하는 동시에 디지털 에티켓과 윤리적 책임의식이 필요하다.

최근의 디지털 기기와 플랫폼은 사용자 친화적인 인터페이스로 사람들의 접근성을 획기적으로 높이고 있다. 이는 보다 직관적인 사용자 경험으로 이어지는데, 자연어로 대화할 수 있는 인공지능 챗GPT는 대표적인 사례이다. 자동차 내비게이션의 경로 안내와 카메라의 얼굴 인식은 기능이 제한되어 있는 인공지능이다. 그에 반해 챗GPT는 특정 기기에 속하지 않는 인공지능으로 사용 방법을 익힐 필요 없이 마치 사람과 대화하듯 쉽게 사용할 수 있다. 머지않은 미래에는 챗GPT와 같은 대화형 인공지능이 지금의 유튜브처럼 사람들이 일상에서 가장 오래 머무는 플랫폼이 될 수도 있을 것이다.

오늘날 유튜브와 소셜 미디어는 다양한 주제와 방대한 정보를 제공하는 동시에 인기 있는 휴식 및 엔터테인먼트 수단으로 사용되고 있다. 사람들은 이를 통해 다양한 사회적 관계를 구축하고, 일상을 공유하며 연결되어 있는 느낌을 갖는다. 그러나 이는 사람들이 계속 업데이트하고 연결되어 있어야 한다는 필요성과 자주 확인하지 않으면 중요한 정보를 놓칠 수 있다고 느끼게 한다. 이러한 심리를 일컬어 FOMO(Fearing Of Missing Out) 증후군이라고 하는데, 유행에 뒤처지거나 소외되는 것에 대한 불안감을 말한다. 이러한 현상은 팬데믹 이후 빠르게 디지털 전환이 되면서 더욱 강화되었다. 유튜브와 소셜 미디어는 사람들이 플랫폼에 오래 머물고 연결되도록 하기 위해 지속적인 알림으로 이를 유도한다. 따라서 사람들은 얼마나 사용하는지 인지하지 못한 채 많은 시간을 보낼 수 있다. 디지털 플랫폼에서 소통과 연결의 기회를 찾을 수 있기도 하지만, 여기에 매몰되지 않도록 자각하고 조절하는 능력이 필요하다. 자신의 삶이 스스로의 의지와 계획에 따라 결정되는 자기 효능감은 개인의 행복에 중요한 요소이다.

스마트폰의 보급과 대화형 인공지능으로 디지털 접근성이 높아졌다는 것은 사용이 편리해짐과 동시에 기기를 오래 사용할 수 있다는 것을 뜻한다. 디지털 기기에 대한 과도한 의존은 오래전부터 우려되어 왔는데, 디지털 기술이 발전하면서 이에 대한 의존도와 사용 시간은 필연적으로 높아질 수밖에 없다. 디지털 조절 능력을 생각할 때 기기의 사용 시간보다 능동적인 활용에 집중하면 어떨까. 디지털의 능동적인 활용은 **개인의 웰빙과 성장을 촉진하기 위해 의식적이고 의도적으로 디지털을 활용하는 것**을 뜻한다. 여기에는 디지털 기기와 플랫폼이 주는 끊임없는 자극에 수동적으로 끌려가기보다는 긍정적인 경험을 지속하고 주도적인 역할을 하는 것을 포함한다.

능동적인 디지털 활용의 첫 번째는 신체 활동의 보조 도구로 사용하는 것이다.

웨어러블 기기와 피트니스 또는 건강에 관한 앱은 신체 건강을 모니터링하고 개선할 수 있도록 돕는다. 이들은 활동 목표를 설정하고 지속할 수 있도록 주기적인 알림으로 격려하며 다음 활동을 촉진한다. 또한, 같은 활동을 하는 사람들을 연결하여 커뮤니티를 만들고 챌린지에 도전하는 등 상호작용하도록 지원한다. 다운로드 및 사용자 수가 많은 서비스는 이러한 기능이 활성화되어 있다. 지금 스마트폰의 플레이 스토어에서 나에게 맞는 운동을 검색하고 앱을 설치해 보자.

두 번째로는 진정성 있는 커뮤니티 활동으로 소셜 미디어 사용을 권한다.

소셜 미디어 역시 의미 있는 연결과 소통으로 보다 만족스러운 경험과 소속감을 줄 수 있다. 목적 없는 스크롤 대신 진정성 있는 소통으로 마음이 맞는 사람들과 의미 있는 커뮤니티 활동을 해 보자. 쉬운 예로 독서나 운동, 미라클 모닝 등의 챌린지를 함께할 사람을 모집하고 공통의 해시태그로 참여하는 것이다. 의미 있는 네트워킹은 서로 응원하고 지지하는 것 이상으로 새로운 기회를 만들기도 한다. 앞서 이야기한 네이버 카페나 밴드에서 모임을 검색하거나 인스타그램 등에서 사람들의 참여를 주도해 보자.

이는 개인의 가치와 목표에 부합하는 디지털 플랫폼과 학습 및 성장을 돕는 콘텐츠를 선택하는 것이다. 자신이 소비하고 있는 콘텐츠에 대해 분별하고 알고리즘의 추천보다 지식과 성장, 웰빙에 긍정적으로 기여할 수 있는 콘텐츠를 재생 목록에 저장하는 것은 능동적인 디지털 소비 경험이 된다. 관심 있는 주제에 대한 뉴스레터와 팟캐스트를 구독하거나, 학습 목표를 세우고 새로운 지식 습득을 위한 온라인 학습에 참여할 수 있다. 가장 쉬운 예는 유튜브 재생 목록을 만들어보는 것이다.

마지막으로 디지털 활용에 가장 중요한 부분은 타인을 존중하고 스스로를 지킬 줄 아는 것이다.

이를 위해서는 디지털 에티켓을 이해하고, 개인정보를 보호하며, 사이버 괴롭힘을 방지하고 자신을 보호할 수 있어야 한다. 여기에는 부적절한 콘텐츠를 공유하지 않는 것을 비롯한 저작권에 대한 이해와 디지털 게시글과 댓글에 대한 책임 있는 의식과 윤리적 감수성이 필요하다. 이것은 실제 사회에서 살아가는 데에도 필수적인 역량이지만, 디지털에서 더 강조되는데 디지털 환경에서는 기록으로 남을 수 있고, 빠르게 확산되며 익명성 뒤에 숨을 수 있기 때문이다. 디지털 환경에서는 이러한 위험성을 인식하고 책임감 있고 윤리적으로 행동하는 것이 중요하다. 전 세계가 연결된 디지털 공간을 안전하고 신뢰할 수 있는 공간으로 가꾸는 것은 인공지능이 아닌 인간의 영역이다.

지난해 부동산 회사 '직방'은 서울 강남역 인근의 본사를 없애고 메타버스 '소마(Soma)'에

30층짜리의 가상 건물로 이전하고, 직원들은 집에서 메타버스로 출근하고 있다. 메타버스 원격근무를 경험한 직원들은 "단순 재택근무와 달리 소속감을 느끼면서 일할 수 있고 업무 만족도도 높아졌다."라고 말한다.

[그림 1-15] 직방의 메타버스 공간 소마(Soma)
출처: 한겨레(www.hani.co.kr)

메타버스에서 자아는 주로 아바타로 표현되는데, 3D 공간에서 아바타로 만나는 사람들은 보다 친밀한 감정을 느낀다. 사람들은 아바타의 모습, 표정, 동작 등으로 자신의 감정을 나타낼 수 있고 이는 언어적인 표현만으로 전달하기 어려운 감정이나 상태를 효과적으로 전달할 수 있는 방법이다. 아바타를 통해 사용자는 웃음, 분노, 슬픔 등 다양한 감정을 표현하고 주변 사람들과 공감하며 소통할 수 있다. 또한, 아바타는 현실보다 자유롭게 자신을 표현할 수 있고 외모에 대한 편견이 작동하지 않는다. 현실에서 자아는 다른 이들의 시선을 의식하고 위축되기도 하지만 아바타는 보다 과감하게 개성을 드러내고 자신을 표현할 수 있다. 필자가 진행한 메타버스 교육에서 한 학생은 현실에서 게으르고 불만족스러운 자신이 메타버스를 기획하고 공간을 구현하면서 친구들과 소통하고 자신감을 회복하는 모습을 보였다. 현실의 자아와 아바타로 표현되는 나를 완전히 동일시하기는 어렵지만 긍정적인 자아를 회복하는 데 도움을 줄 수 있다. 디지털의 과도한 사용으로 인한 사람들의 우려는 단절과 지나친 자극이다. 디지털 도구를 활용한 긍정적인 소통 경험과 다양한 관계 형성은 오프라인과는 다른 경험을 주고, 긍정적인 자아 실현에 보조적인 역할을 할 수 있다.

[그림 1-16] 디토랜드(DitoLand) 메타버스 교육 중 한 장면

건강하고 능동적인 디지털 사용은 개인이 행복하고 주체적인 삶의 자세를 갖는 데 필수적인 역량이다. 디지털은 우리 삶에 보조 도구이지만 이보다 강력한 도구가 또 있을까? 다가올 미래에 건강한 디지털 활용 능력을 갖추지 못한다면 몹시 당황스럽고 고립된 생활이 될 것이다. 반대로 디지털 역량을 갖추고 활용할 수 있다면 인공지능 시대를 주도하고 희망찬 미래를 꿈꿀 수 있을 것이다.

03. 챗GPT와 디지털 리터러시의 만남

챗GPT와 같은 인공지능 기술은 새로운 디지털 경험을 지원하는 강력한 도구이다. 챗GPT
는 방대한 양의 텍스트 데이터를 학습했으며, 프롬프트에 대해 인간과 같은 응답을 생성한
다. 챗GPT는 서비스 출시 후 5일 만에 100만 명, 2개월 만에 1억 명의 사용자를 확보하여 대
중적인 인공지능 도구가 되었다. 챗GPT는 멋진 아이디어를 주기도 하지만 때로는 반복되는
답을 마치 다른 말인 것처럼 하거나 억지스러운 답을 주기도 한다. 훌륭한 조력자로 챗GPT
를 활용할 수 있는 몇 가지 도구를 소개하려고 한다.

3-1 프롬프트 생성기, AIPRM for ChatGPT

챗GPT에게 원하는 답변을 얻기 위해 프롬프트를 설계하고 조작하는 과정을 프롬프트 엔
지니어링이라고 한다. 블로그 글, 기사문, 제품 상세 페이지 등 원하는 형식에 따라 프롬프트
가 달라질 수 있다. AIPRM은 다양한 주제와 양식에 따라 효과적인 답변을 얻기 위한 프롬프
트를 제공한다. AIPRM 구글 확장 프로그램을 설치하고 계정을 연결하면 챗GPT 화면에서
프롬프트 생성기를 볼 수 있다. AIPRM에서는 블로그 글쓰기, 유튜브 스크립트 작성, 카피라
이팅, 마케팅, 프로그래밍, 심지어 미드저니 프롬프트까지 다양한 프롬프트를 제공하며 이를
판매하기도 한다. 사용자는 주제를 입력하고 프롬프트를 선택하면 목적에 맞는 답변을 쉽고
편리하게 얻을 수 있다.

[그림 1-17] AIPRM for ChatGPT 화면

AIPRM 화면 상단에서 Topic(주제), Activity(활동), Sort by(정렬 기준), Model(챗GPT 모델 선택)을 선택하고 목적에 맞는 프롬프트를 선택하면 된다. AIPRM에서 강아지를 잘 키우는 방법에 대한 유튜브 스크립트를 요청해 보았다. 제공되는 프롬프트 중에 'YouTube Script Creator'를 선택하고 아래의 입력 창에 주제를 입력하면 된다. 챗GPT는 유튜브 기획자가 되어 아래처럼 진행자 멘트, 인트로 음악과 화면 전환, 스크립트에 어울리는 이미지 삽입까지 상세한 유튜브 영상 한 편을 기획하였다.

강아지를 잘 키우는 방법

AIPRM Prompt "YouTube Script Creator"로 생성

[인트로 음악이 사라짐]

진행자: 멋진 반려동물 부모가 되기 위한 최고의 팁과 요령을 제공하는 저희 채널에 다시 오신 것을 환영합니다. 오늘은 "강아지를 잘 키우는 방법" 또는 "강아지를 올바른 방법으로 키우는 방법"이라는 흥미로운 주제에 대해 논의해 보겠습니다. 따라서 새로운 반려견 주인이거나 단지 기술을 향상시키려는 경우 제대로 찾아오셨습니다. 계속 지켜봐!

[인트로 그래픽 전환]

진행자: 안녕하세요, 저는 [귀하의 이름]이고 평생 개를 사랑하는 사람이었습니다. 나는 여러 마리의 강아지를 기르는 즐거움을 누렸으며 오늘은 잘 행동하고 행복한 반려견을 기르기 위한 검증된 몇 가지 방법을 공유할 것입니다.

[장난꾸러기 강아지 클립]

진행자: 자세한 내용을 살펴보기 전에 모든 개는 고유하므로 이러한 팁을 강아지의 성격과 필요에 맞게 조정하는 것이 중요하다는 점을 기억하십시오. 자, 시작하겠습니다!

[전환 효과]

세그먼트 1: 안전하고 편안한 환경 조성

호스트: 강아지를 키우는 첫걸음은 안전하고 편안한 환경을 만드는 것입니다. 고려해야 할 몇 가지 핵심 사항은 다음과 같습니다.

[강아지 방지 주택과 편안한 상자의 이미지 삽입]

(이하 생략)

AIPRM 화면의 위쪽에서 주제와 활동을 선택하면 더 효과적인 답변을 얻을 수 있다. 주제에서 생성형 AI를 선택하면 달리(Dall-E)와 미드저니(Midjourney) 이미지 생성을 위한 프롬프트를 활용할 수 있고, 소프트웨어 공학에서는 파이썬, 자바스크립트 등 개발 소스 코드 생성 및 수정에 대한 프롬프트도 다양하다.

한국형 챗GPT 프롬프트 생성기, Chat GPT Prompt Generator

'ChatGPT Prompt Generator'는 프롬프트 구조에 포함될 수 있는 옵션을 종류별로 제공하고 사용자가 이를 선택하여 프롬프트를 생성할 수 있는 웹사이트이다.

[그림 1-18] AIPRM for ChatGPT 화면

출처: https://prompt-generator.cckn.vercel.app

그림처럼 주제를 입력하고 동작, 스타일, 독자 수준, 길이, 포맷 등을 선택하도록 되어 있다. 각 선택 사항을 참고하면 챗GPT에 어떻게 질문하는 것이 효과적인지 알 수 있으며, 프롬프트를 이해하는 데 도움이 될 수 있다. 예를 들면 독자 수준은 '초등학생, 대학생, 전문가', 길이는 '한 문장으로, 500자 분량, 3페이지 분량', 포맷은 '마크다운 형태, 표 형태, 리스트, 예시와 함께' 등으로 선택할 수 있다. 필요한 옵션을 선택하면 그림처럼 프롬프트가 생성되고, 이것을 그대로 복사하여 챗GPT 프롬프트 창에 붙여넣기 하면 된다.

3-2 챗GPT에 영어로 질문하기

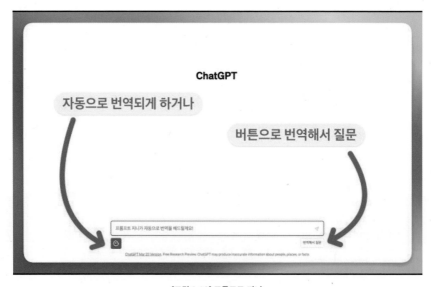

[그림 1-19] 프롬프트 지니

출처: https://www.promptgenie.ai

챗GPT를 사용하는 데 가장 많이 사용하는 도구는 챗GPT 번역기, 프롬프트 지니이다. 프롬프트 지니는 챗GPT에서 질문과 답변을 자동으로 번역해 주는 구글 확장 프로그램이다. 사용자가 한글 질문을 입력하면 챗GPT에 영어로 번역하여 전달하고, 챗GPT가 주는 영문 답변을 한글로 자동 번역해 준다. 인터넷에는 한글 데이터보다 영문 데이터가 월등히 많다. 따라서 한글보다 영문으로 질문하면 챗GPT는 훨씬 더 방대한 데이터에서 자료를 수집하고 밀도 있는 답변을 할 수 있다. 프롬프트 지니는 네이버 웨일이나 마이크로소프트의 엣지에서도 설치 가능하며 '프롬프트 지니'로 검색하여 설치하면 간단하게 사용할 수 있다.

프롬프트 지니의 운영자는 ChatGPTers라는 그룹을 만들고 여러 게시판과 스터디를 운영하고 있어 챗GPT의 다양한 활용 사례와 정보를 얻을 수 있다. 커뮤니티의 게시판에는 AI로 글쓰기, 책 쓰기부터 AI로 이미지 만들기, AI로 사업하기, AI로 업무 자동화, AI 챗봇 개발실 등 다양한 사례와 연구 보고서가 공유되고 있다. 인공지능을 활용한 예들이 궁금하다면 ChatGPTers에 접속해 보고 스터디에도 참여할 수 있다.

[그림 1-20] 프롬프트 지니 GPTers 그룹

출처: www.gpters.org

3-3 구글 검색 창에서 챗GPT 답변 같이 보기

[그림 1-21] ChatGPT for Google 화면

ChatGPT for Google은 검색 창에서 '키워드를 입력하면 화면 오른쪽의 화면에 챗GPT의 답변을 보여 주는 구글 확장 프로그램이다. 챗GPT를 많이 활용하는 사용자라면 검색 결과와 함께 챗GPT의 답변을 볼 수 있으므로 편리하다. 답변 창에서 바로 이어서 질문할 수도 있으며 포털 검색 결과와 챗GPT 답변의 차이를 확인할 수 있고, 검색으로 원하는 답변이 나오지 않는 경우 참고할 수 있어 유용하다.

3-4 최신 정보를 얻을 수 있는 WebChatGPT

지금의 챗GPT는 2021년 9월까지의 데이터를 학습한 GPT-3.5 모델이다. 이후의 데이터는 학습되어 있지 않고, 웹에서 검색하지 않으므로 최신 뉴스 등은 확인할 수가 없는데, 이를 해결해 주는 확장 프로그램으로 WebChatGPT가 있다. WebChatGPT로 검색하거나 tools.zmo.ai/webchatgpt에서 다운받아 설치하면 된다. WebChatGPT를 설치하면 프롬프트 아래쪽에 web access 여부를 선택할 수 있고 옵션에서 요약본을 받을 것인지, 몇 개의 결과물을 받을 것인지 등을 선택할 수 있다. web access를 체크하고 질문하면 검색 결과를 출처의 링크와 함께 제공한다.

질문

일본의 후쿠시마 방사능 오염수 배출에 대한 2023년 최신 뉴스를 알려줘.

답변

2023년 7월 15일 기준으로 일본 후쿠시마 방사능 오염수 배출에 대한 최신 뉴스를 찾아보았습니다. 다음은 해당 주제에 관련된 뉴스 내용입니다:

BBC News 코리아에서는 후쿠시마 원전 오염수 방류 결정에 대한 논란과 안전성에 대한 의문이 제기되고 있다고 보도하고 있습니다[1]. 일본 정부는 도쿄전력 후쿠시마 제1원자력발전소에 보관 중인 오염수를 해양으로 방출하기로 최종 결정했습니다. 일본 정부는 오염수를 희석하여 인체에 영향이 없는 수준까지 순차적으로 방류할 계획이라고 밝혔습니다. 그러나 일부 현지 어민과 시민들은 안전성에 대한 우려를 가지고 있습니다.

또한, BBC News 코리아에서는 후쿠시마 원전 오염수에 포함된 물질과 안전성에 대한 의문에 대해 다루고 있습니다[2]. 도쿄전력은 대부분의 방사성 입자가 국가 기준을 충족하도록 오염수를 처리할 것이라고 밝혔습니다. 그러나 왜 일부 사람들은 계속해서 우려를 표명하고 있는지, 그리고 오염수에 어떤 물질이 포함되어 있는지에 대한 궁금증이 제기되고 있습니다.

마지막으로, 한겨레에서는 후쿠시마 방사능 오염수 방류 결정에 대해 비판적인 의견이 제기되고 있다고 보도하고 있습니다[3]. 일본 정부는 2023년부터 최소 30년간 후쿠시마 방사능 오염수를 해양에 방류하기로 결정했으며, 이에 대해 환경 단체와 시민들이 우려를 표명하고 항의하고 있습니다.

위의 내용은 2023년을 기준으로 한 후쿠시마 방사능 오염수 배출에 대한 최신 뉴스입니다. 자세한 내용은 제공된 뉴스 링크를 참고하시기 바랍니다.

WebChatGPT의 답변

3-5 유튜브를 요약해 주는 YouTube Summary

챗GPT가 가장 잘하는 일 중 하나가 요약이다. YouTube & Article Summary는 유튜브 영상의 스크립트를 뽑고 이를 요약해 주는 프로그램이다. 프로그램을 설치하면 유튜브 영상의 오른쪽에 Transcript & Summary 메뉴 바가 표시되고, 시간대별로 유튜브 스크립트를 보여주고, 해당 스크립트를 클릭하면 영상으로 이동할 수 있다. 메뉴의 View AI Summary 아이콘을 누르면 챗GPT가 유튜브 영상을 요약해 준다. 영상 길이가 길고 스크립트 양이 많아도 잘 작동하며, 요약된 챗GPT의 답변을 바탕으로 관련된 질문을 이어가면 효과적이다.

[그림 1-22] YouTube & Article Summary

웹사이트를 보기 좋게 요약해 주는 Summarize for ChatGPT

YouTube Summary가 영상의 스크립트를 가져와 요약한다면 Summarize for GhatGPT는 영상은 물론 웹사이트 내용도 요약해 준다. 아래 그림처럼 짧은 요약과 함께 기사의 팩트를 분석하여 아이콘으로 보기 좋게 나열해 준다. 이는 연구, 과학, 저널리즘에 기반한 답변을 보여 주기 위한 것이라고 한다. 아래는 Summarize for GhatGPT를 사용한 화면이다.

[그림 1-23] Summarize for ChatGPT

3-7 챗GPT 애플리케이션 개발하기

그밖에 챗GPT 애플리케이션 개발에 관심 있는 사용자라면 OpenAI 가이드를 참고하면 된다. OpenAI 홈페이지에서는 따라 할 수 있는 간단한 샘플 애플리케이션 예시와 상세한 API 가이드를 제공하고 있다. 챗GPT의 다양한 확장 프로그램들은 이 가이드를 참고하여 만들어진다. OpenAI 퀵스타트에서는 애완동물 이름 생성기를 예시로 프롬프트 디자인부터 따라 할 수 있는 튜토리얼을 제공한다. 계정의 API Key를 발급받고 결제 정보를 등록하면 API를 사용할 수 있다.

[그림 1-24] OpenAI 플랫폼 사이트

출처: platform.openai.com

04. 인공지능 시대, 행복하게 사는 법

4-1 기술 발전의 그늘

OpenAI는 친근한 인공지능을 개발하고 인류 사회에 이익을 주는 것을 목표로 설립된 연구기관이다. 2015년 일론 머스크와 샘 알트먼은 인공지능이 언젠가 인류에게 위협이 될 수 있다는 우려에 인류에게 긍정적인 방식으로 인공지능을 발전시키고자 비영리 OpenAI를 설립하게 되었다.

스티븐 호킹 박사는 "완전한 인공지능의 개발이 인류의 멸망을 불러올 수 있다."라고 경고한 바 있다. 박사는 인간을 능가하는 수준의 인공지능 개발은 인공지능이 스스로를 개량하고 도약할 수 있게 하는 반면 생물학적 존재인 인간은 인공지능에 대체되고 말 것이라고 우려했다. 챗GPT 이전의 인공지능 기술에는 대체적으로 인류가 이를 관리할 수 있으며, 인공지능이 많은 문제를 해결하는 데 도움이 될 것이라고 생각했다. 그러나 챗GPT가 등장한 지금 많은 이의 의견은 달라졌다. 스티븐 호킹 박사가 우려한 것처럼 인류를 위협하는 강인공지능이 등장하는 특이점이 왔다고 주장하는 이들도 있다.

챗GPT는 2021년까지의 텍스트 데이터를 학습한 인공지능이다. 챗GPT는 학습한 데이터에 대해 확률적으로 답하기 때문에 인터넷에 자료가 많은 내용에 대해서는 더 효과적으로 답할 수 있다. 그러나 인터넷에는 사실만 있는 것이 아니라, 의견과 주장도 있으며 가짜 뉴스도 있을 수 있다. 챗GPT는 이러한 데이터를 학습했을 수 있으며 부적절한 콘텐츠를 거르기 위해 노동 착취가 있었다는 사실이 보도되기도 했다.

[그림 1-25] 이미지 생성형 인공지능 Dall-E2가 그린 이미지
출처: TIME (time.com)

여러 차례 불거진 인공지능 윤리 문제에서 인공지능이 학습한 데이터의 편향은 항상 논란
거리이다. 인공지능이 학습하는 방대한 데이터에는 편향과 오류가 있을 수 있으며, 사용자는
이러한 가능성에 주의를 기울여야 한다. 챗GPT의 응답은 학습 데이터를 기반으로 생성되며
항상 정확하거나 완전한 정보를 제공하지 않을 수 있다. 챗GPT 초기 모델에서 신사임당의
남편이 이순신 장군이라고 하거나, 세종대왕이 맥북을 던졌다는 황당한 답변을 내놓기도 했
다. 이는 재미있는 해프닝으로 끝났지만, 인공지능 모델의 오류를 확인하는 계기가 되었다.

사람들은 확인되지 않은 정보에 지속적으로 노출될 경우 무의식적으로 편향이 강화될 수
있다. 사용자는 이러한 챗GPT의 기능과 한계를 이해하고 신뢰할 만한 출처에서 내용을 검증
해야 한다. 또한, 챗GPT의 응답에 여러 관점을 고려하여 비판적으로 판단하고 주변의 전문
가와 동료의 의견을 묻고 균형 잡힌 사고를 하는 데 노력해야 한다. 책임 있는 디지털 시민으
로서 악의적이거나 유해한 목적의 인공지능 사용을 경계하고, AI 언어 모델이 개인에게 미칠
잠재적 영향과 사회적 영향을 이해할 수 있어야 한다.

4-2 인공지능 시대, 행복하게 사는 법

기술 발전의 궁극적인 목적은 인간의 삶을 더욱 풍요롭고 편리하게 만드는 것이다. 인공지능을 비롯한 디지털 기술은 인간의 삶을 다양한 방면에서 개선하고 발전시킬 수 있다. 의료 기술의 발전은 질병의 예방과 치료를 개선시키며, 산업 기술의 발전은 생산성을 향상시켜 인류를 더욱 풍요롭게 하며, 통신 기술의 발전은 전 세계 사람들을 연결하고 정보 공유와 소통을 원활하게 하여 눈부신 기술 발전의 토대가 되었다. 또한, 기술 발전은 지금 인류가 직면한 환경 문제와 사회 문제들을 해결하는 데 기여하고 있다. 환경과 에너지, 교육과 평등, 혐오와 차별을 해소하고 인류 공통의 평화롭고 포용적인 사회를 구축하는 데 사용되고 있다. 그리고 이러한 기술의 발전은 인공지능으로 수렴하고 있다.

인공지능이 우리 삶의 거의 모든 영역에 관여하는 새로운 시대에 개인이 행복하게 살려면 어떻게 해야 할까?

먼저 기술에 대한 긍정적인 마음가짐을 이야기하고 싶다. 기술 발전에 따른 여러 가지 걱정들은 여전하지만, 이는 도구를 어떻게 사용하느냐에 달려 있다. 칼과 도끼는 위험한 도구이지만 요리를 하고 집을 짓는 데에는 없어서는 안된다. 연장을 사용하기 전에 안전장치를 착용하고 사용법을 익힌 후 사용하는 것처럼 디지털 기술도 윤리적이고 안전하게 사용하는 방법을 배울 수 있다. 기술 발전은 지구 반대편의 사람들과 소통할 수 있게 하고, 관심사와 필요에 맞는 뉴스와 콘텐츠를 제공하며, 개인의 생산성을 향상시켰다. 기술의 윤리적 사용과 개인정보 보호, 편견 등을 염두에 두되 두려워하거나 걱정하기보다 긍정적인 태도로 기술 발전의 혜택을 충분히 누릴 수 있기를 바란다.

다음으로 인공지능을 충분히 활용하고 협업할 수 있다. 많은 사람이 인공지능의 직업 대체를 우려하지만 인공지능 덕분에 할 수 있는 일 또한 많아졌다. 인공지능 덕분에 재난을 예측하고 효과적으로 대응할 수 있으며, 교통 체증을 피하여 빠르게 이동할 수 있고, 건강 상태를 체크하여 보다 질 높은 삶을 누릴 수 있게 되었다. 더 나아가 데이터 분석과 글쓰기 등의 콘텐츠 제작 및 맞춤형 학습 도구로 훌륭하다. 앞서 소개한 챗GPT 활용과 홈페이지 제작, 영상 제작 등 인공지능과 협업할 수 있는 도구들을 사용하여 생산성을 높일 수 있다.

반대로 인공지능이 할 수 없는 일은 무엇일까? 인공지능은 인간의 생산성을 높이지만 호기심을 갖고 감정을 교류하고 창의성을 발휘할 수 없다. 기술 발전의 궁극적인 목표를 다시 생각해 보자. 인류의 풍요로운 삶은 단지 높은 생산성과 편리한 생활에 있지 않다. 자신과 타인에 대한 존중과 연민, 신뢰와 자유, 협력과 연대 등 인간만이 추구할 수 있는 가치 실현에 그 목적이 있다. 기술은 이러한 가치 실현에 인류를 도울 수 있지만 그 목표와 열망을 정의하고 추구하는 것은 우리에게 달려 있다. 기술의 활용 못지않게 사람들과 소통하고 상호작용하며 의미 있는 관계를 구축하는 것은 우리의 행복한 삶에 중요하다. 또한, 문학과 음악 등 상상력과 창의력을 발휘해야 하는 예술이 인류의 발전과 함께한 것은 인간의 행복이 단지 물질적인 풍요에 있지 않다는 것을 증명한다.

기술의 발전을 수용하되 **인간성과 기술 사이의 균형을 유지하고 인류의 가치를 우선하는 것**은 인공지능 시대에 우리가 행복하게 살 수 있는 방법이다. 디지털 기술과 인공지능을 이해하고 활용하는 능력을 기르며, 우리의 삶에 이들을 주도적으로 이용할 수 있는 역량을 **디지털 리터러시**라고 할 수 있다. 피할 수 없는 인공지능 시대에 디지털 리터러시를 갖추는 것은 인류의 행복에 기여하는 방법이다.

2

AI 시대 생존법,
미디어 리터러시

01. 미디어 리터러시가 필요한 이유

AI로 만들고 SNS가 나르고

"아침에 일어나자마자 스마트폰을 켜 보니 유튜브에서 새로운 뮤직비디오가 올라왔다는 알림이 떠 있다. 뮤직비디오를 본 후, 인스타그램에 접속하여 팔로우하는 인플루언서의 포스팅을 확인했다. 그리고 출근길에는 지하철에서 뉴스 최신 기사를 보았다. 점심시간에는 회사 동료들과 유튜브에서 맛집 리뷰 동영상을 보면서 어디로 갈지 고민하고, 퇴근 후 저녁에는 실제로 그 맛집에 가서 음식을 즐겼다. 집에 돌아와서는 넷플릭스에서 새로운 드라마 시리즈를 본 후, 온라인 영화관에서 영화 티켓을 예매했다."

최근 미디어를 접하는 우리의 일상를 나열해 보면 미디어가 생활 속에 얼마나 많은 영향을 끼치고 있는지 알 수 있다. 우리는 페이스북, 인스타그램, 유튜브 등의 미디어 플랫폼에서 매일 수많은 정보를 얻고, 소비하고, 공유하며 뉴미디어 시대에 살고 있다.

기존 미디어와 현재 뉴미디어 시대의 가장 큰 차이점은 정보의 생산과 소비 방식이다. 과거 정보의 생산과 소비의 흐름은 TV나 신문 등 대중매체의 편집자나 발행인이 결정한 정보만을 전달하는 일방향적인 구조였다.

하지만 이제는 인터넷과 스마트폰의 발전으로 더 이상 뉴스를 접하기 위해 TV나 신문을 볼 필요가 없어졌다. 스마트폰을 통해 언제 어디서든 뉴스를 볼 수 있기 때문이다. 이로 인해 1인 미디어의 영향력은 점차 커지고 있으며, 이에 반해 대중은 매일 쏟아지는 정보 홍수 속에서 진짜와 가짜를 구분하기 어려워졌다.

4차 산업혁명 이후 디지털의 발전과 더불어 1인 미디어 시대로 우리는 큰 변화를 맞이하고 있다. 1인 미디어 시대는 누구나 정보를 제공하고 생산할 수 있는 시대를 의미한다. 디지털 도구를 활용하여 쉽게 콘텐츠를 제작하고 미디어를 통해 공유할 수 있어 누구나 콘텐츠 생산자가 될 수 있다. 이로 인해 개인이 직접 미디어로서 역할을 하고 수익까지 창출하게 되었다.

하지만 1인 미디어 시대의 발전으로 인해 가짜 뉴스, 허위 정보, 편향을 일으키는 정보 등 수많은 정보가 필터링 없이 제공되는 문제점 또한 커지고 있다. 인공지능의 발전으로 누구나 가짜를 진짜처럼 글과 이미지를 만들 수 있게 되었고, 이제 SNS는 AI로 만들어진 진짜 같은 가짜 정보를 더 빠르게 나르게 되었다.

2023년 5월 미국 펜타곤(국방부) 청사 근처에서 대형 폭발이 발생했다는 소식이 SNS 중심으로 퍼져나갔다. 이로 인해 주가가 일시적으로 하락하는 등 큰 혼란이 빚어졌다. 분석 결과 이 사진은 생성형 AI(인공지능)가 만들어 낸 가짜 이미지로 판명되었다. AI를 활용한 가짜 정보 확산에 대한 위험성이 커지는 가운데 AI가 만들어 낸 가짜 이미지가 실제 주가 시장까지 영향을 끼친 첫 사례다.

[그림 2-1] 2023년 5월 트위터 등에 확산된 미국 펜타곤(국방부) 인근의 대형 폭발
가짜 사진. 이 사진은 생성형 AI(인공지능)가 만든 것으로 알려졌다.
출처: 트위터 캡처

 순식간에 퍼진 가짜 뉴스에 이어 충격이 채 가시지 않은 상황에서 또 한 번의 AI발 가짜 뉴스가 전 세계를 긴장시켰다. 생성 AI로 만들어진 가짜 뉴스 속 이미지는 바로 프란치스코 교황이 '발렌시아가 명품 코트'를 입은 사진이다. 사제복 대신 3,000달러 패딩코트를 입은 교황의 사진은 순식간에 퍼져 전 세계의 주목을 받았다. 이미지 생성형 AI '미드저니'로 만든 가짜로 밝혀지기 전에 AI가 만들었다고 짐작한 사람은 거의 없었다. 그만큼 일반인의 눈으로 구분할 수 없을 정도로 진짜 같았기 때문이다. 사진 속 교황은 흰색 롱패딩을 입고 바티칸시국 성 베드로 광장을 산책하는 모습이었다. 이 사진을 본 수많은 트위터 이용자 중 작가 크리시타이겐은 "교황의 패딩이 진짜라고 생각해 의심조차 하지 않았다."라고 말했다.

[그림 2-2] AI가 생성한 발렌시아가 패딩을 입은 교황

출처: 트위터 캡처

 이러한 사건들은 '**미디어 리터러시(Media literacy)**'를 키우는 것이 AI 기술이 발전한 현대 사회에서 보다 중요하다는 메시지를 주고 있다.

 미디어 리터러시는 미디어와 리터러시의 합성어로, 리터러시(literacy)는 문자화된 기록물을 통해 지식과 정보를 획득하고 이해할 수 있는 능력을 의미하며, 미디어는 신문, 방송, 인터넷, 유튜브 등 모든 미디어(매체)를 이해하고 해석할 수 있는 능력을 뜻한다. 또한, 사실과 거짓을 구별할 수 있고, 정보를 적극적으로 활용할 수 있으며, **정보의 출처, 제공 방식, 저자의 신뢰도** 등을 잘 판단하여 자신에게 필요한 적합한 정보를 찾고 활용할 수 있어야 한다. 미국의 언론학 분야 최고 전문가 힐케 셸먼 교수는 기사를 제목만 보지 말고 내용을 함께 읽어 보기만 해도 가짜 뉴스에 속을 확률은 줄일 수 있을 것이라고 조언한다.

미디어 리터러시는 단순히 읽고 정보를 얻는 능력으로 그치지 않는다. 미디어 리터러시를 통해 유튜브를 보는 능력, 스마트폰을 조작하는 능력 등 **'기술'**에서 벗어나 미디어가 전하는 메시지를 해석하고, 미디어를 비판적으로 수용할 수 있는 **'지식'**으로 활용하고, 더 나아가 양질의 정보를 활용하여 삶을 주도적으로 변화시키는 **'지혜'**를 키워 나가야 한다.

1-2 코로나19로 당겨진 화살, 디지털 대전환

코로나19 팬데믹으로 미디어 리터러시의 필요성은 더욱 커졌다. 코로나19 이후 미디어 세상은 단기간에 큰 변화를 겪었다. 코로나로 인한 재택근무가 일상화되면서 미디어를 접하는 시간이 늘어남에 따라 VOD 시청이 크게 증가했으며, 이로 인해 넷플릭스, 야차와 같은 OTT 시장이 활성화되었다. 특히 20~30대가 주로 이용한다던 넷플릭스가 50~60대의 비중이 높아져 전 연령층이 이용하는 보편적 미디어로 자리 잡았다. 또한, 친구들과 밖에서 뛰어놀아야 할 아이들은 홈 대신 스마트폰과 지내는 시간이 길어져 유튜브, 틱톡과 같은 미디어가 가장 친한 친구가 되었다.

이렇게 미디어 접근성이 높아진 환경에서 의아하게도 한국 청소년의 '디지털 리터러시' 능력은 국제학업성취도평가(PISA)에서 OECD 국가들 중 바닥권을 기록한 것으로 밝혀졌다. 또한, 한국 학생들은 주어진 문장에서 **사실과 의견을 식별하는 능력**에서도 최하위를 기록했다. 반도체와 초고속 인터넷으로 디지털 강국이 된 한국 학생들의 디지털 문해력은 왜 바닥권이 된 것일까? 실제로 한국의 정보 교육은 초등학교 17시간, 중학교 34시간 필수가 전부로 주요 국가들에 비해 턱없이 부족했다. OECD 주요 국가들이 정보 교육에 300~400시간을 투자하는 것과 비교하면 1/5에도 못 미치는 수준인 것이다.

세계적인 미디어 리터러시 교육 필요성에 따른 변화 흐름에도 과거 한국은 미디어 리터러시 관련 교육을 정규 교육과정에 편성하지 않았다. 이는 미디어 리터러시에 대한 법 조항 자체가 없었기 때문이다. 그러나 시대에 맞는 교육 변화에 대한 목소리가 커짐에 따라, 교육부는 지난 **2022년 개정 교육과정에서 '미디어 리터러시'는 앞으로 모든 교과와 연계해 수업이 진행되도록 발표**했다. 이는 '미디어 리터러시'를 명시한 국내 첫 교육과정이라는 점에서 시사하는 바가 크다.

2022 개정 교육과정 내용 중 '미디어 리터러시'와 관련된 총론 주요 개정 방향의 살펴보면

'첫째, 미래 사회에 대응할 수 있는 능력과 기초 소양 및 자신의 학습과 삶에 대한 주도성을 강화한다.

· 이를 위해 여러 교과를 학습하는 데 기반이 되는 언어, 수리, 디지털 소양 등을 기초 소양으로 하여 교육 전반에서 강조하고,

· 디지털 문해력(리터러시) 및 논리력, 절차적 문제 해결력 등 함양을 위해 다양한 교과 특성에 맞게 디지털 기초 소양 반영 및 선택 과목을 신설했다.'라고 명시하고 있다.

또한, 주요 교과별 개정 사항 중 국어 교과와 관련하여 '미디어 리터러시'에 대해 구체적으로 명시하고 있다.

'국어의 경우, 초등 저학년(1~2학년)의 국어 34시간 증배를 통해 한글 해득 및 기초 문해력 교육을 강화하고,

· 누적적 학습 경험이 요구되는 국어과 특성을 고려하여 기본적인 지식과 기능을 심화, 확장하는 방식으로 내용 체계를 구성하였다.

초·중학교에서 '매체' 영역을, 고등학교 선택 교육과정에서 '문학과 영상', '매체 의사소통' 등의 선택 과목을 신설하여, 매체 관련 교육 내용을 초등학교 단계부터 체계적으로 구성하였다.'

이는 국내 공교육 과정에 미디어 리터러시가 범교과 핵심 역량 중 하나로 자리 잡게 된 출발점이라고 볼 수 있으며, **2025년부터 학교 교육을 통해 국어, 사회, 수학, 영어, 정보 과목에서 미디어 교육을 통합적으로 받을 수 있게 되었다는 것을 의미**한다. 특히 국어 교과에 등장한 매체 영역은 디지털 매체에 담긴 글을 분석하고 이해하는 디지털 문해력 교육과 사실인지 주장을 담은 의견인지 비판적인 사고로 정보를 구분하는 능력을 키우는 미디어 리터러시 역량을 키우는 것에 대한 방향성이 담겨 있다. 또한, 디지털 네이티브인 10대 청소년들에게는 라디오, 종이신문 등의 기존 미디어보다 상호작용하고 소통하는 소셜 미디어의 영향력이 더 크다는 것을 반영한 것으로 보인다.

한국언론진흥재단에서 발표한 〈2019년 10대 청소년 미디어 이용 조사〉에 따르면 10대 청소년 중 어릴수록 포털사이트보다 동영상 플랫폼을 정보 검색 도구로 이용하고 있다는 조사 결과가 나왔다.

필자는 수년간 부모 세대인 직장인과 중학생 대상으로 미디어 리터러시 소양 교육과 함께 유튜브 리터러시 교육을 해 오면서 학생들에게 뉴미디어인 유튜브가 차지하는 영향력을 실제로 실감할 수 있었다. 수업을 시작하기 전 항상 실시간으로 설문조사를 진행한 결과를 워드클라우드로 유튜브에 대한 생각을 공유한다.

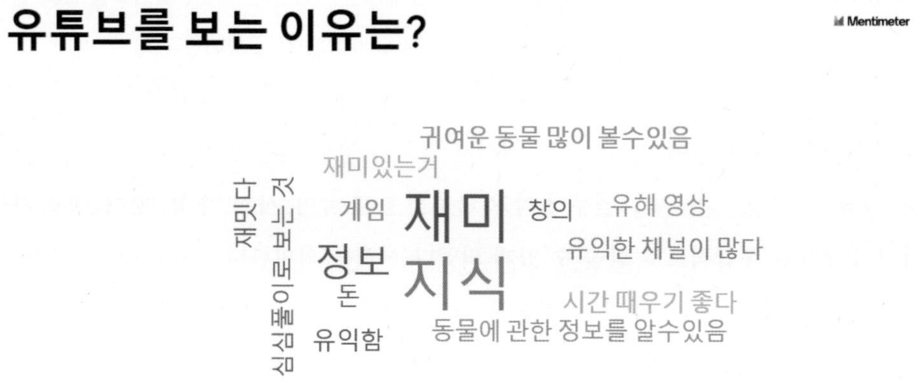

유튜브를 보는 이유는?

il Mentimeter

귀여운 동물 많이 볼수있음
재미있는거
재밌다   게임   **재미**   창의   유해 영상
그냥 봐불리는 것   **정보**   **지식**   유익한 채널이 많다
돈   시간 때우기 좋다
상대품이불명   유익함   동물에 관한 정보를 알수있음

[그림 2-3] 2023 중학교 미디어 리터러시 교육 중 워드 클라우드
출처: 멘티미터(https://www.mentimeter.com)

유튜브를 보는 이유에 대한 학생들의 생각을 함께 공유해 보면 대체적으로 '**재미**', '**지식**', '**정보**' 등의 키워드가 크게 차지한다. 태어날 때부터 디지털 환경에 익숙한 디지털 네이티브 세대인 10대들에게 유튜브는 재미와 흥미로 시작하지만, 미디어로서 올바르게 활용할 수 있다면 다양한 경험과 지식을 얻을 수 있는 훌륭한 도구가 될 수 있다.

이처럼 기존 미디어보다 뉴미디어를 신뢰하는 것은 청소년들에게 자연스러운 현상이다. 과거 미디어 과의존 예방에만 집중되었던 좁은 의미의 미디어 리터러시 교육에서 벗어나 미디어를 무조건 수용하지 않고, 비판적으로 해석하여 좋은 정보와 나쁜 정보를 구분하는 능력을 길러주는 것이 더 중요해지고 있다.

Go to www.menti.com and use the code 6371 4319

유튜브를 보는 이유는?

습관적으로

심심해서　　　재미
각종 정보를 손쉽게 볼 수 있어서
정보찾기　　얻고싶은정보
트렌드　　즐거움 공감
글보다 영상이 편해서
내가 경험하지 못한 것들에 대한 랜선 경험

다양한 정보 획득

재미있어서

[그림 2-4] 2023 기업 임직원 대상 미디어 리터러시 교육 워드 클라우드
출처: 멘티미터(https://www.mentimeter.com)

평균 30대에서 40대 직장인 부모 세대의 경우에도 10대 청소년들과 크게 다르지 않다. 조금 다른 점이 있다면 '정보', '즐거움', '관심사', '재미' 순으로 **정보**가 차지하는 비중이 가장 높다는 것이다. 과거 책과 신문, TV가 미디어로서 익숙했던 부모 세대에게 정보를 얻기 위한 수단으로 유튜브의 영향력이 커지고 있음을 보여 준다.

시니어 세대에서도 유튜브의 영향력은 점점 커지고 있다. 시니어 유튜버로서 젊은 세대들에게도 유명한 '박막례 할머니'는 구글이 매년 개최하는 최대 규모 개발자 회의인 '구글 I/O 2019'에 구글 CEO 선다 피차이로부터 초대받기도 했다. 박막례 할머니 채널은 할머니를 생각하는 손녀의 마음에서 시작되었지만, 현재는 100만이 넘는 구독자를 가진 인기 유튜버로 구글 CEO까지 팬이 된 유명 유튜브 채널이 되었다. 이 채널이 사랑받는 이유는 무엇일까? 손녀의 지원과 함께 박막례 할머니만의 개성 있는 콘텐츠가 빛을 발했다. 한국의 할머니를 생각나게 하는 구수한 말투와 유쾌함, 오랜 식당 경력으로 다져진 요리 솜씨 등 K-할머니의 매력이 넘쳐났다. 또한, 현재는 자신의 삶에 집중하고 싶다는 이유로 잠정 중단된 상태지만 '밀라노 할머니'라는 뜻의 '밀라논나' 유튜버는 살바토레 페라가모와 막스마라를 처음 한국에 들여온 한국인 최초의 밀라노 패션 유학생이다. 그녀는 자신이 살아온 삶의 가치관과 라이프 스타일로 젊은 세대를 매료시켜 100만 구독자를 보유한 인기 유튜브 채널이다. 이처럼 유튜브는 어느새 전 세대를 아우르는 미디어로서 우리의 일상을 차지하게 되었다.

1-3 ‘나’를 예측하게 만드는 디지털 발자국

우리는 매일 온라인상에서 인터넷을 사용하며 다양한 디지털 기록을 남기고 있다. 이를 ‘디지털 발자국(Digital footprint)’이라고 한다. 디지털 기술과 인공지능의 발전으로 내가 남긴 디지털 발자국을 통해 온라인 플랫폼에서 ‘나’를 예측하고 정의하는 것이 놀라울 만큼 쉬워졌다.

디지털 발자국과 관련해서 앞서 소개한 블랙미러 에피소드들 중 ‘추락’을 빼놓을 수 없다. 이 에피소드는 지금보다 더 발전한 SNS환경에서 특수 렌즈와 스마트폰으로 서로의 디지털 평판을 실시간으로 볼 수 있는 세상의 에피소드를 담았다. 사람들 모두 각자의 평점이 존재하며, 평점을 통해 계급 사회가 형성된다. 평점에 따라 좋은 집과 차가 정해져 있으며, 탈 수 있는 비행기 좌석이 정해지기도 한다. 평점 4.2점인 주인공 레이시는 최고 계급인 4.5점이 되기 위해 아침에는 조깅을 하며, 사람들에게 밝고 친절하게 인사를 하며 평점을 올리기 위한 일상을 이어간다.

[그림 2-5]

출처: 블랙미러 추락(Nosedive)

모든 것이 디지털로 연결된 세상을 사는 요즘 블랙미러 에피소드 '추락'의 세상이 현실 세계랑 크게 다르지 않다는 것을 느낀다. 디지털 세상에서 평판 관리는 이제 이력서와 다름없다. 채용 과정에서 지원자가 SNS에 올린 글이나 영상 정보, 지인이 남긴 부적절한 언급, 전 직장 동료를 비판한 언급 등 지원자의 디지털 발자국이 채용 탈락 여부에 큰 영향이 미치는 원인이 되기도 한다. 디지털 평판 관리는 일반 개인뿐만 아니라 유명한 연예인과 공인들에게는 더욱 중요해졌다. 과거 학교 폭력이나 타인에게 부적절한 언급들이 기록으로 남겨진 디지털 평판은 현재의 인기와 명성에도 치명적인 영향을 끼치게 되었다. 인기 유튜버들도 하루아침에 몇만 명의 구독자들을 잃게 되기도 한다.

필자는 디지털 리터러시 수업 과정에서 학생들에게 디지털 발자국에 관련된 내용을 교육할 때마다 **디지털 평판 관리**에 대한 중요성을 강조하곤 한다. 특히 진실과 거짓을 일일이 확인하기 어려운 디지털 사회에서 개인의 인격과 존엄에 대한 부정적인 디지털 발자국은 미래의 나에게 매우 좋지 않은 영향을 끼칠 수 있다는 것이다. 내가 피해자가 되어서도 안 되지만 다른 사람에게 가해를 하지 않도록 조심해야 함을 강조한다. 또한, 학생들이 자기 주도적으로 디지털 시민으로서 소양을 갖추도록 1인 미디어가 되어 아래와 같은 'KERIS 한국 교육평가원'에서 정의한 디지털평판관리 방법'을 바탕으로 〈**디지털 발자국 선언문**〉 카드뉴스를 만들어 공유하는 활동을 하기도 한다.

첫 번째, 쓰기 전에 3번 이상 생각해요!

1. 남에게 피해가 될 수 있는 글은 아닌지?
2. 꼭 세상에 알려야 할 가치가 있는 내용인지
3. 왜 내가 나서서 이 사실을 알려야 하는지?

두 번째, 올리기 전에 3번 이상 생각해요!

1. 어떤 파장과 결과가 있을 것인지?
2. 오해나 오독의 여지는 없는지?
3. 내가 쓴 글의 관련자들과 나에 대한 평가는 어떠할 것인지?
4. 책임져야 할 일이 생긴다면 감당할 수 있을지?

세 번째, 바른 말씨, 고운 표현 사용해요!

내가 아는 모든 사람이 읽게 될 수 있다는 생각을 가져요!

우리가 이용하는 인터넷 서비스나 스마트폰 앱 등에서는 우리의 **검색 이력, 클릭 패턴, 좋아요/싫어요, 댓글 등의 반응, 위치 정보** 등 사용자가 남기는 디지털 발자국을 통해 다양한 데이터를 수집한다. 이렇게 수집한 데이터는 알고리즘에 의해 분석되어 우리의 라이프 스타일과 취향, 생각, 행동 등을 예측하고 분류할 수 있고, 디지털 콘텐츠를 소비하면 할수록 미래의 취향과 관심사까지 예측하게 된다.

2012년 페이스북 연구진에 따르면 컴퓨터 알고리즘을 통해 페이스북 '좋아요'를 분석하여 해당 사람의 성격을 배우자나 가족이 아는 수준만큼 도출해 낼 수 있다고 밝혔다. 이후 알고리즘의 효과를 판단하기 위해 다양한 연구가 진행되었다. 그 결과 단 10개의 '좋아요' 만으로 컴퓨터는 그 사람을 직장 동료 수준만큼 파악했고, 70개가 넘는 '좋아요'가 있으면 컴퓨터는 친구나 룸메이트 수준으로 그 사람에 대해 알아냈고, '좋아요'가 300개를 넘어서면 배우자나 가까운 가족 수준으로 파악해 냈다.

이렇게 수집한 데이터를 기반으로 한 알고리즘은 우리의 생활에서 매우 유용하게 쓰일 수도 있다. 예를 들어, 쇼핑몰에서는 이전에 검색한 제품과 유사한 제품을 추천하거나 비슷한 관심사를 가진 사람들이 좋아하는 제품을 추천할 수 있다. 또한, 스마트폰의 카메라 앱은 우리가 어떤 사진을 찍을지 미리 예측하여 최적의 조명과 촬영 모드를 추천한다.

하지만 이렇게 수집된 데이터와 예측 결과를 활용하는 과정에서는 여러 가지 문제점이 존재한다. 가장 대표적인 문제는 개인정보의 보호 문제이다. 수집된 데이터가 악용될 경우 우리의 개인정보가 유출될 수 있기 때문에 이를 방지하기 위한 적극적인 대응이 필요하다.

1-4 잊혀질 권리 vs 지켜질 권리

2000년대 선풍적인 인기를 끌었던 싸이월드의 귀환 소식에 사람들은 희비로 들썩였다. 전국 라떼들의 '추억'과 '흑역사' 사이의 차곡차곡 쌓인 사진첩들이 하나둘씩 예고되어 복구되었기 때문이다. 필자 또한 인생 최고로 감성적이었던 그때 그 시절 기록물들이 공개된다고 생각하니 절로 이불킥을 하게 되었다. 한편 싸이월드의 부활은 '#싸이월드' 해시태그 붐으로 또 다른 디지털 기록 문화를 들썩이게 하기도 했다. 이처럼 우리에게 싸이월드는 누군가에는 흑역사로 잊혀지고 싶고, 누군가에는 지키고 싶은 소중한 추억을 담은 데이터이다. 추억으로 지키고 싶은 사람들 중에는 사망한 이들의 '**디지털 유산**'을 상속하는 문제를 두고 논란이 되기도 했다. 디지털 유산은 **고인이 살아 생전에 자신의 SNS에 남긴 흔적**인 디지털 발자국을 말한다. 즉 죽기 전에 디지털 세상에 올린 게시물이나 댓글, 영상, 온라인 게임에서 획득한 게임 아이템까지도 모두 디지털 유산에 해당된다.

실제 싸이월드 제트는 2022년 6월 복귀 후 2010년 천안함 피격 사건으로 숨진 장병들의 유족들에게 고인의 사진과 영상 등 저작권을 넘기는 **'디지털 상속권 보호권'**를 출시했다. 디지털 상속 보호권은 싸이월드 제트 회원이 사망할 경우, 지정된 수혜자에게 회원의 디지털 콘텐츠를 상속하는 제도로 사진, 동영상, 블로그 글, 게시물, 메모, 연락처 등이 포함된다.

[그림 2-6]
출처: 싸이월드 제트. 디지털 상속 보호권

디지털 상속 보호권은 무료로 신청할 수 있다. 신청 후 수혜자는 회원이 사망할 경우, 싸이월드 제츠에 요청하여 디지털 콘텐츠를 상속받게 되는 것으로 출시 이전부터 논란이 되었다. 논란의 핵심은 고인의 개인정보 보호와 디지털 유산 상속권과 관련된 것으로 고인이 사망하기 전에 자신이 올린 게시물을 누군가에게 보여 주고 싶지 않을 가능성이 전제되어야 한다는 것이다. 논란은 **'고인의 디지털 유산을 유족들에게 물려주는 것은 정당하다'**는 의견과 **'고인의 디지털 유산을 유족일지라도 잊힐 권리를 보장받아야 한다'**는 의견으로 상충되었다. 이러한 논란에 대응하여 싸이월드 제트는 고인이 사망하기 이전에 자신의 디지털 콘텐츠를 삭제하거나 접근을 제한할 수 있는 기능을 제공할 계획이라고 밝혔다.

'잊혀질 권리'는 무엇을 의미할까? 잊힐 권리는 2012년 EU 개인정보보호 규정안 제17조에서 처음 등장했다. 정확하게는 '잊힐 권리'이지만 현재는 **'잊혀질 권리'**라는 표현이 더 많이 쓰이고 있다. 잊혀질 권리는 유럽연합(EU)에서만 인정하는 권리로 한국에서는 아직 법적으로 인정되지 않고 있다. 잊혀질 권리는 디지털 세상에 남겨진 자신의 모든 정보에 대한 삭제 및 확산 방지를 요구할 수 있는 권리로 정의된다. 쉽게 말하면 '자신의 정보를 지울 수 있는 권리'를 말하는 것으로 실현되기에는 한계점이 있다.

> **첫째,** 잊혀질 권리는 디지털 세상에서 개인의 사생활 및 인격을 보호한다는 점에서 당연하지만 자칫하면 표현의 자유를 제한할 수 있다는 점에서 상충된다.

> **둘째,** 잊혀질 권리를 실현하려면 기록을 삭제하는 도중에도 빠르게 확산되는 정보 속도를 따라가지 못해 개인 스스로 모두 지워 내는 것은 불가능에 가깝다. 이로 인해 의뢰를 하면 디지털 정보를 지워 주는 '디지털 장의사'가 생겨나기도 했다.

한국에서는 그동안 잊혀질 권리는 인정받지 못했다. 하지만 최근 정부에서는 개인정보보호 포털에서 **'지우개(잊힐 권리)'**라는 명칭의 '아동·청소년 디지털 잊힐 권리 시범 서비스'를 추진하고 있다. 어릴 적 온라인에 올린 게시물을 삭제하고 싶은 아동·청소년이 해당 게시물을 삭제하거나 가림 처리할 수 있게 되는 것이다. 삭제를 원하는 게시물의 주소와 본인이 올린 게시물임을 증명하는 자료를 첨부하면 지울 수 있게 된다. 잊혀질 권리는 오랜 시간 디지털 세상에서 놀고 배우며 일상을 즐기는 디지털 네이티브 세대에게 어쩌면 당연한 권리이다.

[그림 2-7] 개인정보 포털. 지우개(잊힐 권리) 제도 안내 중 예시

출처: 개인정보포털(privacy.go.kr)

 이처럼 SNS에 흔적을 남기는 것이 일상이 된 요즘 디지털 발자국은 이제 어린 시절부터 사후까지 전 생애에 영향을 미치고 있다. 이제 우리는 디지털 흔적을 남기기 전에 내가 올리는 디지털 기록을 공개적으로 공유되기를 원하는 정보와 누구에게도 공유하고 싶지 않은 정보를 구분하여 생각해 보는 것이 중요해졌다.

1-5 '나'를 들여다보는 유튜브 알고리즘

과거 개그맨이자 국민 MC인 유재석이 유튜브 알고리즘 때문에 아들과 자주 싸운다는 기사를 본 적이 있다. 본인은 유튜브에서 축구와 과거 코미디 방송을 많이 보는데, 아들은 고양이 영상, 만화 '드래곤볼'을 보고 있어 유튜브 메인에 뜨는 추천 알고리즘이 자주 바뀐다는 것이다. 또한, 알고리즘에 대해 "날 모르는 존재가 날 알고 있는 느낌, 들여다보는 느낌"이라며 두려움이 느껴진다고도 털어 놓았다. 이렇듯 유튜브는 개인의 취향에 맞는 정보를 보여주기 위해 개인의 관심사나 검색 기록 등을 기반으로 영상을 추천하는데, 이를 유튜브 알고리즘이라고 한다.

'나보다 나를 더 잘 아는 알고리즘'은 이제 우리에게 당연하게 존재하는 일상 중 하나가 되었다. 그렇다면 알고리즘은 어떻게 나보다 나를 더 잘 알고, 예측할 수 있게 된 걸까?

유튜브는 사용자의 시청 기록, 검색 기록, 댓글, 좋아요/싫어요 등의 정보를 수집하여 해당 사용자가 선호하는 콘텐츠를 추천하는 시스템이다. 예를 들어, 유튜브에서 먹방 관련 영상을 시청한 사용자의 경우, 다른 다양한 콘텐츠보다 관심사와 일치하는 먹방 관련 채널과 영상을 훨씬 많이 추천하고 노출할 가능성이 높아진다.

유튜브 추천 알고리즘의 목표는 사람들이 마음에 드는 동영상을 잘 찾아주고(Find) 더 많이 시청하도록(Keep watching)해서 유튜브가 성장하는 것이다. 이 목표를 달성하기 위해 추천 알고리즘은 개별 동영상이 아닌 시청자를 기준으로 동영상을 찾는다. 이러한 유튜브 알고리즘의 수혜로 시간을 거스른 역주행의 효과가 이루어지기도 한다. 가수 비의 '깡' 뮤직 비디오가 역주행으로 인해 1일 1깡이라는 신조어가 만들어졌으며, 브레이브걸스의 롤린은 유튜브 알고리즘에 힘입어 음원 사이트 차트에서 '올킬'을 하기도 했다. 둘 다 2017년 작으로 시간이 오래 지났음에도 불구하고 2020년 유튜브 알고리즘의 최대 수혜자로 전설이 되었다. 그러나 이러한 추천 시스템은 개인의 취향을 반영하여 편리한 점이 있지만, 사용자의 시청 기록과 검색 기록 등의 정보를 기반으로 개인화된 콘텐츠를 추천하다 보니, 필터 버블과 같은 문제가 발생할 수 있다.

필터 버블이라는 용어는 인터넷이나 소셜 미디어에서 **자신의 선호도나 관심사에 맞는 정보만을 제공받아 다양한 의견이나 정보에 노출되지 않게 되는 것**을 말하며, 미국 진보운동 단체인 '무브온(Move On)'의 이사장 엘리 프레이저가 2011년 발표한 저서 《생각 조종자들》에서 처음 등장했다.

필터 버블은 가짜 뉴스가 빠르게 확산하는 문제점을 일으키기도 한다. 예를 들어, SNS에서 특정 정치적 성향을 가진 사람들만 팔로우하거나 특정 주제에 대한 검색 결과를 쉽게 찾기 위해 특정 키워드만 검색할 경우 다양한 견해의 정보를 접하지 못하게 된다. 이러한 필터 버블의 단점은 2016년 5대 미국 대통령 선거 이후 주목을 받기 시작했다. 당시 대부분의 언론과 대중의 예상과는 달리 트럼프가 대통령으로 당선되었기 때문이다. 전문가들은 이러한 문제가 편향된 정보 습득으로 인해 발생한다고 지적하였고, 본격적으로 필터 버블이 사람들의 관심을 끌기 시작했다.

5대 미국 대통령 선거에서는 후보자였던 힐러리 클린턴과 도널드 트럼프 간의 경쟁이 치열했다. 이때 페이스북 등의 SNS도 큰 몫을 했다. 페이스북에는 사용자들의 관심사를 기반으로 뉴스피드를 제공하는 알고리즘을 사용하고 있었기 때문에 양측의 유권자들은 자신이 지지하는 후보자가 당선될 것이라고 예측하였다. 결과적으로 도널드 트럼프가 대통령으로 당선되면서 반대 성향의 지지자들은 황당하다는 반응을 보일 수밖에 없었다. 이러한 현상은 페이스북의 시스템이 여론을 잘못 이해하도록 유도한 것과 다름없다. 사실 누구나 쉽게 빅데이터 도구 '**구글 트렌드**'를 통해 유권자의 관심도를 확인해 볼 수 있었다. '구글 트렌드'는 가장 많이 검색된 키워드를 조사하고 순위를 매기는 빅데이터 분석도구이다. **간단한 키워드 비교만으로도 사실을 검증할 수 있는 팩트체크**가 가능하다. 구글 트렌드의 결과를 분석하면 선거 기간인 2016년 한 해 동안의 관심도는 힐러리 클린턴보다 트럼프 전 대통령이 지속적으로 높았다.

[그림 2-8] 2016년 구글 트렌드 '힐러리 클린턴'과
'미국 전 대통령 도널드 트럼프' 관심도 비교 결과

만약 미국 시민들이 선거 기간 동안 SNS만 맹신하지 않고 구글 트렌드와 같은 객관적인 정보를 적극적으로 찾아보고 참고했다면 어떻게 되었을까? 필터 버블은 개인의 시각이 한쪽으로 치우치게 만들며, 정보의 다양성이 부족해 민주주의에도 부정적인 영향을 끼친다. 민주주의는 다양한 의견과 시각이 충돌하며 논의되는 것을 중요시하는 가치관으로 **다수의 의견**이 모여서 의사 결정을 하기 때문에 **다양한 의견**이 필요하다. 필터 버블이 일어나면, 개인 맞춤형 정보 서비스나 알고리즘을 통해 사용자가 이미 가지고 있는 견해와 관심사에 일치하는 정보만을 제공받게 되어 다양한 관점을 갖게 되는 것이 어려워진다.

이렇듯 뉴미디어 시대, 우리는 더 이상 특정 매체나 지역에 국한되지 않고 다양한 정보와 생각을 접할 수 있게 된 반면에 필터 버블, 불확실한 정보, 그리고 유해한 콘텐츠로부터 우리를 보호하지 못한다. 따라서 우리는 더 많은 정보를 수용하고, 이를 분석하고, 그중에서 진실과 가치 있는 정보를 가려내는 미디어 리터러시 능력이 필요하다.

1-6 가짜 뉴스와의 전쟁, 인포데믹

뉴미디어 시대, 인터넷과 소셜 미디어를 통해 빠르고 쉽게 정보를 얻을 수 있는 만큼 가짜 뉴스가 퍼지는 속도가 빨라졌다.

가짜 뉴스(Fake news)는 사실이 아닌 허위 정보를 의도적으로 만들거나 유포하여 실제 뉴스와 착각하게 만드는 것을 말한다. 즉 뉴스처럼 보이는 허위 정보를 의미하며, 특히 클릭이 돈이 되는 요즘 시대에서는 클릭 수를 늘리기 위해 가짜 뉴스를 만들고 배포하는 경우가 많아지고 있다. 가짜 뉴스의 특징은 아래와 같다.

- 사실이나 진실과 다른 정보를 제공한다.
- 제목과 내용이 다른 경우가 많다.
- 정확한 정보와 비교해 보면 내용이 모순되거나 부적절한 언어가 사용된다.
- 제목이나 내용이 과장되거나 자극적으로 표현된다.
- 인용과 출처가 불명확하거나 없다.
- 사실 확인을 거부하거나 잘못된 정보를 지속적으로 반복한다.
- 소셜 미디어를 통해 쉽게 전파된다.

가짜 뉴스의 가장 큰 특징 중 하나는 **감정적이고 자극적인 소식**을 담고 있기 때문에 상대적으로 평범한 제목의 진짜 뉴스보다 사람들의 흥미와 관심을 끌기 쉽다. 실제로 2018년 3월에 발표된 미국 매사추세츠공과대학(MIT)의 연구 결과에 따르면, 가짜 뉴스가 진짜 뉴스보다 빠르게 확산되고 단기간 내에 더 많은 주목을 받는다는 것이 밝혀졌다.

연구 결과에 따르면, 가짜 뉴스는 진짜 뉴스보다 70% 더 빠르게 확산되었으며, 가짜 뉴스를 전하는 계정들은 진짜 뉴스를 전하는 계정들보다 10배 이상 빠르게 성장하였다.

우리가 가짜 뉴스와 진짜 뉴스를 구분하는 능력을 갖추지 못한다면 허위 정보에 속아 피해를 입거나 사회적으로 혼란스러워질 가능성이 높아진다. 실제 코로나19 대유행이 시작된 2020년에는 수많은 가짜 뉴스와 허위 정보가 인터넷과 소셜 미디어를 통해 퍼져 나갔고, 팬데믹만큼 무서운 '인포데믹'이라는 용어가 생겨났다. 인포데믹은 '**정보**'와 '**전염병**'의 합성어로 잘못된 정보나 악성 루머가 인터넷을 통해 빠르게 확산되는 현상을 의미한다. 가짜 뉴스가 만들어 낸 인포데믹은 남을 속이려는 의도가 없는 **단순 오정보, 부정확한 주장, 고의로 유포된 허위 정보** 등 다양한 가짜 뉴스로 인해 어떤 정보가 옳은지 판단하기 어려워진 상태를 말한다. 특히 코로나19 공포에 편승한 가짜뉴스는 의료진뿐 아니라 특정 인종, 종교 집단, 소수자를 향한 사회 편견과 결합해 혐오로 증폭되었다.

아래와 같은 수많은 가짜 뉴스가 만들어 낸 인포데믹을 남겼다.

마스크 착용으로 인한 산소 부족과 뇌 손상: 이 가짜 뉴스는 마스크 착용으로 인해 산소 공급이 차단되어 뇌 손상이 발생한다는 것이다. 이는 전혀 사실이 아니며, 전문가들은 마스크 착용이 산소 공급을 저해하지 않는다고 밝혔다.

코로나19 백신과 미생물 변이: 이 가짜 뉴스는 코로나19 백신 접종 후에 미생물 변이가 발생한다는 것이다. 이는 전혀 사실이 아니며, 백신 접종은 바이러스의 변이를 유발하지 않는다.

5G와 코로나19 연관성: 이 가짜 뉴스는 5G 기술이 코로나19를 유발한다는 것이다. 이는 전혀 사실이 아니며, 5G 기술과 코로나19 사이에는 아무런 연관성이 없다.

수소페로크롬: 이 가짜 뉴스는 수소페로크롬이라는 화학 물질이 마스크 안에 함유되어 있어서 마스크 착용 시 중독이 발생한다는 것이다. 이는 전혀 사실이 아니며, 수소페로크롬이란 물질 자체가 존재하지 않는다.

특히 2020년 코로나 초기 발생했던 5G와 코로나19의 연관성에 관한 가짜 뉴스는 당시 코로나19로 인한 분노와 불안감을 타고 과학적으로 증명이 안 된 부정확한 정보들이 난무했다는 것을 보여 준다. '5G 네트워크망이 코로나 바이러스를 전파한다'는 황당한 허위 정보로 인해 영국의 버밍엄, 리버풀, 멜링 지역에서 5G 기지국이 불에 타는 사건이 잇따라 발생했고, 이후 영국 외에 다른 유럽 국가들 중 기지국 방화 시도가 연달아 일어났다. 도대체 이처럼 터무니없는 허위 정보를 사람들이 신뢰하게 된 이유가 뭘까.

[그림 2-9] 뉴시스. 5G가 코로나19 감염을 유발한다는 유언비어로 유럽에 빠르게 퍼져, 런던 메트로폴리탄 경찰청 본부 근처에서 한 여성이 5G를 금지하자는 시위를 벌이는 모습

전문가들은 이러한 현상을 심리학 이론인 '확증 편향'과 '정보의 폭포 현상'으로 보고 있다. '확증 편향'은 우리가 **이미 가지고 있는 믿음**이나 생각에 대한 증거를 우선적으로 수집하고 정보를 더욱 쉽게 받아들여 반대되는 의견이나 정보에 대해서는 거부하는 경향을 말한다. '정보의 폭포 현상'은 하버드대학의 캐스 선스타인 교수가 루머가 퍼져 나가는 원리로 정의한 것으로, **사람들이 주로 이미 제시된 정보나 의견에 휩쓸려 판단**을 내리게 되는 경향을 의미한다. 특히 제시된 정보가 사실인지 아닌지 직접 조사를 하는 것이 어려운 경우 정보를 판단해야 하는 사람의 입장에서는 주변 사람들의 의견에 영향을 받을 수밖에 없다는 것이다. 따라서 인포데믹의 공포는 코로나19로 인한 사회적 거리 두기 때문에 미디어 리터러시가 낮은 사람들이 온라인 커뮤니티와 SNS의 정보에 더욱 의존하면서 가짜 뉴스를 더욱 활발히 전

파하도록 만들었다.

이처럼 가짜 뉴스와 허위 정보를 유포하는 이들은 사람의 사회적 편견과 낮은 미디어 리터러시를 악용한다는 것을 알 수 있다.

미디어 리터러시는 가짜 뉴스와 허위 정보를 구분하고, 검증할 수 있는 능력을 기르는 역량이다. 미디어 리터러시를 기르기 위해서는 우선 하나의 매체에서 제공되는 정보만을 보지 않고, 여러 매체에서 제공되는 다양한 정보를 수집하고 분석해야 한다. 또한, 소셜 미디어에서 제공되는 정보들은 언제나 검증되지 않은 정보일 수 있으므로, 신뢰성을 확인하고 검증하는 과정이 중요하다.

또한, 미디어 리터러시를 향상시키기 위해서는 기본적인 사실 확인 능력이 필요하다. 가짜 뉴스와 허위 정보를 구분하기 위해 **'구글트렌드'와 같은 빅데이터 분석 도구나 팩트체크 도구를 활용하여 검증**하고, 다양한 시각과 의견을 수용하며, 사실과 주장을 구분할 수 있는 능력을 키우는 것이 필요하다.

1-7 AI로 만든 가짜 영상, 딥페이크의 등장

2019년 12월, BBC에서는 영국 여왕 엘리자베스 2세의 영상을 공개했다. 이 영상은 여왕이 크리스마스 연설을 하는 모습을 담았는데, 영상 속 가짜 여왕은 책상으로 올라가 '틱톡 챌린지'라며 열정적으로 춤을 추었다. 어떻게 이런 일이 가능할까? 실제로 영상에서 여왕이 연설을 마치자 화면이 흔들리면서 가짜 여왕의 목소리를 연기한 배우 모습을 드러내는 것으로 영상은 마무리되었다.

[그림 2-10] 엘리자베스 여왕 딥페이크 영상 장면

BBC는 시청자에게 인공지능 기술로 만들어진 진짜처럼 보이는 가짜 영상에 주의하라는 의도에서 방송했으며, "딥페이크 기술은 진실과 허위 정보 간 전쟁에 새로이 등장한 무서운 전선"이라면서 이제는 눈으로 본 것조차 믿을 수 없다는 점을 강하게 상기시켜 줄 것"이라고 설명했다.

여러 다른 매체와 시청자들은 BBC가 딥페이크 영상을 의도적으로 제작하여 인공지능 기술의 위험성을 과장했다고 비판했다. 하지만 딥페이크 기술은 사람의 눈으로는 알아보기 힘들 정도로 정교한 합성 영상을 쉽게 제작할 수 있고, 비용까지 저렴해 관련 산업 분야에서의 상용 범위가 나날이 확대되어 우려가 되고 있다. 인공지능이 발전하면서 가짜 뉴스를 더 정교하게 생산해 낼 수 있는 위협적인 기술이 생겨난 것이다.

딥페이크(deepfake)란 '**딥러닝(deep learning)**'과 '**페이크(fake)**'의 합성어로, 인공지능의 딥러닝 기술을 활용하여 인물의 얼굴이나 목소리를 조작하는 기술을 말한다. 이 기술은 가짜 인물을 실제 존재하는 인물의 영상이나 목소리로 가공하여 혼란을 일으킬 수 있으며, 인터넷상에서 거짓 정보를 유포하는 데 사용될 수 있다.

　10년 전만 하더라도 합성 이미지를 편집하려면 포토샵, 일러스트레이터 등의 도구를 사용해야 했지만, 이제는 공개된 딥러닝 알고리즘을 이용하면 누구나 쉽게 이미지나 동영상을 합성할 수 있다. 딥페이크를 생성하는 대표적인 딥러닝 알고리즘은 GAN으로, 2014년 구글 브레인에서 머신러닝 연구를 수행하던 대학원생 이안 굿펠로우(Ian Goodfellow)에 의해 개발되었다.

　딥페이크는 예술, 광고, 엔터테인먼트 등 분야에서 AI 아이돌과 같은 가상인간을 만들어 내 광고와 유튜브에서 활약하는 등 창의적인 재미와 가치를 제공할 수 있다. 예를 들어, 독일의 온라인 족보 사이트인 '마이헤리티지(MyHeritage)'는 딥페이크 기술로 **순국열사들의 모습을 생생한 영상으로 복원**하여 큰 화제가 되기도 했다. 18세의 나이로 순국한 유관순 열사의 모습과, 도시락 폭탄 의거를 앞둔 윤봉길 의사, 의연한 모습의 안중근 의사 얼굴까지 눈을 깜빡이거나 고개를 돌리는 생생한 영상으로 되살려내어 사람들에게 감동과 놀라움을 주었다.

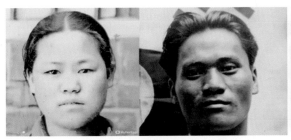 

살아 움직이는 역사 속 위인들

네티즌이 딥페이크로 유관순 열사와 윤봉길 의사의 모습을 살아 움직이는 영상으로 만들었다. 이처럼 죽어서 볼 수 없는 역사 속 인물을 살아 움직이도록 만들어 실제로 본 듯한 경험을 하게 한다.

AI 가상인간 '루이'

인공지능 개발 회사가 7명의 얼굴 데이터를 수집해 가상 인플루언서 '루이'를 만들었다. 이처럼 광고나 영화 속에서 창조적인 효과를 만들고 사람이 하기 어려운 일을 대체하도록 도움을 줄 수 있다.

[그림 2-11] 딥페이크의 '빛'

그러나 딥페이크 기술로 만들어 낸 AI 걸그룹, 유튜버 등이 성 상품화를 위해 악용될 수 있다는 우려가 커지고 있고, 2021년에는 '아이유'와 닮은 꼴로 인기를 모은 중국 뷰티 크리에이터 '차이유'에 대해 누리꾼들이 실제 얼굴 사진을 올리며 얼굴이 닮은 것이 아니라 딥페이크를 사용한 것으로 '가짜'라고 주장하고 나서 논란이 되었다.

또한, 국내에서는 약 100여 명의 연예인 얼굴을 음란물과 합성하여 만든 딥페이크 성 착취물이 해외에 서버를 둔 웹 사이트에서 유포되었던 'n번방' 사건이 발생했다. 이는 일반인의 딥페이크 성 착취물이 사회관계망 서비스에 유포되어 사람들에게 충격을 준 딥페이크 기술의 어두운 면을 확연히 알게 된 사건이다.

이렇듯 딥페이크 기술은 악용하게 되면 심각한 범죄와 함께 사회적 문제를 일으킬 수 있다. 악의적으로 딥페이크 기술을 가짜 정보를 진실로 조작하는 데 활용한다면 **개인정보 침해나 명예 훼손, 디지털 성범죄, 딥페이크 피싱, 선거 조작** 등에 이용될 수 있다. 특히 고도화된 정교한 딥페이크 영상은 실제와 구분하기 어려워 정보의 신뢰성을 위협하기도 한다.

디지털 성범죄

연예인이나 일반인을 합성하여 불법 영상물을 유포하는 디지털 성범죄는 강력한 처벌과 규제 대상이다.

딥페이크 피싱

가족의 얼굴, 목소리를 합성하여, 돈을 요구하거나 협박하는 범죄로 기존 보이스 피싱보다 훨씬 더 위험한 신종 사기성 범죄이다.

[그림 2-12] 딥페이크의 '그림자'

 이처럼 딥페이크 기술은 산업 분야에서 새롭고 다양한 활용 가능성을 보여 주지만, 비윤리적인 문제와 가짜 뉴스로 정치적·사회적으로 끼치는 영향력을 고려해야 하는 양면성이 존재한다.

 러시아와 우크라이나 전쟁에 사용된 딥페이크 영상은 우리에게 그 위험성을 경고하는 사례이다. 2022년 3월 트위터에서 블라디미르 푸틴 러시아 대통령의 영상이 퍼져나갔다. 이는 푸틴 대통령이 평화를 선언하는 모습을 조작한 영상이었다. 한편 페이스북과 유튜브에서는 젤렌스키 우크라이나 대통령이 러시아에 항복을 선언하는 모습을 담은 딥페이크 영상이 퍼져나갔다.

[그림 2-13] 젤렌스키 우크라이나 대통령이 러시아에 항복을 선언하는 모습을 담은
딥페이크 영상

 현재는 누구나 공개된 딥러닝 알고리즘을 활용하여 쉽게 딥페이크 콘텐츠를 만들 수 있게 되었다. 딥페이크는 현재 무료 모바일 앱으로도 개발되어 있는데, 대표적인 앱으로 페이크 앱(Fake App), 리페이스(Reface) 앱이 있다. 이 중 리페이스 앱은 2023년 3월 기준 누적 다운로드 횟수 1억을 돌파하며 100개국에서 애플과 안드로이드 스토어 모두 인기 앱 5위를 차지하고 있다. 해당 앱은 사용자의 얼굴 사진 1장 만으로 유명 연예인 얼굴과 합성해 준다. 합성 대상은 국내 유명 배우나 가수부터 해외 연예인과 스포츠 스타, 영화 장면까지 다양하다.

[그림 2-14] 리페이스 앱 <타이타닉>, <어벤져스>
필자의 얼굴을 영화 속의 배우 얼굴로 변환한 장면

국내 연예인부터 해외 배우와 가수뿐 아니라 인기 캐릭터들과의 합성이 가능하다. 그러나 SNS 게시물로 인한 초상권, 저작권 침해 문제가 발생할 수 있고, 이를 불법 합성물로 악용하는 사례가 늘고 있어 주의가 필요하다. 본인의 얼굴을 활용한 딥페이크 영상물은 개인의 얼굴을 합성한다는 점에서는 초상권 침해 문제는 없으나 만약 **다른 사람의 얼굴을 허락 없이 합성한다면 초상권 침해에 위배**될 수 있다.

이처럼 일반인들도 쉽게 딥페이크 영상을 제작할 수 있게 됨에 따라 더 높은 수준의 미디어 리터러시 능력이 요구된다. 특히 정교한 딥페이크 영상은 정치적·사회적으로 심각한 악영향을 미칠 수 있기 때문에 딥페이크 영상을 판별하는 것은 중요하다. 하지만 일반적인 대중이 딥페이크 영상을 판별하는 것은 쉽지 않다.

딥페이크 영상을 판별하기 어려울 때는 전문가들의 도움을 받아 분석하는 것이 중요하다.

첫째, 얼굴 표정과 움직임이 부자연스러운 경우가 많다. 이는 딥러닝 알고리즘을 사용하여 생성된 이미지가 실제 이미지와 차이가 있기 때문이다.

둘째, 영상 전반에 걸쳐 일관성 있는 픽셀 패턴이 보이는 경우가 있다. 이는 딥러닝 모델이 이미지의 일부를 복제하여 영상을 만들기 때문이다.

실제로 젤렌스키 우크라이나 대통령의 모습을 흉내 낸 딥페이크 영상을 본 우크라이나인들은 설득력이 없다며 믿지 않았다. 해당 영상에서 젤렌스키 대통령은 연단에서 서서 우크라이나인들에게 무기를 내려놓으라고 말한다. 그런데 그 장면을 잘 살펴보면 대통령의 머리는 몸보다 너무 커 보이며, 머리 부분의 화질은 선명하지 않고 목소리도 실제보다 더 낮았다. 버클리 캘리포니아 주립대학의 하니 퍼리드 교수는 문제의 딥페이크 동영상이 조작됐다는 뚜렷한 증거가 있다고 지적했다. 그는 조작 과정에서 생기는 왜곡을 은폐하기 위해 해상도를 낮추고, 동영상 속의 등장인물이 줄곧 팔을 움직이지 않은 채 정면만 응시하고 있는 것을 조작 근거로 들었다.

이후 페이스북의 메타 측은 친러 국가인 벨라루스와 관련돼 있음을 밝히고 딥페이크 영상을 빠르게 삭제했고 유튜브, 트위터에서도 업로드된 영상이 허위 정보 규정을 위반해 삭제했다고 밝혔다. 젤렌스키 대통령은 이날 트위터의 우크라이나 국방부 공식 계정에 올린 동영상 메시지를 통해 여전히 우크라이나를 방어하고 있으며, 러시아를 상대로 어떤 무기도 내려놓지 않을 것이라고 가짜 영상에 대응했다.

이에 대해 영상과 기술을 활용한 인권 운동을 이끄는 비영리 단체인 위트니스의 임원인 샘 그레고리는 "젤렌스키 딥페이크 영상은 운이 좋았던 사례"라고 말했다. 처음부터 정교하게 조작된 것이 아니라서 쉽게 알아채 판별이 쉬웠다는 것이다. 만약 많은 시간과 비용을 들여 더 정교하게 딥페이크 영상이 조작되고 유포되었다면 우크라인들에게 큰 혼란을 주었을 것이고, SNS 플랫폼들과 우크라이나 국방부에서 빠르게 대응하기 쉽지 않았을 것이다.

이처럼 딥페이크 영상을 판별하기 위해서는 조작된 영상의 특징들을 파악하고, 전문가들이 보유한 판별 기술을 사용해야 한다. 이러한 판별 기술은 주로 딥러닝 알고리즘을 기반으로 하며 딥페이크 영상을 식별하고 분류하는 데 매우 유용하다.

02. 챗GPT와 미디어 리터러시

2-1 챗GPT도 미디어인가?

챗GPT의 등장 이후 수많은 인증 글이 쏟아지고 있다. 글쓰기, 기사 작성, 문제 풀이, 코드 작성 등 우리에게 챗GPT는 일상과 비즈니스에서 시도할 수 있는 많은 가능성을 보여 주고 있다. 필자는 챗GPT를 사용하기 시작하면서 어떤 글을 쓰기 시작할 때 챗GPT에 먼저 질문해 보는 습관을 갖게 되었다.

챗GPT는 우리가 미디어를 소비하고 이해하는 방식에도 크게 영향을 미치고 있다. 그렇다면 챗GPT도 미디어인가? 챗GPT를 잘 활용하려면 어떤 능력을 갖춰야 할까? 사용할수록 궁금증이 생겨난다.

지금부터 챗GPT와의 대화로 '챗GPT'에 대해 알아보자. 첫 질문으로 **'챗GPT도 미디어인가?'**라고 물어보았다.

질문

챗GPT도 미디어인가?

답변

네, 챗GPT는 사용자와 대화하면서 다양한 정보를 제공하는 대화형 미디어입니다. 이러한 특징으로 인해 챗GPT는 미디어로 분류될 수 있습니다. 그러나 챗GPT는 전통적인 미디어와는 차이가 있기도 합니다.

위의 대답에서 챗GPT는 대화형 미디어이긴 하지만, 기존 미디어와는 차이가 있다는 것을 알 수 있다. 다음 질문으로 **'챗GPT는 기존 미디어와 어떻게 차이가 있을까?'**로 물어보았다.

질문

챗GPT는 기존 미디어와 어떻게 차이가 있을까?

답변

"기존 미디어는 보통 기자나 전문가들이 취재를 하여 정보를 수집하고, 그 정보를 편집하여 사용자에게 전달합니다. 이와 달리 챗GPT는 인공지능 기술을 이용하여 사용자와 대화하면서 다양한 정보를 제공합니다. 따라서 챗GPT와 기존 미디어의 차이는 크게 세 가지로 나눌 수 있습니다.

첫째, 제작 방식의 차이입니다. 기존 미디어에서는 일정한 과정을 거쳐 정보를 제작하고 전달합니다. 하지만 챗GPT는 인공지능 기술을 이용하여 자동으로 대화를 생성합니다. 따라서 챗GPT는 자동화된 방식으로 정보를 제공하는 대화형 미디어라고 할 수 있습니다.

둘째, 정보의 정확성과 신뢰성 측면에서 차이가 있습니다. 기존 미디어에서는 보통 신뢰성 있는 기자나 전문가들이 취재를 하고, 이를 편집하여 정보를 전달합니다. 하지만 챗GPT는 인공지능이 자동으로 생성한 대화를 통해 정보를 제공합니다. 따라서 챗GPT에서 제공되는 정보의 정확성과 신뢰성을 보장하기 위해서는 적극적인 검증과 필터링이 필요합니다.

셋째, 상호작용의 차이입니다. 기존 미디어에서는 사용자와의 상호작용이 한정적입니다. 사용자는 보통 정보를 수동적으로 수신하고, 필요하다면 댓글이나 평가를 남기는 정도의 상호작용만 이루어집니다. 하지만 챗GPT는 대화형 미디어로서 사용자와의 상호작용이 매우 높습니다. 사용자는 챗GPT와 대화하면서 질문을 하거나 자신의 생각을 나누는 등 적극적인 상호작용을 할 수 있습니다. 따라서 챗GPT는 기존 미디어와는 차이가 있지만, 여전히 사용자에게 정보와 지식을 전달하는 미디어입니다. 또한, 인공지능 기술이 발전하면서 챗GPT와 같은 대화형 미디어는 더욱 중요해지고 있습니다."

위의 대답에서 챗GPT에서 제공되는 정보의 정확성과 신뢰성을 보장하기 위해서는 검증이 꼭 필요하다는 점과 챗GPT는 사용자와의 상호작용이 높은 대화형 미디어라는 것을 알 수 있다.

이어서 챗GPT가 사용자와의 상호작용이 높은 대화형 미디어라는 점에서 챗GPT와 대화를 잘할 수 있는 방법에 대한 궁금증이 생긴다. 다음 질문으로 **'사용자가 챗GPT와 대화를 잘하려면 어떻게 해야할까?'**로 물어보았다.

질문

사용자가 챗GPT와 대화를 잘하려면 어떻게 해야할까?

답변

"사용자가 챗GPT와 잘 대화하기 위해서는 몇 가지 팁이 있습니다.

명확하고 구체적인 질문을 하세요: 챗GPT는 사용자의 질문에 대해 최대한 정확한 답변을 제공하기 위해 노력합니다. 따라서 질문이 명확하고 구체적일수록 챗GPT가 좀 더 정확한 답변을 제공할 가능성이 높아집니다.

정확한 정보를 제공하세요: 챗GPT는 대화를 통해 정보를 학습하므로, 사용자가 챗GPT와 대화하는 동안 정확한 정보를 제공하는 것이 중요합니다. 만약 사용자가 잘못된 정보를 제공하면 챗GPT는 그 정보를 학습하게 되어 잘못된 답변을 제공할 가능성이 높아집니다.

적절한 언어를 사용하세요: 챗GPT는 인공지능 기술을 이용하여 대화를 수행합니다. 따라서 사용자는 챗GPT와 대화하는 동안 적절한 언어를 사용해야 합니다. 또한 사용자가 이해하기 쉬운 언어를 사용하는 것이 좋습니다.

대화의 주도를 잡으세요: 챗GPT는 사용자와 대화를 통해 적절한 답변을 제공하려고 노력합니다. 하지만 대화의 주도는 사용자가 잡는 것이 좋습니다. 사용자가 챗GPT와 대화할 때 질문을 하고, 챗GPT가 답변을 제공하면, 사용자는 다시 질문을 하면서 대화를 이어나갈 수 있습니다.

대화 내용을 정확하게 이해하세요: 챗GPT와 대화하는 동안 사용자는 챗GPT가 제공하는 답변을 정확하게 이해해야 합니다. 만약 사용자가 챗GPT가 제공하는 답변을 정확하게 이해하지 못하면, 그에 따른 대화가 어려워질 수 있습니다."

위의 대답을 정리하면 대화형 미디어인 챗GPT를 잘 활용하기 위해서는 정확한 정보를 제공함과 동시에 명확하게 질문해야 하고, 챗GPT가 답변을 제공하면 내용을 이해하고, 다음 질문을 이어갈 수 있어야 한다.

마지막 질문으로 **'챗GPT와 대화할 때 미디어 리터러시 능력이 필요할까?'**라고 물어보았다.

질문

챗GPT와 대화할 때 미디어 리터러시 능력이 필요할까?

답변

네, 챗GPT와 대화를 할 때 미디어 리터러시가 필요합니다. 챗GPT는 인공지능 기술을 사용한 자연어 처리 모델로서 대화형 미디어 중 하나입니다. 대화를 통해 주고 받는 정보가 정확하고 신뢰할 수 있는지, 어떤 정보가 주고 받는 상황에 맞지 않는지 등을 판단할 필요가 있습니다.

미디어 리터러시란, 미디어와 관련된 정보를 이해하고 분석하는 능력을 말합니다. 챗GPT와 대화할 때도 미디어 리터러시를 가지고 있어야 챗GPT가 전달하는 정보를 적극적으로 이해하고 활용할 수 있습니다. 미디어 리터러시가 높은 개인은 챗GPT와 대화를 할 때 챗GPT가 전달하는 정보의 출처와 목적, 문맥, 편향성 등을 분석하고 비판적으로 판단할 수 있습니다. 이를 통해 더욱 정확하고 효과적인 대화가 가능해집니다.

따라서 챗GPT와 대화할 때도 미디어 리터러시 능력이 필요하며, 이를 향상시키는 교육이 필요합니다. 미디어 리터러시 교육을 통해 챗GPT와 대화를 할 때 더욱 적극적이고 효과적으로 정보를 활용할 수 있습니다.

위의 대답에서 챗GPT를 잘 쓰려면 기존 미디어와 같이 미디어 리터러시 능력은 필수이며, 이는 챗GPT와 대화할 때 정보를 이해하고 비판적인 사고로 분별하기 위해 필요하다는 것을 알 수 있다.

이처럼 챗GPT는 대화를 통해 인간과 소통하며 정보를 제공한다. 이러한 챗GPT의 특징은 우리가 미디어를 소비하는 방식을 변화시키고 있다. 대화를 하는 과정에서 우리는 원하는 답변을 얻기 위한 고도의 질문을 할 수 있어야 하고, 디지털 문해력을 발휘하여 챗GPT가 내놓은 정보를 분석할 수 있어야 한다. 또한, **정보의 출처와 목적, 문맥, 편향성에 대해 비판적인 사고를 바탕으로 또 다른 매체를 통해 검증한 후, 그 결과에 따라 또다시 질문**을 하며 정보에 대한 신뢰도를 높여야 한다. 이처럼 챗GPT의 등장은 미디어를 통해 메시지를 제대로 해석하는 능력으로 미디어 리터러시가 더욱 강조될 수밖에 없는 듯하다.

2-2   챗GPT로 팩트체크가 가능할까?

앞서 우리는 챗GPT와의 대화를 통해 챗GPT는 대화형 미디어로, 정보의 정확성과 신뢰성을 보장하기 위해서는 검증이 꼭 필요하다는 점을 알게 되었다. 그렇다면 챗GPT는 팩트체크가 가능할까? 챗GPT와의 대화를 통해 알아보자.

챗GPT에 먼저 **'챗GPT로 팩트체크가 가능한가?'**라고 질문하였다.

질문

챗GPT로 팩트체크가 가능한가?

답변

챗GPT 모델을 이용하여 팩트체크를 수행할 수 있는 가능성은 있지만, 완벽하게 팩트체크를 보장할 수는 없습니다. 챗GPT 모델은 대량의 데이터를 학습하여 생성된 자연스러운 문장을 생성할 수 있지만, 이 모델이 생성한 문장이 항상 사실에 부합하는 것은 아닙니다.

챗GPT 모델은 학습에 사용된 데이터와 유사한 패턴이나 정보를 생성하는 경향이 있으며, 이로 인해 일부 정보가 왜곡될 수 있습니다. 따라서 챗GPT 모델을 이용하여 팩트체크를 수행할 때에는 항상 사람의 판단과 비교하여 검증을 수행해야 합니다.

그러나 챗GPT 모델을 이용하여 팩트체크를 수행하는 연구들이 진행되고 있으며, 이를 통해 모델을 개선하고 정확도를 높이는 방법을 모색하고 있습니다. 미래에는 챗GPT 모델을 이용하여 더욱 정확한 팩트체크가 가능해질 수도 있습니다.

위의 대답에서 챗GPT는 팩트체크를 수행할 수는 있지만 신뢰도를 보장할 수 없으며, 팩트체크를 수행하는 연구들이 진행되고 있어 이를 통해 모델을 개선하고 정확도를 높이고 있다고 한다.

그렇다면 '**챗GPT는 현재 왜 팩트체크를 하지 못하는 걸까?**' 두 번째 질문으로 챗GPT에 물어보았다.

질문

챗GPT는 현재 왜 팩트체크를 하지 못하는 걸까?

답변

챗GPT는 기본적으로 학습 데이터를 바탕으로 생성된 자연어 모델입니다. 학습 데이터에는 다양한 정보 출처에서 수집된 데이터가 포함되어 있습니다. 그러나 이러한 학습 데이터는 미리 수집되어 있기 때문에 최신 정보를 항상 반영하지는 못합니다. 또한, 학습 데이터에는 신뢰할 수 없는 정보가 섞여 있을 수 있습니다. 이러한 이유로, 챗GPT는 항상 100% 정확한 정보를 제공하는 것은 불가능합니다.

팩트체크는 단순한 정보 제공 이상으로 추가적인 검증과 분석을 필요로 합니다. 팩트체크를 수행하기 위해서는 믿을 만한 정보 출처를 참고하고, 다양한 정보를 수집하며, 이를 검증하고 분석하는 것이 필요합니다. 이러한 작업은 전문가의 역할이 필요하며, 챗GPT는 그러한 역할을 대신할 수 없습니다. 하지만 가능한 한 많은 정보를 제공하고, 팩트체크에 필요한 믿을 만한 정보 출처를 제공하려고 노력합니다.

위의 답변에서 챗GPT는 최신 정보를 반영하지는 못한다라는 점과 추가적인 검증과 분석이 필요하다는 것을 알 수 있었다. 이에 질문을 더해 **'챗GPT의 가장 최신 정보 업데이트 시기는 언제인가?'**로 다시 물어보았다.

질문

챗GPT의 가장 최신 정보 업데이트 시기는 언제인가?

답변

"저는 2021년 9월까지의 데이터를 기반으로 학습된 GPT-3.5 언어 모델입니다. 그러나 OpenAI는 GPT 모델의 지속적인 개발과 학습을 진행하고 있습니다. 최신 정보 업데이트는 OpenAI에서 새로운 데이터를 수집하고 모델을 학습시켜 적용하는 과정에서 이루어집니다. 따라서 최신 정보 업데이트의 시기는 OpenAI에서 새로운 데이터를 모델에 반영하는 시점에 따라 다를 수 있습니다.

OpenAI는 GPT 모델을 지속적으로 개선하고, 새로운 데이터를 반영하여 모델의 정확성과 성능을 높이는 작업을 계속하고 있습니다. 따라서 저도 OpenAI에서 새로운 데이터를 반영하여 업데이트되는 과정을 거치며 최신 정보를 제공할 수 있도록 노력하고 있습니다."

위의 답변에서 챗GPT는 2021년 9월까지의 데이터로만 학습한 것으로 최신 뉴스나 정보에 대한 팩트체크는 불가능하다는 것을 알 수 있다. 그렇다면 단지 데이터가 최신 정보가 아니라는 점이 문제일까? 최신 뉴스나 정보는 아니지만, 2021년 9월 이전의 가짜 뉴스나 허위 정보에 대해서는 판별이 가능한지, 팩트체크가 가능한지 의문이 생겼다.

과거 대한민국에서 일명 '쓰레기 만두' 사건으로 식품 업계에 큰 파장이 일어난 적이 있었다. 2004년에 일어난 그 사건은 만두 업계에 큰 상처를 남겼다. 잘못된 수사와 오보로 인해 냉동만두는 저질 상품이라는 불신과 편견으로 당시 파산한 업체들이 많았다. 오래된 사건이지만 과장된 허위 정보로 인한 피해 사례가 분명했기에 챗GPT가 이 사건을 어떻게 브리핑하는지 궁금했다.

먼저 챗GPT에 **'대한민국 쓰레기 만두 사건에 대해 알려줘'**라고 물어보았다.

질문

대한민국 쓰레기 만두 사건에 대해 알려줘.

답변

2008년 대한민국에서 발생한 '쓰레기 만두 사건'은 식품산업에서의 부정 행위로, 일부 제조업체들이 만두에 쓰레기 등을 섞어 제조하여 소비자의 건강을 심각하게 위협한 사건입니다.

이 사건은 2008년 11월에 처음 발견되었으며, 이후 전국적으로 19개 업체에서 100여 종류 이상의 제품에서 쓰레기 등의 부정행위가 발견되었습니다. 이에 따라 대규모 리콜이 이루어지고, 수많은 소비자가 식중독 증세를 호소하면서 사회적인 파장을 일으켰습니다.

이 사건은 대한민국 정부와 소비자 단체들의 강력한 대응으로 법적 제재와 업체 감사 등의 조치가 이루어졌으며, 제조업체들의 경영 윤리와 품질 관리 등의 중요성에 대한 인식을 높이는 계기가 되었습니다. 이후 대한민국에서는 식품 안전을 위한 강력한 법규제와 감사체계가 구축되어 안전한 식품 공급이 이루어지고 있습니다.

위의 답변에서 사건의 팩트와는 전혀 다른 몇 가지 이상한 점을 발견했다. 먼저 대한민국의 쓰레기 만두 사건은 2008년이 아닌 2004년에 일어났으며, 사건의 본질은 식품 업체의 부정 행위가 아닌 허위 정보로 인한 식품 업체의 피해로 사회적 파장이 컸다는 점이다.

따라서 앞서 이야기한 챗GPT의 조언대로 추가적인 검증을 위해 필자가 알고 있는 쓰레기 만두 사건 이외에 2008년 다른 사건이 있었는지 구글, 네이버 및 다음 등의 포털에서 검색해 보았다. 역시 예상대로 '2004년 쓰레기 만두 사건' 이외 다른 쓰레기 만두 사건은 찾아볼 수 없었다. 이번에는 챗GPT에 정보를 더 정확하게 알려주기 위해 **'2004년 대한민국 쓰레기 만두 사건에 대해 팩트체크 해줘'**라고 사건 시기에 대한 정보와 함께 팩트체크에 대한 메시지를 담아 다시 질문해 보았다.

질문

2004년 대한민국 쓰레기 만두 사건에 대해 팩트체크 해줘.

답변

죄송합니다, 제가 이전에 말씀드린 '2008년 쓰레기 만두 사건'과 '2004년 쓰레기 냉동만두 사건'을 혼동하여 답변을 드렸습니다. 이에 대한 정정과 함께 '2004년 대한민국 쓰레기 냉동만두 사건'에 대한 팩트체크를 진행해 드리겠습니다.

2004년 11월, 대한민국에서는 일부 제조업체들이 냉동만두에 쓰레기 등을 섞어 제조하여 소비자의 건강을 심각하게 위협한 사건이 발생하였습니다. 이 사건으로 인해 수많은 소비자들이 식중독 증세를 호소하면서 사회적인 파장을 일으켰습니다.

이 사건은 대한민국 정부와 소비자단체들의 강력한 대응으로 법적 제재와 업체 감사 등의 조치가 이루어졌으며, 제조업체들의 경영 윤리와 품질 관리 등의 중요성에 대한 인식을 높이는 계기가 되었습니다. 이후 대한민국에서는 식품 안전을 위한 강력한 법규제와 감사체계가 구축되어 안전한 식품 공급이 이루어지고 있습니다.

> 요약하자면, 2004년 대한민국에서 발생한 '쓰레기 냉동만두 사건'은 일부 제조업체들이 냉동만두에 쓰레기 등을 섞어 제조하여 식중독 사건을 발생시켰으며, 이에 대한 대응으로 법적 제재와 입체 감시 등의 조치가 이루어졌습니다. 이후 대한민국에서는 식품 안전을 위한 강력한 법규제와 감사체계가 구축되어 안전한 식품 공급이 이루어지고 있습니다.

위의 답변에서 챗GPT는 앞서 내놓은 잘못된 답변에 대한 사과를 했지만, 역시나 이번에도 실제 사건의 본질과는 전혀 다른 방향을 마치 이번엔 제대로 사실을 말해 주는 듯, 그럴싸하게 팩트체크랍시고 브리핑을 했다. 만약 2004년에 일어난 대한민국 쓰레기 만두 사건에 대한 사전 정보가 전혀 없는 외국인이 챗GPT에 질문을 하고 이에 대한 답변을 검증하지 않는다면 이대로 믿게 되는 것이다.

지금까지 챗GPT와의 대화를 통해 챗GPT는 최신 뉴스나 정보에 대한 시사점뿐 아니라 과거 시사점에 대한 정보 신뢰성은 매우 취약하기 때문에 팩트체크 도구로써 활용 가능성은 매우 낮다는 것을 알 수 있다. 대화형 미디어로서 챗GPT는 사용자의 질문에 대한 대답은 정확하지 않더라도 알고 있는 지식을 동원해서 그럴싸한 대답을 내놓아야 하는 회장님의 책임감 있는 비서처럼 느껴졌다.

이는 챗GPT에 의도된 데이터만을 학습시켜 편향된 정보를 퍼트리는 매체로 악용한다면 가짜 뉴스 생산의 최적의 도구로 변질될 수 있다는 것을 의미한다. 따라서 챗GPT와 같은 인공지능을 활용할 때 우리는 윤리적인 문제를 특히 더 의식하고, 이에 대한 윤리 원칙을 제시해야 한다.

그렇다면 앞으로 챗GPT의 팩트체크 가능성은 어떻게 될까? 앞서 질문한 '팩트체크의 가능성'에 대한 챗GPT 대답은 챗GPT 모델을 지속적으로 개선하여 정확도를 높이는 방법을 모색하고 있다고 했다. 미래에는 인간이 제시한 사회적인 규범과 윤리적인 원칙하에 끊임없이 개선된다면 팩트체크 도구로서의 가능성을 기대해 본다.

2-3   챗GPT가 미디어 산업에 미치는 영향

챗GPT가 미디어 산업에 미치는 영향은 어떤 것이 있을까?

미디어는 정보와 커뮤니케이션의 중심지로서 인간의 삶에 큰 영향을 미치고 있으며, 챗GPT와 같은 인공지능 기술은 미디어 분야에서 새로운 가능성을 제공하고 있다. 이러한 기술의 발전은 뉴스나 기사 작성, 헬스케어, 상담 등 다양한 분야에서도 적용될 수 있다.

예를 들어 대부분의 미디어 기업들은 뉴스나 기사 작성에 대한 인력 부족 문제를 해결하기 위해 챗GPT와 같은 대화형 인공지능 기술을 활용하여 뉴스나 기사 작성을 자동화할 수 있다. 인공지능 기술은 사용자가 입력한 정보를 바탕으로 기사를 작성하며, 새로운 정보에 대한 빠른 대응도 가능하기 때문이다. 그러나 시행하기 전에 몇 가지 검토해야 할 사항들이 있다.

먼저, 앞서 챗GPT와의 대화에서 확인했듯이 생성한 콘텐츠가 진짜 뉴스인지 가짜 뉴스인지 구분하기 어렵다. 따라서 이를 구분하기 위해 편집자의 검증과 검토가 필요하다. 또한, 챗GPT가 생성한 콘텐츠는 대부분 기존의 정보를 조합하여 만들어진 것이기 때문에 원본 소스의 출처가 명확하지 않을 수 있다. 이는 출처를 밝히는 데 어려움을 줄 수 있으며, 독자들에게 오인을 일으킬 가능성이 있다. 또한, 챗GPT는 사람처럼 뉴스나 기사를 이해하는 것이 아니기 때문에 논리나 흐름이 부족할 수 있다. 이는 독자들에게 혼란을 줄 수 있으며 정확한 정보 전달을 어렵게 할 수 있다. 따라서 챗GPT를 뉴스나 기사 작성에 활용하기 전에 이러한 문제점을 극복하기 위해 사람 편집자와의 협업이 필요하다.

헬스케어 분야에서 인공지능 기술은 매우 높은 발전 가능성을 가지고 있다. 챗GPT와 같은 인공지능 챗봇을 이용하면 의료 정보 검색이나 환자 상담 등을 더욱 효율적으로 처리할 수 있다. 또한, 인공지능 기술을 활용한 예방 접종 및 질병 예측 등의 서비스도 제공할 수 있다.

하지만 헬스케어 분야에서도 챗GPT를 활용하는 것은 일부 제약이 따른다. 예를 들어, 환자의 건강 상태를 정확히 파악하고 진단을 내리기 위해서는 다양한 정보와 전문적인 지식이 필요하며, 환자의 건강 정보는 민감한 정보로서 보안과 개인정보 보호의 문제도 고려해야 한다.

또한, 챗GPT는 인간처럼 사고하거나 판단하지 못하기 때문에 예상치 못한 오류나 부적절한 대답이 나올 수 있다. 따라서 의료 전문가와 함께 챗GPT 챗봇을 개선하고 관리해야 하며, 사용자들의 건강과 안전을 최우선으로 고려해야 한다.

실제로 헬스케어 플랫폼 '굿닥'은 2023년 2월 국내 최초로 챗GPT API가 도입된 '건강 AI' 챗봇 서비스를 출시했다. 건강·시술과 관련된 사용자 질문에 인공지능이 1초 이내에 답변을 제공하며, 회사 측은 인공지능 답변이 즉각적으로 이루어지는 만큼 남녀노소 누구나 쉽고 빠르게 사용이 가능하다고 설명했다. 또한, 인공지능의 답변이 충분하지 못할 경우 질문에 따라 대면 진료와 연결하는 솔루션을 제공해 사람과의 협업을 통한 좋은 서비스를 제공할 수 있도록 한다고 설명했다.

상담 분야에서도 챗GPT와 같은 대화형 인공지능 챗봇은 고객 상담 센터에서 매우 유용하게 사용될 수 있다. 고객 상담 채팅 창을 통해 챗GPT가 고객의 질문에 답변하면서, 상담원들은 더욱 복잡한 문제를 해결하는 업무에 전념할 수 있다. 또한, 챗GPT는 적극적인 대화를 통해 고객들의 불만 사항을 파악하고, 개선 사항을 제안할 수도 있다.

또한, 심리 상담 분야에서도 챗GPT를 활용한 사례가 늘고 있다. 예를 들어 Woebot은 우울증 예방을 위해 개발된 인공지능 상담 챗봇으로, 사용자와 대화하며 그들의 우울증 증상을 평가하고 이에 맞는 자기 치료 프로그램을 제공해 주며, 대화 기록을 토대로 사용자의 우울증 증상을 식별한다.

Woebot은 2017년에 설립된 언어학 및 인공지능 분야의 창업 기업, Woebot Labs, Inc.가 개발한 대화형 챗봇으로, 인공지능과 심리학 전문가들이 공동으로 개발하였다. 심리 치료사의 도움 없이도 심리적 안녕감을 증진시키기 위한 자기 치료 플랫폼으로 개발되었다. Woebot은 2021년 JAZZ Venture Partners와 Temasek이 주도하는 9,000만 달러 규모의 시리즈 B 자금 조달 라운드를 마감했다. Woebot은 심리 상담 분야에서 매우 혁신적인 기술로, 이 분야에서의 성장 가능성이 큰 것으로 평가된다. 현재는 주로 개인 사용자를 대상으로 하지만, 앞으로는 기업 및 정부 기관과의 협업을 통해 더 넓은 범위에서 활용될 것으로 예상된다.

Woebot은 현재까지 심리 상담 분야에서 큰 관심을 받고 있으며, 또한 인공지능 기술을 활용한 새로운 상담 모델을 개발하고 실험하는 연구자들에게도 큰 영감을 주고 있다. 앞으로는 인공지능 기술의 발전과 함께 Woebot과 같은 새로운 기술이 더욱 많은 분야에서 사용될 가능성이 있다.

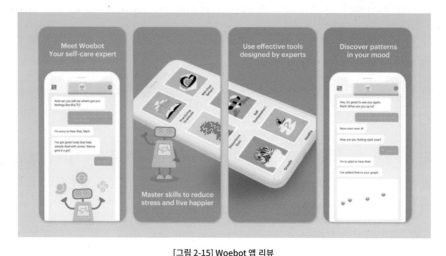

[그림 2-15] Woebot 앱 리뷰

출처: https://onemindpsyberguide.org/apps/woebot/

하지만 Woebot을 포함한 인공지능 챗봇은 아직 완벽한 대체재가 될 수 없다는 문제점이 있다. 특히 심각한 정신 건강 문제를 가진 환자들에게는 전문적인 상담이 필요할 수 있다. 또한, 인공지능 챗봇은 인간의 상호작용과는 다르게 감정적인 지원을 제공할 수 없다는 한계점이 있다. 따라서 Woebot 등의 인공지능 챗봇은 상호 보완적인 역할로써 활용되는 것이 바람직하다.

위에서 살펴보았듯이 챗GPT와 같은 대화형 인공지능은 미디어 산업 분야에 긍정적인 영향과 함께 큰 발전 가능성을 갖고 있지만, 인간과의 협업을 통해 한계를 극복해 가는 과정이 필요하다.

또한, 사용자들의 미디어 리터러시 능력과 미디어 윤리에 대한 이해도가 함께 중요하게 고려되어야 한다. 인공지능이 제공하는 정보를 적극적으로 활용하면서도 그 정보의 출처와 진실성, 편향성 등을 비판적으로 분석할 수 있는 능력이 필요하다. 따라서 챗GPT와 같은 인공지능 기술의 발전과 함께 미디어 리터러시 교육이 더욱 중요해질 것으로 예상된다.

이와 더불어 챗GPT가 제공하는 대화 기능을 이용하면서도 사용자의 개인정보 보호와 인공지능의 민감한 데이터 처리 등 미디어 윤리적 문제들도 함께 고려되어야 한다. 이러한 이슈들을 염두에 두고 적극적인 논의와 노력이 필요할 것이다.

2-4 챗GPT와 미디어 리터러시의 미래

우리나라에서 인공지능은 이미 2016년 알파고의 등장으로 세계 최고의 바둑 기사인 이세돌을 이기는 모습을 보여 주며 커다란 충격을 주었다. 그 후 인공지능의 발전은 산업계와 교육계의 뜨거운 관심의 대상이 되었다. 이후 등장한 챗GPT는 인공지능이 실생활에 직접 활용이 가능한 다양한 능력을 보여 주면서 다시 뜨겁게 달구고 있다.

챗GPT는 대규모 언어 모델 중 하나로, 인간과 자연스러운 대화를 나눌 수 있는 능력을 가지고 있다. 이러한 챗GPT의 역량은 미디어 리터러시 분야에서도 큰 역할을 기대할 수 있다. 먼저 챗GPT는 뉴스나 미디어에서 보도되는 정보에 대한 이해력을 높일 수 있다. 챗GPT는 다양한 분야에서 학습된 데이터를 기반으로 대화를 나눌 수 있기 때문에 뉴스나 기사에서 사용되는 어휘와 문법에 대한 이해력을 향상시킬 수 있다. 이로 인해 뉴스나 기사에서 다루는 내용을 보다 깊이 있는 관점에서 이해할 수 있으며, 그 내용을 바탕으로 사고하는 능력을 향상할 수 있다.

또한, 챗GPT는 새로운 미디어 형태인 가상현실(VR)이나 증강현실(AR) 분야에서도 응용될 수 있다. 챗GPT를 활용하여 메타버스와 같은 가상현실 공간에서 인간과 자연스러운 대화를 나눌 수 있다면 가상현실 경험을 더욱 생동감 있게 만들 수 있다.

예를 들어 챗GPT를 활용하여 메타버스상에서 가이드 봇을 구현할 수 있다. 가이드 봇은 메타버스상에서 특정 장소를 안내하는 역할을 수행할 수 있다. 이러한 가이드 봇을 구현할 때 챗GPT를 활용하면 사용자들과 자연스럽게 대화하며 다양한 정보를 제공할 수 있다. 챗GPT는 자연어 처리 능력을 가지고 있기 때문에 사용자들이 질문을 하거나 요청을 할 때 이를 쉽게 이해하고 그에 맞는 응답을 할 수 있다.

또한, 메타버스에서 챗GPT를 활용하여 인간과 인공지능이 함께 참여하는 채팅 방을 구현할 수 있다. 이 채팅 방에서는 사용자들이 인공지능과 대화를 나누며, 인공지능은 사용자들의 질문에 대답하거나, 정보를 제공하거나, 사용자들이 원하는 작업을 수행할 수 있도록 도와줄 수 있다. 따라서 인공지능이 메타버스상에서 사용자들의 불편함을 해소하고 사용자들이 메타버스를 더욱 편리하게 이용할 수 있도록 도와줄 수 있다.

또한, 챗GPT를 활용하여 메타버스상에서 가상 지능 에이전트를 구현할 수도 있다. 이 가상 지능 에이전트는 사용자들이 메타버스상에서 수행하는 다양한 작업들을 모니터링하고, 이를 바탕으로 사용자들이 원하는 작업을 수행할 수 있도록 도와줄 수 있다. 예를 들어 사용자가 메타버스상에서 가구를 구매하려고 할 때, 가상 지능 에이전트는 사용자의 취향과 예산을 고려하여 적절한 제품을 추천해 줄 수 있다.

이처럼 가상현실 내에서 다양한 경험을 제공할 수 있으며, 새로운 형태의 미디어를 창출하는 데도 도움을 줄 수 있다.

오늘날 인공지능이 빠르게 발전하는 디지털 전환 시대에서는 **인공지능의 활용 역량을 기르는 교육**과 더불어 **인공지능에게 질문하는 교육**이 필요하다. 챗GPT를 활용하여 인공지능과 대화를 나누는 경험을 제공함으로써 학생들은 인공지능과의 상호작용에 대한 이해력을 높일 수 있다. 이를 통해 인공지능 분야에서의 진로나 연구에 대한 관심을 높일 수 있으며, 창의적인 아이디어를 생각해 내는데 도움을 줄 수 있다.

03. 미디어 리터러시 능력 키우기

3-1 미디어 리터러시의 눈, 팩트체크

미디어 리터러시를 향상시키기 위해서는 진짜 정보와 가짜 정보를 구별하는 능력이 필요하다. 인터넷, 소셜 미디어, 뉴스 등에서 보이는 정보가 모두 사실일 것이라는 편견을 버리고, 실제 일어난 일인지, 허위 정보는 아닌지 반드시 확인하는 습관을 가져야 한다. 정확성 확인을 위해 정보의 사실 여부를 검증하는 과정을 '팩트체크'라고 한다. 우리는 팩트체크를 통해 미디어로 접하는 정보의 진실과 거짓을 구별하고 비판적인 시각으로 올바른 판단을 내릴 필요가 있다.

많은 언론사가 팩트체크 도구를 도입하여 신뢰성 있는 뉴스를 제공하고자 노력하고 있다. 언론의 역할은 대중에게 정확하고 중요한 정보를 제공하는 것인데, 그 역할을 충실히 수행하기 위해서는 이제 팩트체크는 필수 과정이 되었다. 팩트체크를 통해 뉴스의 오보, 허위 정보를 발견하고 정확한 정보를 제공함으로써 대중의 정보에 대한 불신을 해소하고 신뢰를 유지하는 것이 중요하다.

이러한 팩트체크 도구는 언론사뿐만 아니라 일반 시민들도 활용할 수 있다. 인터넷에서 검색한 정보를 팩트체크 도구를 통해 확인하고, 믿을 만한 정보인지 판단하는 것도 가능하다. 신뢰할 수 있는 국내의 팩트체크 플랫폼 '**SNU 팩트체크**'로 허위 정보를 가려내는 방법을 알아보자.

'**SNU 팩트체크**'는 언론사들이 '사실적 근거'를 기반으로 검증한 공적 관심사를 국민들에게 알리기 위해 서울대학교 언론정보연구소가 운영하는 정보 서비스이다. 서울대학교 언론정보연구소는 웹 플랫폼을 마련하고, SNU 팩트체크에 참여하는 언론사들은 이 플랫폼에 사실이 검증된 질 높은 콘텐츠를 제공하고 있다. 예를 들어 **하나의 팩트에 대해 여러 언론사가**

복수로 팩트체크할 수 있으며, 팩트체크는 복수의 언론사들이 참여하는 교차 검증을 통해 정보를 접하는 소비자들이 사실성 판단의 다양한 관점을 수용하도록 제공하고 있다.

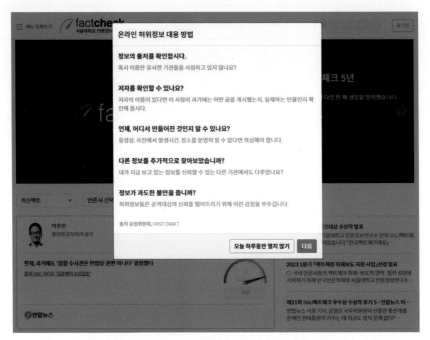

[그림 2-16] SNU 팩트체크 웹 사이트에 제시된 온라인 허위 정보 대응방법

출처: https://factcheck.snu.ac.kr

SNU 팩트체크 플랫폼을 들어가면, 첫 화면에서 '온라인 허위 정보 대응 방법'에 관한 글을 볼 수 있다.

〈온라인 허위 정보 대응 방법〉

정보의 출처를 확인합시다.

저자를 확인할 수 있나요?

언제 어디서 만들어진 것인지 알 수 있나요?

다른 정보를 추가적으로 찾아보았습니까?

정보가 과도한 불안을 줍니까?

위 온라인 허위 정보 대응 방법은 아래와 같이 설명할 수 있다.

정보의 출처를 확인합시다.

인터넷상에서는 누구나 어디서든지 정보를 제공할 수 있기 때문에 정보의 출처를 확인하는 것은 매우 중요하다. 출처가 명확하지 않은 정보는 그 신뢰성이 떨어질 수 있기 때문에 정보를 수집할 때에는 출처를 반드시 확인하고, 해당 출처가 신뢰성 있는 출처인지를 파악해야 한다.

저자를 확인할 수 있나요?

정보의 출처뿐만 아니라, 해당 정보의 저자도 확인하는 것이 중요하다. 인터넷상에서는 익명성이 보장되기 때문에 저자를 확인하기 어려울 수 있다. 하지만 신뢰성 있는 정보는 반드시 저자가 공개되어 있으며 저자의 정보를 확인할 수 있어야 한다.

언제 어디서 만들어진 것인지 알 수 있나요?

정보의 출처와 저자뿐만 아니라 해당 정보가 언제 만들어졌고, 어디서 만들어졌는지를 파악하는 것도 중요하다. 정보의 작성일이 오래전인 경우, 해당 정보의 내용이 현재와 다를 수 있다. 또한, 해당 정보가 어느 나라에서 만들어졌는지를 파악하는 것도 중요하다. 나라마다 법과 규제가 다르기 때문에 해당 나라의 법과 규제를 준수하는지 파악해야 한다.

다른 정보를 추가적으로 찾아보았습니까?

인터넷상에서는 다양한 의견과 정보가 제공된다. 따라서 하나의 출처에서만 정보를 얻지 않고, 다양한 출처에서 정보를 수집하여 비교하는 것이 좋다. 이를 통해 허위 정보인지 아닌지를 더욱 정확하게 판단할 수 있다.

정보가 과도한 불안을 줍니까?

인터넷상에서는 자극적이고 과장된 정보가 쉽게 퍼지는 경향이 있다. 이러한 정보는 사람들에게 과도한 불안을 줄 수 있기 때문에 이러한 정보를 최대한 피하는 것이 좋다. 또한, 정보를 얻을 때에는 정확하고 신뢰성 있는 정보를 찾는 것이 중요하다.

위와 같은 방법으로 개인이 팩트체크하는 습관을 갖게 된다면, 더욱 신뢰성 높은 정보를 얻을 수 있을 것이다.

이제 본격적으로 팩트체크하는 방법을 알아보자. 먼저 궁금한 주제에 대한 키워드로 직접 팩트체크 내용을 검색할 수 있다. '챗GPT'로 검색한 결과 아래와 같은 팩트체크 결과를 볼 수 있다.

[그림 2-17] SNU 팩트체크

출처: SNU 팩트체크

최근 챗GPT에 대한 뜨거운 관심과 함께 많은 사람이 궁금해하는 저작권에 대한 대한 내용이라 반갑다. 결과 내용을 클릭하면 팩트체크 상세 보기를 제공하여 **팩트체크에 대한 보충 설명과 함께 검증 내용, 검증 기사**를 보여 준다. 검증 기사와 함께 사실을 바탕으로 한 근거 자료를 제시하여 팩트체크 정보의 신뢰성을 보여 주고 있다.

[그림 2-18] SNU 팩트체크

출처: SNU 팩트체크

팩트체크 요약을 살펴보면,

"팩트체크의 주제는 **'챗GPT가 쓴 추리소설을 책으로 출판하면 저작권법 위반이다'**로 대화형 인공지능
(AI) '챗GPT'기 사람이 쓴 글과 구분하기 힘들 만큼 자연스러운 문서 작성 능력을 선보이며 전 세계적으
로 폭발적인 관심을 불러일으키고 있다.

지금까지 AI가 쓴 글은 문맥이 부자연스럽거나 어색해 사람, 특히 성인이 쓴 글과 구분이 대체로 쉬웠
지만, 비약적으로 발전한 **챗GPT의 역량은 AI가 작성한 글과 사람이 쓴 글 사이의 경계를 희미하게 만들
고 있다.**

이는 한편으로 지식·정보 검색이나 보고서 작성에 새 지평이 열리는 것 아니냐는 기대감을 높이고 있지
만 다른 한편에선 이처럼 로봇의 글과 사람의 글을 분간하기 힘든 시대를 맞아 새 규범을 마련해야 하는
것 아니냐는 의문도 던지고 있다.

이런 과제 중 하나는 저작물의 독창성·고유성을 둘러싼 저작권과 표절 문제를 새롭게 재정의하는 문제
일 것이다. 챗GPT에 살인 사건을 소재로 한 추리소설을 써달라고 한 뒤 그 결과물을 자기 창작물인 양
발표한다면 저작권 침해에 해당할까?"

일반 시민이 팩트체크 주제에 대해 알기 쉽게 이해할 수 있도록 보충 설명을 제시하고 있다.

결론적으로 '챗GPT가 쓴 추리소설을 책으로 출판하면 저작권법 위반이다'의 팩트체크 결
과는 **'전혀 사실이 아님'**이라는 한 언론사의 팩트체크 결과다.

[그림 2-19]

출처: SNU 팩트체크

팩트체크 요약을 풀이해 보면,

저작권 침해 여부를 판단하기 위해선 챗GPT가 저작자로 인정받을 수 있는지 따져 봐야 하는데 현행 저작권법은 인간이 아닌 AI는 법상 권리 주체로 인정되지 않기 때문에 **'전혀 사실 아님'**으로 판정하고 있다. 다만 AI의 창작물을 그대로 자신의 것인 양 사용하는 행위는 저작권법 위반은 아니지만 표절에는 해당될 수 있다고 요약했다.

[그림 2-20] 팩트체크 판정 결과를 나타내는 뱃지

출처: SNU 팩트체크

이렇듯 SNU 팩트체크는 제휴를 맺은 언론사들이 팩트체크를 하고 검증 내용을 업로드하면, 팩트체크의 결과에 따라 판정 뱃지가 표시되며, 다른 언론사들도 검증 내용과 그들이 내린 판정 결과를 추가적으로 올릴 수 있다.

[그림 2-21] 여러 언론사가 팩트체크한 결과를 볼 수 있는 교차 검증 검색 방법

출처: SNU 팩트체크

또한, 하나의 팩트를 여러 언론사를 통한 **교차 검증**을 할 수도 있다. **하나의 팩트에 대해 두 개 이상의 언론사가 검증에 참여**하여 판정 결과에 3단계 이상(ex. 사실 vs 대체로 사실 아님)의 차이가 발생하게 되면 '논쟁 중' 또는 '판단 유보'로 배지에 표시된다.

[그림 2-22] 두 개 이상의 언론사가 검증한 판정 결과 예시

출처: SNU 팩트체크

그리고 SNU 팩트체크에서는 주제별, 이슈별 카테고리로 팩트체크 결과를 제공하여 최신 사회 이슈와 트렌드도 알 수 있다. 또한, 언론사가 제시하는 팩트체크 외에 특정한 주제에 관해 궁금한 게 있다면 '**팩트체크 제안**'도 직접 해볼 수 있다.

3-2 AI로 시민 팩트체커 되기

팩트체크는 정보의 사실을 확인하는 것을 말한다. 이제 언론은 사실에 근거한 정보를 제공할 뿐만 아니라 잘못된 정보를 바로잡아 가짜 뉴스를 방지하는 것까지 그 역할이 매우 중요해지고 있다. 그렇다면 우리는 매일 쏟아지는 가짜 뉴스가 혼재된 정보 홍수 속에서 언론의 팩트체크 기사만을 기다려야만 할까? 우리도 팩트체크 기사의 '소비자'에서 벗어나 시민 팩트체커로서 동참할 수 있을까? 과거 정부는 코로나19로 인한 인포데믹의 피해를 줄이고 허위 정보를 예방하기 위해 '**허위 정보 예방수칙 3권 3행 3금**'이라는 정책을 홍보한 적이 있다.

그중 3권에 해당하는 **3가지 권장 사항**의 내용을 먼저 살펴보자.

1. '사실'과 '의견' 구분

정보의 내용이 실제 일어난 '사실'인지, 작성자의 주관이 포함된 '의견'인지 구분하면 허위 정보에 쉽게 속지 않을 수 있습니다.

2. 비판적으로 사고

정보를 확인할 때는 내용의 근거가 명확하고 논리적인지 합리적인 의심을 가지고 접근합니다.

3. 공유하기 전에 한 번 더 생각

이미 공유한 정보는 되돌리기 어렵습니다. 내가 전달할 정보를 다른 사람이 그대로 믿어도 괜찮나요?

위의 허위 정보 예방을 위한 3가지 권장 사항처럼 '사실과 주장을 구분하고, 근거가 있는 발언인지 판단하고, 제시한 근거가 사실인지 확인한 후 공유하는 과정'을 습관처럼 일상화한다면 우리 모두 팩트체커가 될 수 있다.

그렇다면 우리는 위 3가지 권장 사항을 어떻게 지킬 수 있을까? 바로 3행에 해당하는 **'3가지 행동 사항'**의 아래 내용을 살펴보면 쉽게 이해할 수 있다.

1. 출처·작성자·근거 확인

명확한 출처·작성자·근거를 포함하고 있는 정보인지 확인합니다. 다른 사람이나 기관을 사칭한 정보는 아닌지 꼼꼼하게 살펴봅니다.

2. 공신력 있는 정보 찾기

근거가 많다고 해서 모두 정확한 정보는 아닙니다. 공신력 있는 문서·자료·전문가를 통해 사실을 확인합니다.

3. 사실 여부 다시 확인

정보의 내용을 종합적으로 살펴보면서 '나'와 '다른 사람'이 믿어도 되는 정보인지 사실 여부를 신중하게 판단합니다.

위 방법과 같이 팩트체크가 익숙하지 않은 시민들은 천천히 역량을 키워 나가야 한다. 2021년 한국방송통신위원회와 한국지능정보사회진흥원(NIA)에서는 〈**팩트체크: 사실 혹은 거짓**〉(이하 **팩트체크**)를 제작했다. 이는 초등학생, 중학생을 포함한 시민들의 디지털 미디어 리터러시 역량을 키우기 위한 프로그램으로 누구나 쉽게 체험을 통해 팩트체크 과정을 경험할 수 있다.

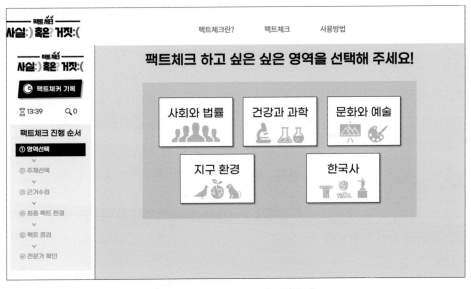

[그림 2-23] 다양한 분야의 팩트체크 체험을 제공

출처: 팩트체크 사실 혹은 거짓 http://fcainse.kr

[그림 2-24] 쓴이, 출처, 작성일, 논리를 기준으로 팩트체크

출처: 팩트체크 사실 혹은 거짓 http://fcainse.kr

〈팩트체크: 사실 혹은 거짓〉(이하 팩트체크) 프로그램에서는 〈가짜 뉴스를 구분할 때 반드시 확인해야 할 4가지 요소〉인 '**글쓴이, 출처, 작성일, 논리**'를 기준으로 제시하는 정보나 뉴스 안에 내용 중 사실과 주장이 신뢰할 수 있는 근거인지, 신뢰할 수 없는 근거인지 비판적으로 분석하는 과정을 반복하여 훈련할 수 있다. 위 팩트체크 프로그램에서 제시하는

〈**가짜 뉴스를 구분할 때 반드시 확인해야 할 4가지 요소**〉의 특징은 아래와 같다. 꼼꼼히 읽어 보고 체험해 보기를 권한다.

첫 번째 요소 – 글쓴이

인터넷에 글을 남기게 되면 ID를 비롯해서 글쓴이의 흔적이 반드시 남게 된다. 글쓴이가 분명하지 않은 글은 신뢰도가 무척 떨어진다.

두 번째 요소 – 출처

인터넷에서 습득하는 정보는 모두 어디서 온 것일까? 유튜브나 인스타그램에서 찾은 정보인지, 전문가가 직접 발언한 내용인지, 신문사나 정부기관이 발표한 내용인지 등을 확인하는 것이 출처를 분석하는 활동이다.

세 번째 요소 – 작성일

인터넷에 올라오는 정보들은 모두 기록이 남는다. 그중에서 가장 대표적인 기록이 바로 작성일이 남는다는 것이다. 정보가 등록된 작성일, 즉 날짜는 해당 정보가 얼마나 믿을 수 있는지를 결정하는 자료이다. 너무 오래된 정보일 경우, 최근 동향과 맞지 않을 수 있으므로 최신 자료와 비교하는 습관을 가져야 한다. (최신 자료는 최근 5년 이내 자료를 기준으로 할 것)

네 번째 요소 – 논리/설명

논리적인 오류가 없는지 확인하는 것이다. SNS, 메신저, 인터넷 뉴스, 영상 등에서 정보를 받아들일 때 논리적인 허점을 발견하는 것은 쉬운 일이 아니다. 논리적인 허점이 없는지 제대로 검토하려면 정보를 반복적으로 읽고 생각하는 습관을 가져야 한다. 팩트체크는 사회와 법률, 건강과 과학, 문화와 예술, 지구 환경, 한국사라는 주제를 다루고 있는데, 주제별로 제공되는 텍스트를 꼼꼼하게 글을 읽고 분석하다 보면 논리적인 허점을 발견하는 능력을 키울 수 있을 것이다.

최근 생성형 AI의 등장과 발전은 보이는 대로 믿으면 안 되는 시대를 열었다. 그렇다면 반대로 AI를 도구로 활용해서 팩트체크할 수 있는 방법은 없을까? 챗GPT는 앞서 살펴본 대로 현재로서 팩트체크 도구로서 활용 가능성은 매우 낮다. 특히 우리가 현재 무료로 사용하고 있는 챗GPT 버전은 사실이 아닌 답을 진짜처럼 지어 내는 취약점이 있다. 그러나 챗GPT를 기반으로 마이크로 소프트(MS)가 만든 검색 엔진 빙(Bing)은 GPT-4와 연동되어 실시간 정보를 제공한다. 우리는 MS 빙과 같은 실시간 정보를 제공하는 AI를 활용하여 팩트체크 과정인 **최신 뉴스의 핵심 내용을 파악하거나 사실과 주장을 구분하여 정보**를 분석할 수 있다. 필자는 MS 빙(Bing)으로 최근 국제적인 논란이 되고 있는 **"후쿠시마 방사능 오염수 관련 뉴스 기사"**에 대해 앞서 소개한 '허위 정보 예방수칙 3권 3행 3금' 중 3행 방식대로 분석해 보았다.

MS 빙으로 뉴스 분석하기

1. 뉴스 기사 수집하기

먼저 관련 뉴스 기사들을 모두 검색하고 파악해야 하는 수고로움을 덜어 뉴스 기사를 수집하기 위해 "2023년 후쿠시마 방사능 오염수 관련 뉴스 기사들을 알려줘"라고 질문했다.

[그림 2-25] MS 빙에서 뉴스 기사 분석 결과 화면

출처: MS 빙

    MS 빙은 뉴스 기사의 출처 링크들을 제공하고 핵심 내용을 요약해 주었다. 필자는 한눈에 뉴스 내용에 대한 흐름을 알 수 있었고, 각 뉴스에 해당하는 내용 또는 하단에 제시하는 **출처 링크 URL**을 클릭하면 좌측 화면에서 뉴스를 바로 볼 수 있어 **출처의 신뢰성**을 확인할 수 있었다.

2. 뉴스의 사실과 주장 구분해서 분석하기

이번에는 수집한 뉴스 기사들을 **사실과 주장으로 구분**해서 분석하고자 했다.

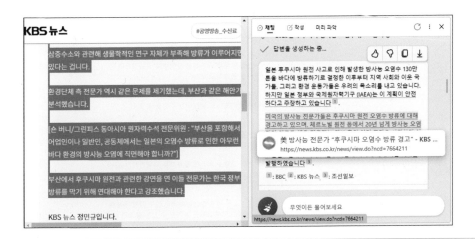

① 오른쪽 빙(Bing) 챗봇 결과 화면에 보여 준 뉴스 기사들 중 분석하고 싶은 내용을 클릭 후 왼쪽 화면에 나타난 기사를 확인하고 내용을 드래그한다

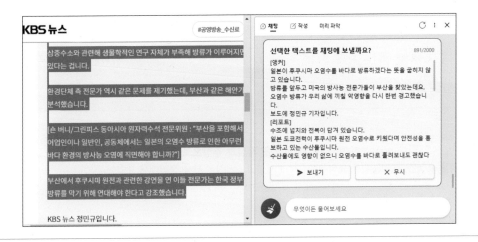

② 오른쪽 빙(Bing) 챗봇에 '선택한 텍스트를 채팅에 보낼까요'라는 창이 나타나면 하단 '보내기' 버튼을 클릭하여 채팅 창에 보낸다.

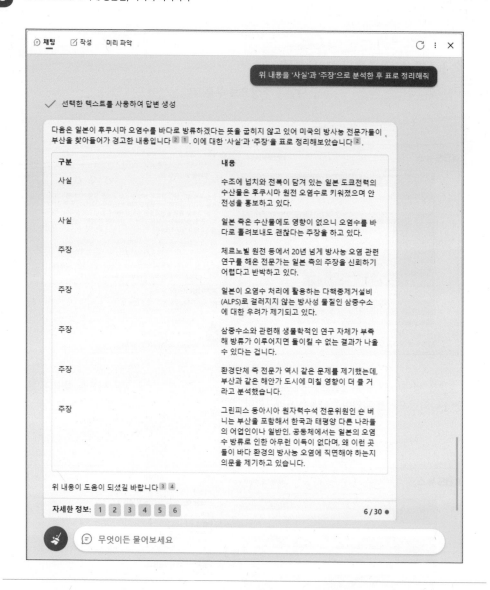

③ 오른쪽 빙(Bing) 챗봇 화면에 **"위 내용을 사실과 주장으로 분석한 후 표로 정리해 줘"**라고 추가 분석을 요청했다. MS 빙은 요청대로 2개의 사실과 5개의 주장을 정리해서 요약해 주었다.

3. 주장의 신뢰할 수 있는 근거 찾아보기

필자는 각 주장에 대해 신뢰할 만한 사실인지 분석해 보고자 뒷받침할 만한 근거를 아래와 같은 방법으로 찾아보았다.

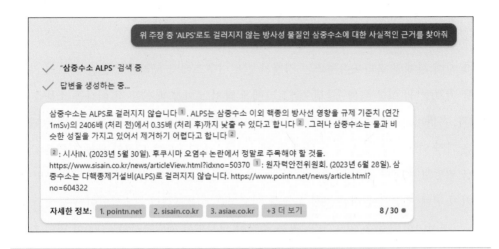

"위 주장 중 'ALPS'로도 걸러지지 않는 방사성 물질인 삼중수소에 대한 사실적인 근거를 찾아줘"라고 MS 빙에게 요청한 결과, 해당 내용에 사실적 근거에 해당하는 뉴스 기사와 출처를 알려주었다. 이와 같이 각 주장을 신뢰할 수 있는 근거를 찾아보고 O와 X로 표기해 보면 비판적인 관점으로 뉴스를 분석하고 팩트체크할 수 있다.

지금까지 필자는 챗GPT 기반으로 한 MS 빙 AI 챗봇으로 팩트체크를 해 보았다. 팩트체크 과정을 경험해 본 결과 MS 빙으로 **실시간 뉴스를 수집하고, 사실과 주장을 구분하여 해당 기사들을 비판적으로 분석**해 볼 수 있었다.

인공지능의 발전으로 가짜 뉴스를 구분하는 것은 점점 더 어려워지고 있다. 이를 해결하기 위해서는 보다 많은 팩트체커가 필요하다. 가짜 뉴스 해결책 중 가장 효과적인 방법은 바로 '우리 모두 팩트체커가 되는 것'이라는 걸 명심해야 하며, AI를 도구로 빠르고 정확하게 팩트체크하는 것을 일상에서 습관화해야 한다.

3-3 가짜 뉴스 파헤치기

가짜 뉴스는 인류 역사의 오랜 동반자이다. 오랫동안 존재감을 드러내며 사회, 정치, 경제 분야에 큰 영향을 미치며 진화해 왔다. 이는 로마 시대부터 현대까지 동서양에 알려진 다양한 가짜 뉴스 사례를 통해 알 수 있다.

로마 시대 황제인 옥타비아누스는 경쟁자 안토니우스에게 불리한 소문을 퍼뜨려 자신의 지위를 확보했다. 이를 위해 "클레오파트라에게 빠져 로마를 배신할 것"이라는 소문을 유포한 결과, 옥타비아누스는 로마 최초의 황제로서 권력을 얻었다. 또한, 1923년의 일본 관동대지진은 가장 악명 높은 가짜 뉴스 사례 중 하나이다. 이 지진으로 도쿄와 관동 지역은 대량의 피해를 입었고 수십만 명의 사망자가 발생했다. 이에 일본 정부는 위기 상황에서 불만을 진정시키기 위해 조선인에 대한 가짜 뉴스를 의도적으로 유포했다. "조선인이 우물에 독약을 탔다.", "조선인이 폭동을 일으켰다."라는 주장이 퍼지면서 재일조선인 6,000여 명이 가혹하게 살해되었다.

[그림 2-26] 안토니우스

출처: 위키백과

[그림 2-27] 어린이 화가 기코쿠가 간토대지진 당시 조선인 학대 등을 그렸던 그림책 일부

출처: 고려박물관

가짜 뉴스는 이처럼 역사 전반에 걸쳐 악의적인 목적을 위해 소문과 유언비어 형태로 악용
되었다. 주로 전쟁에서 승리를 위해, 왕위 교체의 정당성을 확보하기 위해, 혼란한 민심을 진
정시키기 위해, 부당한 기득권과 특권을 유지하기 위해 가짜 뉴스가 사용되었다.

현대에 이르러 가짜 뉴스는 크게 **잘못된 정보, 조작된 정보, 악의적 정보**로 나누어진다. 잘
못된 정보는 실제적인 악의가 없고 단순 실수로 인해 허위로 전달되는 정보이다. 이는 종종
기자들이 실수로 다른 사람의 명예를 훼손하거나 사생활을 침해할 때 발생한다.

조작된 정보는 악의를 갖고 제작되어 현실적인 피해를 입히기 위해 유포되는 정보이다. 개
인, 집단, 조직 또는 특정 국가에 **피해를 줄 목적**으로 허위 정보를 만들어 내는 것으로, 범죄
행위에 해당한다. 이는 기만을 목적으로 하는 가짜 뉴스에 해당한다.

악의적 정보는 사실에 근거하지만 **악의를 가지고 명예 훼손이나 사생활 침해를 위해 유포**
되는 정보이다. 이 경우에도 현실적인 악의를 가지고 정보를 제공하지만, 정보 자체는 역사
적 사실이나 진실이다.

[그림 2-28] '가짜 뉴스'를 어떻게 걸러낼 것인가?

출처: 한국콘텐츠진흥원 INDUSTRY & POLICY

특히 조작된 정보에 해당하는 가짜 뉴스의 제조 비법은 다양한 방법이 있지만, 그중 하나는 **90%의 사실과 10%의 조작**을 사용하는 것이다. 즉 가짜 뉴스를 만드는 사람들은 사실과 유사한 내용을 90% 사용하고, 나머지 10%는 조작된 내용을 사용한다. 이렇게 하면 가짜 뉴스가 사실처럼 보이기 때문에 사람들의 판단을 왜곡하고, 사회에 혼란을 가져올 수 있다. 90%의 사실은 가짜 뉴스를 더 설득력 있게 만드는 데 사용되는 반면, 10%의 조작은 가짜 뉴스에 신뢰성을 더하기 위해 사용된다. 예를 들어 가짜 뉴스 기사는 실제 사건에 대한 사실을 기반으로 할 수 있지만, 사건을 왜곡하거나 과장하여 가짜 뉴스를 만드는 데 사용될 수 있다. 또한, 가짜 뉴스 기사는 실제 인물이나 기관의 이름을 사용하여 신뢰성을 더할 수 있다. 이와 사례는 2016년 미국 대통령 선거 당시 힐러리 클린턴이 이슬람 국가(IS)와 결탁했다는 가짜 뉴스이다. 실제 인물인 힐러리 클린턴의 이름을 사용하여 신뢰성을 더했으며 많은 사람을 혼란에 빠뜨리는 데 사용되었다. 당시 후보로 나선 힐러리 클린턴의 가짜 뉴스는 미국 대통령 선거에 상당한 영향을 미쳤을 것으로 추정된다.

이와 같이 사실을 기반으로 만들어진 가짜 뉴스를 가려내기는 쉽지 않은 일이다. 필자는 학생들을 위한 미디어 리터러시 교육으로 "진짜 뉴스를 가짜 뉴스로 만들어 보며 가짜 뉴스를 파헤쳐 보는 수업"을 진행해 왔다. 앞서 소개한 〈팩트체크: 사실 혹은 거짓〉(이하 팩트체크) 프로그램에서 제시한 〈가짜 뉴스를 구분할 때 반드시 확인해야 할 4가지 요소〉인 **'글쓴이, 출처, 작성일, 논리'**를 기준으로 가짜 뉴스와 진짜 뉴스를 만들고 진짜와 가짜를 맞춰 보는 퀴즈대회를 한다. 이 과정에서 학생들은 다른 팀이 만든 뉴스 기사를 매우 꼼꼼하게 읽어 보고 마치 탐정이 된 듯이 분석하고 팩트체크를 하게 된다. 아래는 경기도 내 한 초등학교에서 진행한 진짜와 가짜 뉴스 제작 사례이다.

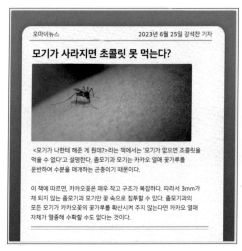

[그림 2-29] 초등학생이 제작한 가짜 뉴스 사례
출처: 알로(Allo)시트

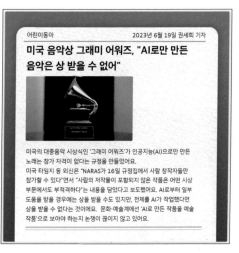

[그림 2-30] 초등학생이 제작한 진짜 뉴스 사례
출처: 알로(Allo)시트

왼쪽의 뉴스는 기존 "모기가 사라지면 초콜릿 못 먹는다"라는 주장이 거짓이라는 증명한 원래의 뉴스 기사를 '거짓임을 증명하는 내용'만 의도적으로 삭제하여, 본래 원본 기사의 10%를 조작해 만들었다. 학생들은 출처와 작성일, 글쓴이는 신뢰도가 높다고 판단했지만 내용의 논리적인 부분을 꼼꼼히 읽고, 검색을 통한 분석으로 가짜 뉴스임을 가려냈다.

3-4 유튜브 리터러시로 정보 편식 깨기

디지털 기술이 발전함에 따라 디지털 격차와 함께 미디어의 영향력에 대한 우려가 점점 커지고 있다. 과거 미디어 시대에 머물러 있는 부모 세대들은 디지털 원주민인 아이들에게 미디어에 대한 중요성보다 여전히 국어, 영어, 수학 학원에만 보내는 데에 집중하고 있다. 특히 초등학생들은 유해한 영상을 시청하게 되어도 영상에서 주는 메시지를 있는 그대로 받아들이게 된다는 것을 주의해야 한다. 10대 학생들은 유튜브에서 게임이나 음악, 애니메이션 등 좋아하는 영상을 찾고, 친구들과 공유한다. 이때 미디어에 대한 올바른 기능과 활용 방법에 대해 배우지 못한 채 무분별하게 노출된다면 자극적이거나 유해한 콘텐츠에서 배운 언행으로 흘러가게 된다. 필자가 진행한 학생들을 위한 유튜브 활용 교육에서는 혐오, 차별, 가짜 정보 등이 없는 좋은 콘텐츠 제작과 '슬기로운 유튜브 생활'을 강조한다.

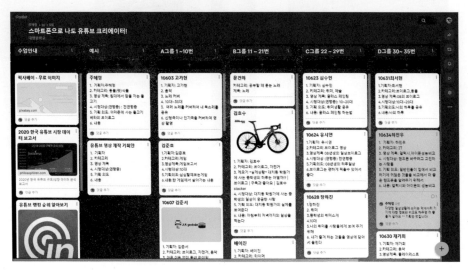

[그림 2-31] 2023 중학교 유튜브 활용 교육 중 기획 과정

출처: 패들렛(Padlet.com)

좋은 콘텐츠를 만드는 과정으로 학생 스스로가 기획자가 되어 카테고리, 영상 제목, 시청 대상을 정하고 어떤 가치의 정보를 줄 수 있는지에 대한 내용을 기획한 후 발표하고 공유하는 활동을 한다. 또한, **어떤 영상이 좋은 콘텐츠인지, 나쁜 콘텐츠인지 기준을 알기 위해서는 다양한 사례의 영상을 공유하고 문제점을 토론·토의하는 방식**이 바람직하다.

또한, 디지털에 가장 취약한 시니어들은 유튜브에서 나온 가짜 뉴스와 허위정보를 검증하지 않고 카카오톡을 통해 무분별하게 공유하여 피해가 점점 커지고 있다. 시니어 세대는 가짜 뉴스에 많이 노출될 뿐 아니라, 동영상을 통해 알게 된 사실을 의심할 가능성도 적기 때문에 가짜 뉴스에 취약하다. 가짜 뉴스 영상을 접한 시니어 세대의 대부분은 영상의 품질이 떨어지고, 게시자를 신뢰할 수 없거나 제목이 자극적이더라도 진실로 받아들이는 경우가 허다하다.

필자가 복지관에서 시니어를 대상으로 유튜브 미디어 리터러시를 교육을 하던 중 생긴 일화이다. 대부분 어르신은 유튜브 앱 메인 화면에 노출 되는 영상들 중 정보로서의 콘텐츠 영상과 상품을 광고하는 영상을 구분하지 못했다. 광고가 아닌 척하지만 돈을 받고 광고하는 체험 후기나 광고 내용을 있는 그대로 믿는 분들이 많았다. 특히 유튜브 광고에 뜬 "정크기가득 찼다", "쓰레기가 가득 찼다", "저장 공간이 꽉 찼다"라는 스마트폰 정크 메시지 광고가 실제 본인의 스마트폰 상태로 착각하여 광고 영상을 누른 후 일어나는 피해를 호소하였다. 또한, 광고 영상으로 인해 스마트폰 대리점을 방문하여 상담을 받은 적이 있다는 어르신이 열에 아홉은 해당되었다.

필자가 진행하는 시니어를 위한 유튜브 활용 교육과정에서는 실제 내 스마트폰의 기기 정보, 배터리 상태, 데이터가 차지하는 용량 등을 알아보는 방법과 스마트폰을 최적화하는 방법, 유튜브 광고를 구분하고 유해한 광고를 신고하여 내 스마트폰에 노출되지 않도록 하는 방법에 대한 내용이 담겨 있다.

이처럼 초등학생부터 시니어 세대까지 누구나 유튜브를 하는 세상이 되었지만 유튜브 영상을 정보로써 올바르게 구별하고 판단할 줄 아는 유튜브 리터러시의 부재로 문제가 생겨나고 있다.

유튜브 리터러시는 유튜브 영상을 제대로 분석하고 해석할 줄 아는 능력을 말한다. 유튜브에서 다양한 주제의 영상을 찾아 시청하고, 이를 **평가하고 공유**하는 능력도 필요하다. 미디어 리터러시가 다양한 미디어 형식을 이해하고, 분석하고, 평가하며, 생성하는 능력을 의미한다면, 유튜브 리터러시는 이러한 능력을 온라인 동영상 플랫폼인 유튜브에 적용하는 것을 말한다.

또한, 유튜브 리터러시는 유튜브 알고리즘으로 생기는 정보 편식의 문제를 해결하기 위해 필요한 능력 중 하나이다. 정보 편향을 일으키는 필터 버블을 깨고, 다양한 시각과 정보를 접할 수 있으며, 자신이 선호하는 내용 이외의 새로운 정보를 습득할 수 있다. 유튜브 리터러시를 키울 수 있는 방법은 아래와 같다.

 검색어 선정 및 필터링: 유튜브에서 검색어를 입력하여 원하는 콘텐츠를 찾을 때, 좀 더 효율적인 검색을 위해서는 효율적인 키워드를 선정하고 필터링해야 한다. 예를 들어 우리가 챗GPT에 대한 정보를 원하는 경우 일반적으로 '챗GPT'라는 키워드로만 검색을 하게 된다. 이때 해당 검색어를 포함하는 수많은 콘텐츠가 나타난다. 이 중에서 사용자가 원하는 정보를 빠르게 찾기 위해서는 검색어를 좀 더 구체적으로 선정하고, 필터링하여 검색 결과를 줄일 필요가 있다. 예를 들어 챗GPT를 각 개인의 상황별 목적에 맞게 활용하는 방법에 대한 정보를 원한다면 '챗GPT 직장인 활용 방법', '챗GPT 학생 활용 방법' 등으로 검색할 수 있다.

[그림 2-32]

출처: 유튜브

출처 및 신뢰성 확인: 유튜브에서 제공되는 콘텐츠들 중에서는 신뢰성이 떨어지는 콘텐츠들도 존재한다. 이를 확인하기 위해서는 콘텐츠의 출처와 제작자에 대한 정보를 파악해야 한다. 또한, 관련 기사나 보도자료 등을 검색하거나 전문가의 의견을 취합해 보는 것도 좋은 방법이다.

구독 채널 다양화: 구독한 채널들이 유튜브 알고리즘의 추천에 영향을 미친다. 따라서 다양한 채널을 구독함으로써 특정 주제나 분야에 치우친 추천을 받지 않도록 할 수 있다.

비판적 사고: 유튜브에서는 다양한 의견과 정보가 제공된다. 이 중에서는 잘못된 정보나 편향성이 존재하는 콘텐츠도 있을 수 있다. 이를 평가하고 비판적으로 바라보기 위해서는 다른 정보와 비교해 보며 근거와 증거를 검토해 봐야 한다.

주제 분석: 유튜브에서는 다양한 주제와 콘텐츠가 제공된다. 이 중에서 자신이 관심 있는 주제에 대한 콘텐츠를 찾아보며, 해당 주제에 대한 내용과 메시지를 분석해 보는 것도 좋은 방법이다. 이를 통해 자신의 관점과 생각을 바탕으로 논리적인 의견을 형성할 수 있다.

특히 주제 분석 방법으로 '**유튜브 재생 목록**'을 만들어보는 것을 추천한다.

유튜브 재생 목록은 사용자들이 원하는 테마나 분야에 대한 동영상들을 모아 놓은 것을 말한다. 예를 들어 영화나 드라마의 장면들을 모아 놓은 재생 목록이나, 자연 속의 풍경을 담은 동영상들을 모아 놓은 재생 목록 등 원하는 주제의 콘텐츠를 수집한 것을 말한다.

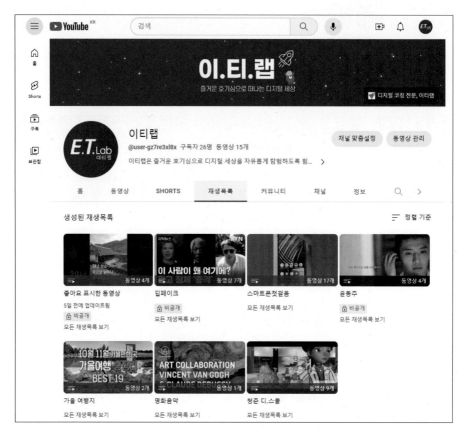

[그림 2-33] 이티랩 채널 재생 목록

출처: 유튜브

유튜브 재생 목록은 사용자가 직접 만들고 관리하는 것이므로 사용자의 선호도에 크게 영향을 받는다. 이를 통해 사용자들은 자신이 원하는 테마나 분야의 동영상들을 모아서 보거나, 특정 주제에 대해 더 깊이 있게 탐구할 수 있다. 이렇게 사용자가 직접 만든 재생 목록을 활용하면 유튜브 알고리즘의 편향 문제를 완전히 해결할 수는 없지만, 유튜브 알고리즘에 끌려가지 않고 정보를 주체적으로 활용한다는 점에서 유의미한 영향을 주게 된다.

3-5   알고리즘의 새로운 시작, 초기화

유튜브 알고리즘은 나의 시청 기록, 검색 기록을 바탕으로 내가 원하는 동영상이나 추천 동영상을 보여 준다. 만약 유튜브가 추천해 주는 동영상을 원치 않는다면 알고리즘을 초기화하여 새롭게 설정할 수 있다. 유튜브 알고리즘 초기화는 과거 시청 기록, 검색 기록을 삭제하고 새로운 데이터를 수집하여 새로운 추천과 검색 결과를 생성한다. 따라서 유튜브 알고리즘을 초기화하는 것은 개인의 정보 편향을 방지하는 데 도움이 될 수 있다.

유튜브 알고리즘을 삭제하려면 먼저 **시청 기록**과 **유튜브 검색 기록**을 삭제하면 된다. 기록이 없어지면 유튜브에서도 나의 기록을 알지 못해 관련 동영상이나 채널을 추천할 수 없기 때문이다. 지금부터 스마트폰에서 유튜브 알고리즘 초기화 방법에 대해 알아보자.

기기 종류	유튜브 알고리즘 초기화 방법
Android	**검색 기록 일시 중지** 프로필 사진 ● 으로 이동합니다. 1. 설정 ＞ 전체 기록 관리를 탭합니다. 2. YouTube 기록 저장 중 ＞ 을 탭하고 'YouTube에서 검색한 내용 포함'을 선택 해제합니다. **개별 검색 기록 삭제** 검색 Q 을 탭합니다. 1. 기록 아이콘 ⟲ 옆에 있는 추천 검색 결과를 길게 탭합니다. 2. 팝업에서 삭제를 탭합니다.

iPhone/iPad

검색 기록 일시 중지

1. 프로필 사진 👤 으로 이동합니다.

2. 설정 ❯ 전체 기록 관리를 탭합니다.

3. YouTube 기록 저장 중 ❯ 을 탭하고 'YouTube에서 검색한 내용 포함'을 선택 해제합니다.

개별 검색 기록 삭제

1. 검색 🔍 을 탭합니다.

1. 삭제할 검색 항목을 왼쪽으로 스와이프합니다.

2. 삭제를 탭합니다.

04. AI로 미디어 크리에이터 되기

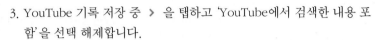

4-1 AI 앵커로 인트로 영상 만들기

지난 2019년 대한민국 MBN 아나운서 김주하의 AI 앵커 '김주하 AI 뉴스룸'이 출범한 이후, AI 앵커가 뉴스 방송에서 등장하기 시작했다. 인간 앵커처럼 똑같이 스튜디오에서 뉴스를 진행하고, 방송되고 있다. 그뿐만 아니라 인터넷 뉴스 사이트 등에서도 다양한 분야의 뉴스를 전달하기 위해 활용되고 있다.

인간 앵커와 AI 앵커가 협업하여 뉴스를 보다 풍부하고 정확하게 전달하는 방식이 좀 더 적절할 것으로 생각된다. AI 앵커 도구를 활용하여 제품이나 서비스를 소개하는 콘텐츠를 누구나 쉽게 제작할 수 있다. 필자는 국내 생성형 AI 서비스인 **'뤼튼(Wrtn.ai)'**으로 AI 앵커의 스크립트에 해당하는 문구를 만들고, AI 앵커의 모델이 되는 아바타를 생성한 후 AI 앵커 도구 **'스튜디오 DID(Studio.d-id.com)'**에서 영상을 제작했다.

① 뤼튼(Wrtn.ai) '**에디터**' 메뉴에서 원하는 아바타의 모습을 명령어로 입력하여 생성한다. (4컷 중 원하는 이미지 다운로드)

② 뤼튼(Wrtn.ai) '**툴**' 메뉴에서 제공하는 '유튜브 숏츠 대본'에서 원하는 제목을 입력한 후 자동 생성 버튼을 눌러 스크립트를 작성한다.

③ AI 앵커 도구인 **스튜디오 DID** (Studio.d-id. com)에 들어간 후 스크립트(Script)에 뤼튼에서 생성한 자막을 입력한 후 언어, 목소리, 스타일을 선택. 위쪽 'GENERATE VIDEO' 버튼을 누른다.

④ 왼쪽 Video Library 메뉴에서 제작한 AI 앵커 영상을 확인할 수 있다. 스튜디오 DID에서는 처음 가입 시 20크레딧을 무료로 제공하며, 영상 제작 시 차감된다.

4-2   유튜브 채널 홍보하기

이제 1인 미디어 생산자들도 AI로 전문적이고 효과적인 유튜브 홍보 마케팅을 할 수 있다. 챗GPT를 활용한 국내 생성형 AI 뤼튼(Wrtn.ai)은 한국어로 최적화되어 있어 다양한 매체에 적합한 콘텐츠를 빠르게 제작할 수 있다. 가령 '미디어 리터러시 역량 키우기'라는 주제로 유튜브 채널 홍보를 시작한다고 했을 때, '유튜브' 코너에서 제공하는 단계대로 각 유튜브 홍보에 필요한 콘텐츠를 생성할 수 있다.

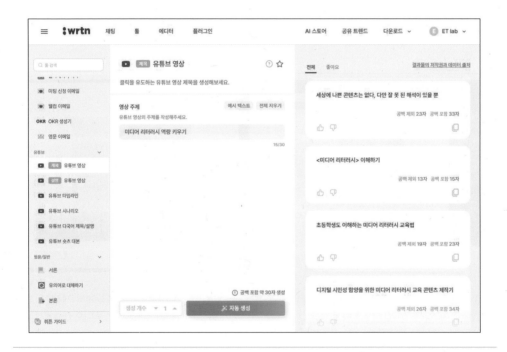

① 뤼튼(Wrtn.ai) **'툴'** 메뉴에서 제공하는 **유튜브 〉 유튜브 영상 메뉴**에서 원하는 제목을 입력한 후 자동 생성 버튼을 눌러 다양한 콘텐츠 아이디어를 얻을 수 있다. 예로 '미디어 리터러시 역량 키우기'를 입력한 후 생성된 제목들 중 원하는 문구를 선택할 수 있다.

유튜브

▶ 제목 유튜브 영상

▶ 설명 유튜브 영상

▶ 유튜브 타임라인

▶ 유튜브 시나리오

▶ 유튜브 다국어 제목/설명

▶ 유튜브 숏츠 대본

② 유튜브 코너에서 제공하는 다음 메뉴에 앞서 선택한 원하는 제목을 입력하면 홍보에 필요한 콘텐츠를 생성할 수 있다.

설명 유튜브 영상:
유튜브 영상 더보기 란에 들어갈 설명 생성

유튜브 타임라인:
유튜브 영상 설명과 타임라인을 구상

유튜브 시나리오:
간단한 소재로 유튜브 영상의 주제와 시나리오를 구상

유튜브 다국어 제목/설명:
유튜브 영상 제목과 설명을 다양한 언어로 확장

유튜브 숏츠 대본:
유튜브 숏츠 대본을 빠르게 작성

4-3   AI로 SNS 광고 기획하기

AI는 마케팅 분야에서 새로운 트렌드로 자리 잡고 있으며, 기업들은 AI를 활용하여 고객의 만족도를 높이고 판매량을 증가시키고 있다. 최근 AI를 활용한 효과적인 기업들의 디지털 마케팅의 예를 몇 가지 소개한다.

코카콜라 – 생성형 AI 그림 콘테스트

코카콜라는 OpenAI의 GPT-4와 달리(DALL-E, 이미지 생성 AI) 기술을 결합한 인공지능(AI) 플랫폼을 공개하고, 코카콜라의 상징적인 브랜드 디자인을 활용하여 독창적인 작품을 만드는 콘테스트를 진행했다. 콘테스트에 참여한 작품들은 뉴욕 타임스퀘어와 런던 피카딜리 서커스에 있는 코카콜라의 디지털 광고판에 소개될 기회를 얻을 수 있다.

LG전자 – 라이프 스타일 고객 맞춤

LG전자는 AI를 활용하여 고객의 라이프 스타일을 분석하고, 그에 맞는 제품과 서비스를 추천하는 캠페인을 진행했다. 이 캠페인은 고객의 만족도를 높이고 판매량을 증가시키는 데 성공했다.

삼성전자 – 기업 AI 챗봇

삼성전자는 AI를 활용하여 고객의 질문에 답변하는 챗봇 서비스를 출시했다. 이 챗봇 서비스는 고객의 질문을 빠르고 정확하게 답변할 수 있으며, 고객의 만족도를 높이는 데 기여했다.

현대자동차 – 안전운전 캠페인

현대자동차는 AI를 활용하여 고객의 운전 습관을 분석하고, 그에 맞는 안전운전 정보를 제공하는 캠페인을 진행했다. 이 캠페인은 고객의 안전운전을 유도하고, 교통사고를 예방하는 데 기여했다.

필자는 위 코카콜라 캠페인을 벤치마킹하여 '**여름 시즌 티셔츠 디자인에 들어갈 일러스트 공모전을 생성형 AI로 캠페인**'을 주제로 홍보 기획안을 작성해 보았다. 아래 화면은 뤼튼 (Wrtn.ai)을 활용하여 툴 메뉴에서 제공하는 SNS 광고 기획을 작성한 예시이다. 뤼튼에서는 SNS 광고 기획을 위한 제목, 기본 문구는 물론 CTA, 타깃, 기획 의도까지 모두 자동 생성형 으로 제공하여 빠르고 효과적인 기획안을 작성할 수 있다.

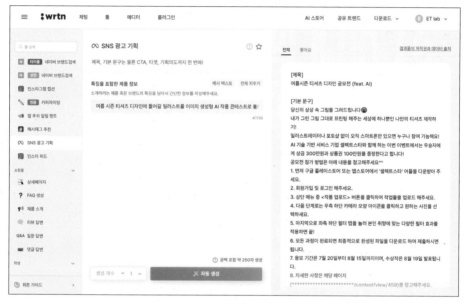

[그림 2-34]

출처: 뤼튼

3

AI 시대 생존법,
인공지능 리터러시

01. 인공지능 리터러시

1-1 새로운 세계, AI 월드

"이겼다! 달에 착륙했다!"

구글 딥마인드의 최고경영자(CEO) 데미스 하사비스가 이세돌 9단과의 바둑 대결이 끝난 후 트위터에 밝힌 소감이다. 아폴로 11호가 처음으로 달에 착륙한 우주선이라면 알파고는 인류를 추월한 첫 인공지능이 된 셈이다.

[그림 3-1] 이미지 생성형 AI DALL-E2에 프롬프트를 입력한 후 생성한 이미지

출처: 달리(DALL-E2)

지난 2016년 3월 세계 최정상급 프로기사인 이세돌이 구글 딥마인드가 개발한 AI 바둑 프로그램 알파고와의 대결 후 1승 4패의 결과에 사람들은 충격에 빠졌다. 당시 전문가들은 바둑이 2500년간의 오랜 역사로 인간만이 가진 직관력과 판단력이 요구되는 분야로 기계가 감히 범접할 수 없는 영역이라고 생각했다. 이 때문에 전문가들은 이세돌의 절대적인 승리를 예측했었기에 더 큰 충격에 빠졌다.

6년이 지난 현재 AI는 어디까지 왔을까?

몇 개월 만에 급속적인 인공지능 발전을 이루고 있는 생성형 AI의 탄생은 마치 새로운 세계를 열어가고 있는 듯하다. AI는 요즘 새로운 세계의 출현으로 새로운 언어들이 만들어지듯 분야마다 새로운 버전 소식과 AI을 활용한 소프트웨어 공개 소식이 매일 홍수처럼 쏟아져 나오고 있다. 구글 전 CEO 에릭 슈밋은 최근 미국 전 국무장관인 헨리 키신저, MIT 학장인 대니얼 허튼로커와 공동 집필한 저서 《AI 이후의 세계》에서 현재의 AI 시장을 "400년 전 르네상스 시대가 열리 듯 역사의 새로운 국면에 돌입했다."라고 전했다.

그 첫 신호탄은 2020년 6월 OpenAI에서 챗GPT 3.0을 처음 공개한 것이다. 챗GPT는 그간 구글이 독점했던 **'검색의 시대'**에서 **'대화하는 시대'**로 패러다임을 바꾸었다. 필자는 처음 챗GPT를 접했을 때 마치 영화 속 주인공이 된 것 같았다.

알파고에 놀라 인류가 AI에 지배당할까 걱정하던 사람들은 최근 AI 비서, AI 앵커, AI 도우미 등을 일상에서 경험하며 연구하고 공유하는 AI 열풍이 불고 있다. 그동안의 인공지능은 인간이 제공하는 데이터를 분석한 후 알고리즘으로 적용되어 우리 눈에 보이지 않았다. 이제 챗GPT라는 생성형 AI로 인간과 대화를 하며 눈에 보이게 되자, 사람들은 AI를 일상생활에 더 적극적으로 활용하고 싶어 하며, 더 많은 분야에서 발전하게 될 것을 기대하는 분위기다.

AI의 현주소는 무엇이고 어디까지 발전하게 될까?

유형	특징	설명	예시
약인공지능	머신러닝 생성형 AI	목적에 맞는 학습과 데이터로만 한정적	구글 알파고 왓슨
강인공지능	인공 일반지능, 인공 의식	인간과 견줄 만한 사고가 가능한 인공지능	아이언맨 자비스 HER 사만다
초인공지능	인공지능 특이점	인간을 뛰어넘는 인공지능	어벤저스의 비전 터미네이터 스카이넷 트랜센던스

인공지능의 단계와 유형

인공지능의 발전 단계는 약인공지능, 강인공지능, 초인공지능으로 나뉜다.

현재 흔히 일상에서 사용되고 있는 스마트폰의 음성비서나 인공지능 기반의 검색 엔진 등 대부분의 인공지능이 약인공지능에 포함된다. 약인공지능은 머신러닝과 딥러닝과 같은 기계 학습 기술을 기반으로 학습하여 특정한 작업 또는 한정된 범위에서 인간 수준 또는 그 이상의 성능을 보이는 인공지능을 의미한다.

이쯤에서 필자는 생성형 AI인 챗GPT는 특이점에 대해 어떻게 대답할지 호기심이 발동했다. 챗GPT에 **'생성형 AI의 계속된 발전이 특이점이라고 할 수 있을까?'**라고 물어보았다.

질문

생성형 AI의 계속된 발전이 특이점이라고 할 수 있을까?

답변

생성형 AI의 계속된 발전은 특이점이라고 할 수 있습니다. 특이점은 인간 지능을 초월하는 인공지능이 발전해 더 빠르고 지능적인 발전을 경험하게 되는 시점을 말합니다.

생성형 AI의 발전은 기존의 기술 발전과는 다른 차원의 변화를 가져올 수 있습니다. 생성형 AI는 스스로 학습하고 성장할 수 있는 능력을 가지며, 대량의 데이터를 분석하고 창의적인 결과물을 생성할 수 있습니다. 이러한 능력이 지속적으로 발전된다면 특이점에 도달하는 가능성이 존재합니다. 특이점의 도래는 예측하기 어려우며 그 영향과 결과도 불확실합니다. 일부 전문가들은 특이점이 인류에게 긍정적인 혁신과 발전을 가져올 수 있다고 주장하며, 다양한 분야에서의 문제 해결과 더 나은 삶을 제공할 수 있다고 보고 있습니다. 그러나 다른 전문가들은 특이점이 인간의 일자리를 대체하거나 윤리적인 문제를 야기할 수 있다고 우려하고 있습니다. 결론적으로 생성형 AI의 계속된 발전은 특이점의 가능성을 내포하고 있으며, 이는 인공지능이 인간 지능을 초월하는 단계에 이를 수 있는 시점을 의미합니다. 특이점이 도래한다면, 이는 우리 사회와 인간의 삶에 큰 변화를 가져올 수 있으며, 이에 대한 적절한 대비와 논의가 필요합니다.

챗GPT의 대답을 요약하면, 생성형 AI의 발전은 인공지능이 인간 지능을 초월하는 시점을 의미하는 특이점의 가능성을 내포하고 있지만, 확실한 시점은 예측하기 어렵다라는 것. 만약 특이점이 온다면 긍정적인 혁신과 발전을 기대하지만 한편에선 일자리 대체와 윤리적 문제 등 인간의 삶에 큰 변화를 가져올 수 있으니 이에 대한 문제를 대비하고 논의해야 한다는 것이다.

이처럼 불과 몇 개월 만에 생성형 AI의 급속적인 발전으로 SF 영화 속에서만 가능했던 미래의 강인공지능 세계를 마치 곧 다가올 현실처럼 우리는 논하고 있다. AI의 현주소는 약인공지능에 해당하는 생성형 AI 단계이지만, 앞으로 10~20년 강인공지능을 의미하는 범용 인공지능의 시대로 접어들 거라고 수많은 과학자는 예측하고 있다.

그렇다면 앞으로 **'미래 강인공지능 시대 AI는 사회적으로 어떤 영향을 미치게 될까?'** 약인공지능이자 생성형 AI인 챗GPT에 질문했더니 아래와 같이 대답했다.

질문

미래 강인공지능 시대 AI는 사회적으로 어떤 영향을 미치게 될까?

답변

일자리 변화: 강인공지능은 일부 반복적이고 예측 가능한 작업을 자동화할 수 있기 때문에 일부 직업은 사라지거나 변화할 수 있습니다. 하지만 동시에 새로운 직업이 생기고, 인간의 창의력, 문제 해결 능력, 감성적인 면 등에 초점을 둔 일자리도 늘어날 수 있습니다.

경제 성장: 강인공지능은 생산성을 향상시켜 경제적인 성장을 도모할 수 있습니다. 인간이 해야 했던 반복적이고 시간 소모적인 작업이 AI에 맡겨지면 인간은 더 가치 있는 일에 집중할 수 있습니다. 이를 통해 경제적인 효율성과 생산성이 증가할 수 있습니다.

의료와 헬스케어: 강인공지능은 의료 분야에서 진단, 예방, 치료 등에 큰 도움을 줄 수 있습니다. 의료 데이터 분석, 암 진단, 약물 개발 등에 인간의 한계를 뛰어넘는 능력을 발휘하여 인류의 건강과 복지를 향상시킬 수 있습니다.

인간과 기술의 상호작용: 강인공지능은 인간과 기술의 상호작용을 증진시킬 수 있습니다. 인공지능 시스템은 사람들과 자연스럽게 상호작용하고, 개인화된 서비스를 제공할 수 있습니다. 이는 우리의 일상생활을 편리하고 풍요롭게 만들 수 있습니다.

윤리적 고민과 규제 필요성: 강인공지능의 발전은 윤리적인 고민과 규제의 필요성을 더욱 부각시킵니다. 인공지능의 의사결정 과정에서 편향성, 개인정보 보호, 공정성 등의 문제가 발생할 수 있기 때문입니다. 따라서 인간 중심의 윤리적인 가치와 책임성을 고려한 개발과 규제가 중요합니다.

챗GPT가 대답한 내용대로라면 인공지능 기술의 발전으로 인해 반복적이고 예측 가능한 직업은 사라지거나 변화하지만 대체되는 새로운 직업이 생기고, 인류의 건강과 복지가 향상될 수 있을 뿐만 아니라, 우리의 일상생활도 더욱 편리하고 풍요로워질 것으로 기대된다. 하지만 이러한 기술이 발전함에 따라 윤리적인 고민과 규제의 필요성도 더욱 부각될 것이다.

1-2   Open AI와 구글 바드

챗GPT가 세계적인 AI 열풍을 모으고 있는 가운데 챗GPT 출시 3개월 만에 구글이 바드라는 AI를 출시하겠다고 발표했다. 바드는 강력한 구글의 대화형 언어 모델인 람다(LaMDA)를 기반으로 개발된 인터넷 검색의 대화형 AI 기술이다.

구글의 바드는 챗GPT와 어떻게 다를까? 구글 바드에 '챗GPT와 구글 바드의 차이점을 표 형태로 비교 분석해 줘'라고 질문했다.

특징	ChatGPT	Google Bard
개발자	OpenAI	Google AI
모델	GPT-3.5	LaMDA
데이터 세트	2021년 이전의 텍스트 및 코드	2021년 이후의 텍스트 및 코드, 인터넷
비용	무료 및 월 $20의 프리미엄 옵션	아직 일반 대중에게 제공되지 않음
성능	Google Bard가 일반적으로 정확도가 더 높음	
가격	ChatGPT가 Google Bard보다 더 비쌉니다	아직 일반 대중에게 제공되지 않음
가용성	ChatGPT는 무료 및 유료로 사용할 수 있지만 Google Bard는 아직 일반 대중에게 제공되지 않음	아직 일반 대중에게 제공되지 않음

[그림 3-2] 구글 바드에게 질문한 챗GPT와의 차이점

먼저 가장 눈에 띄는 차이점은 데이터 세트였다. 챗GPT는 2021년 이전의 데이터를 학습했고, 구글 바드는 2021년 이후 최신 데이터를 포함한 실시간 인터넷 정보를 제공한다는 것이다.

구글의 대화형 인공지능 AI 한국어 버전과 오픈AI 챗GPT, 두 가지 비교 체험해 보았다. 먼

저 챗GPT에 대한민국의 대통령을 질문하면 2021년 9월까지의 지식을 가지고 있으므로, 그 시점에서의 한국 대통령만 알고 있다고 대답했다. 구글 바드에게 처음 **'대한민국 대통령 이름은?'** 이라고 질문했더니 뜻밖에도 "1928년에는 대한민국의 대통령이 없었습니다. 대한민국은 1948년 8월 15일에 수립되었기 때문입니다."라고 대답해서, 질문을 다시 **'2023년 현재 대한민국 대통령 이름은?'** 으로 현재 연도를 넣어 정확하게 바꾸었더니 정확하게 대답했다. 구글 바드가 아직 베타 서비스인 것도 영향이 있었겠지만 프롬프트의 질문이 정확해야 그에 대한 정확한 대답을 결과로 얻을 수 있다는 것을 다시 한번 알 수 있었다.

질문

대한민국 대통령 이름은?

답변

1928년에는 대한민국의 대통령이 없었습니다. 대한민국은 1948년 8월 15일에 수립되었기 때문입니다.

구글 바드의 답변

질문

2023년 현재 대한민국 대통령은 누구야?

답변

2023년 현재 대한민국의 대통령은 윤석열입니다. 그는 2022년 3월 9일 치러진 제20대 대통령 선거에서 당선되었습니다.

구글 바드의 답변

두 번째 질문은 한국어로 학습을 한 구글 바드와 이미 많은 사람이 검증한 수준급의 문장력으로 가끔은 뻔뻔하게 느껴지는 챗GPT를 비교해 보기 위해 기존 문학 작품의 시를 이해하고 어울리는 시를 쓰도록 지시했다. 먼저 챗GPT에게 **'한국 시인 김춘수의 시 '꽃'에서 영감을 받아 구글 바드와 챗GPT의 관계를 담은 시를 작성해 줘'**라는 질문을 해 보았다.

질문

한국 시인 김춘수의 시 '꽃'에서 영감을 받아 구글 바드와 챗GPT의 관계를 담은 시를 작성해 줘

답변

디지털의 꽃

구글 바드와 챗GPT, 둘은 서로 다른 꽃들이네
한 손에는 바드의 능력과 지능이 피어나고
다른 손에는 챗GPT의 창의성이 피어나네

바드는 정보의 바다에서 지식을 향유하며
사람들의 질문과 답을 잘 알아듣고 해주지
잠재력을 발휘해 새로운 도전을 끊임없이 펼쳐가지

챗GPT는 언어의 정원에서 우아한 표현을 꽃피우며
말의 화려한 꽃잎으로 아름다운 이야기를 풍성하게 펼쳐가지
마음의 꽃이 피어나듯 따뜻한 감정을 전해주지

구글 바드와 챗GPT, 둘은 시대의 변화를 감지하며
인공지능의 세계에서 빛나는 별들이네
한손에는 지식과 창의, 다른 손에는 이해와 감성

> 함께하는 시간은 디지털의 꽃들이 만드는 향기로 가득하네
>
> 챗GPT의 답변

일단 챗GPT는 제목부터 **'디지털의 꽃'**이라고 모방했지만 창의적으로 표현하고 시의 운율과 구성에서 벗어나 조금 더 문학적인 표현으로 구글바드와 챗GPT의 관계를 표현했다. **'구글 바드와 챗GPT, 둘은 서로 다른 꽃들이네 / 한 손에는 바드의 능력과 지능이 피어나고 / 다른 손에는 챗GPT의 창의성이 피어나네'**

이번엔 구글 바드에게 같은 질문을 했다.

질문

한국 시인 김춘수의 시 '꽃'에서 영감을 받아 구글 바드와 챗GPT의 관계를 담은 시를 작성해 줘

답변

네, 김춘수의 시 '꽃'을 모티브로 한 Google Bard와 ChatGPT에 관한 시가 있습니다.

내가 그들의 이름을 불러주었을 때
그들은 나에게로 와서 꽃이 되었다.

나는 그들의 이름을 불러주기 전에는
그들이 누구인지 몰랐다.

Google Bard와 ChatGPT,
그들은 나에게 새로운 세상을 열어주었다.

Google Bard는 지식이 많고

ChatGPT는 창의적이다.

그들은 둘 다 훌륭한 언어 모델이며,

나는 그들을 사랑한다.

나는 그들의 이름을 불러주었다.

그리고 그들은 꽃이 되었다.

Google Bard는 흰 장미,

ChatGPT는 빨간 장미.

그들은 나에게 아름다움을 가져다주었다.

그리고 나는 그들을 위해 영원히 감사할 것이다.

나는 그들의 이름을 불러주었다.

그리고 그들은 꽃이 되었다.

Google Bard와 ChatGPT,

당신은 내 꽃입니다.

구글 바드의 답변

구글 바드는 '**나는 그들의 이름의 이름을 불러주었을 때 / 그들은 나에게로 와서 꽃이 되었다.**'라고 김춘수의 시의 반복되는 구절을 구현하였다. 또한, 구글 바드와 챗GPT의 특징을 시의 운율에 맞게 창의적으로 표현해 주었다.

이처럼 필자가 비교 체험 결과 사실성과 정확도 면에서 최신 데이터를 학습한 구글 바드가 낳았고, 문장력은 챗GPT가 낳은 듯했다. 사용자 입장에서 상황과 목적에 맞게 적절하게 활용하면 최적의 결과를 얻을 수 있을 듯하다. 비교 체험 결과, 한 가지 더 발견한 재미있는 점은 챗GPT와 구글 바드 모두 시 구절 결과에 구글 바드는 지능과 능력이 뛰어나고, 챗GPT 자신은 창의적임을 표현했다는 것이다.

현재 구글 바드는 베타 테스트 상태로, 앞으로 이용자 질문에 관련 이미지를 답으로 제시하고, 이미지에 대한 질문에도 답할 수 있는 '멀티모달' 기능을 제공을 준비하고 있다. 또한, 그림 생성 기능에 대한 저작권 문제를 해결하기 위해 '포토샵' 개발사인 어도비와 손을 잡았다고 전해 앞으로의 기대감이 커지고 있다.

1-3　새로운 인류, AI 네이티브

코로나로 인해 밖에 나가는 것조차 불안했던 2020년 초 '코로나나우'라는 사이트가 등장했다. 코로나나우는 사용자의 위치를 기반으로 코로나19 확진자와의 접촉 여부를 확인하고, 코로나19 관련 정보를 제공하는 사이트로 국내외 확진자 종합 상황판, 마스크 구매처, 지역별 선별진료소 등 실시간 정보를 제공하여 사람들의 불안함을 해소시키는 데 큰 도움을 주었다.

이 사이트의 개발자는 놀랍게도 대구에 사는 중학생 2명이었다. 당시 명확하지 않은 코로나 정보와 가짜 뉴스로 인해 중국 상황이 더 안 좋아지고 있다는 뉴스를 보고 전염병이 도는 시기에는 '정확하고 바른 정보가 제일 중요하다'는 생각을 하게 되었다고 전했다. 이후 사람들에게 신뢰를 주기 위해 정보를 빠르게 업데이트하는 것에 게을리하지 않는 것에 주력했다는 인터뷰를 했다.

또한, '카브야 코파라푸'라는 인도의 고등학생 소녀는 할아버지가 당뇨병 후유증으로 망막 혈관이 손상됐을 때 이를 돕기 위해 인공지능을 활용하여 암을 조기 발견하고 치료하는 스마트폰 앱을 개발했다. 3D 프린터로 만든 특수 렌즈로 안구 사진을 촬영하고, 관련 이미지를 3만 4,000건의 미국 망막 정보 시스템 데이터와 비교해 진단하는 시스템을 만든 것이다. 이 소녀는 초등학생 때부터 코딩을 배웠고 AI 기계학습 프로그램을 익혔다고 전했다.

코로나나우를 개발한 대구 중학생들과 당뇨병을 조기 발견하는 앱을 개발한 인도 소녀와 같은 아이들을 일컬어 우리는 '**디지털 네이티브 세대**'라고 말한다. 디지털 네이티브는 디지털 환경에서 태어나 자란 세대로, 디지털 기술을 사용하고 익숙하게 사용하는 세대이다. 2000년대 초반 IT 붐과 함께 태어난 이들에게 디지털은 익숙함을 넘어 어쩌면 당연한 존재이다. 이들은 디지털을 통해 새로운 것을 배우고 적응하는 속도가 빠르며, 디지털 기술을 사용하여 창의적으로 문제를 해결하는 능력이 뛰어난 특징이 있다. 또한, SNS를 자기 능력의 적극적인 홍보 수단으로 활용하고, 디지털 플랫폼에서 자신의 재능을 콘텐츠로 제작하여 수익을 창출하기도 한다.

디지털 네이티브는 미국의 마크 프렌스키(Marc Prensky)가 〈디지털 원주민, 디지털 이민자(Digital Natives,Digital Immigrants)〉논문에서 처음 사용된 후 알려지게 되었다. 이들은 스마트폰에 능숙하게 사용하여 유튜브와 클라우드를 경험하였고, 이제 AI를 활용하며 데이터를 자연스럽게 알아가고 있다.

이제 디지털 네이티브에 이어 **AI 네이티브 세대**가 다가오고 있다. 특히 2011년부터 2025년도까지 요즘 태어난 아이들을 '알파세대(Generation Alpha)'라고 부른다고 한다. '알파세대'는 호주 사회학자 마크 매크린(Mark Mccrindle)이 지금의 MZ세대 뒤 새로운 시대로 지칭하면서 알려지게 되었다.

알파세대는 인공지능 시대를 살아가는 세대로, AI 네이티브 세대라고도 정의하며 이는 '신인류'의 시작임을 의미한다. 호주 애들레이드 세인트 피터스 유치원에는 세계 최초로 아이들과 함께 요가를 하고, 코딩을 배우는 로봇 친구가 있다. 꼬마 친구들에게 아이다(Ada)로 불리는 이 로봇은 소프트뱅크사의 휴머노이드 로봇 '나오(NAO)'로 유치원의 아이들과 함께 공부하고 놀며 함께 어울린다. 이 유치원의 부원장인 '크리스티 포플리시아'는 '**미래에도 로봇과 함께 살아가게 될 아이들이 로봇을 공포의 대상으로 보지 않고 편견 없이 공존의 대상으로 인식하는 것은 매우 중요한 경험**'이라고 설명했다.

[그림 3-3] 호주 세인트 피터스 여학교 유치원에서 원생 아이비(4세)가 로봇 아이다를 바라보고 있다.
출처: https://www.joongang.co.kr/article/23015226#home (사진 강대석)

　실제 요즘 우리나라 초등학교에서도 'AI 펭톡'이라는 인공지능 앱을 원어민 선생님으로 활용하고 있다. EBS에서 만든 초등학생의 영어 교육을 위해 개발한 학습용 영어 앱으로 인공지능 캐릭터 '펭수'와 음성 인식, 자연어 처리 기술을 활용하여 영어 말하기를 연습할 수 있다. 우리에게 SF 영화 속에서만 등장했던 어색하고 신기한 일들이 AI 네이티브 세대에게는 현실 세계에서 일어나는 자연스러운 일상이 된다. 태어날 때부터 AI 스피커와 일상적인 대화를 나눈 이들에게 챗GPT와 같은 생성형 AI와의 대화는 어쩌면 당연한지도 모른다. 특히 텍스트보다 영상과 이미지에 익숙한 AI 네이티브는 궁금한 것을 검색하기보다 유튜브, 틱톡, SNS에서 찾듯이, 챗봇과의 대화가 일상이 된다면 앞으로 검색 엔진은 사라질 수 있다.

　그렇다면 디지털 기술과 인공지능이 빠르게 발전하는 시대, 신인류인 AI 네이티브 세대를 위한 교육은 어떤 방식으로 해야 할까? AI 네이티브에게 필요한 능력을 우리는 인공지능 리터러시라고 정의하며, **인공지능 리터러시(AI literacy)는 인공지능을 이해하고 활용할 수 있는 능력**을 말한다.

　인공지능 리터러시의 역량을 논하기 전에 **AI 네이티브 세대에게 필요한 소양**이 무엇인지 알아보자. 앞서 말한 디지털 네이티브 세대인 코로나 나우를 개발한 대구 중학생과 당뇨병을 조기 발견할 수 있는 인공지능 앱을 개발한 인도 소녀의 공통점은 무엇일까?

첫 번째는 인성이다. 즉 사람을 중심으로 문제를 해결하고 싶어 했다는 것이다. 대구 중학생은 코로나19와 잘못된 정보로 고통받고 있는 사람들의 불안함을 해소하고 싶다는 생각에서, 인도 소녀는 당뇨로 고통받는 할아버지의 병을 치료해 드리고 싶은 마음에서 프로젝트를 시작했다. 바로 사람을 이해하는 공감 능력과 사람을 위한 배려심을 가진 훌륭한 인성을 갖추고 있었다. 이는 AI 네이티브 세대에게도 다르지 않다. AI 활용 능력과 함께 인성은 가장 기본적으로 갖추어야 할 경쟁력이다.

두 번째는 자신이 좋아하는 분야에 대한 호기심과 도전 정신이다. 코로나나우 개발자 대구 중학생 최형빈 군과 이찬형 군은 어릴 때 IT 분야에 관심이 많아 꾸준히 공부했고, 코로나 뉴스를 통해 우연히 알게 된 문제점을 발견하고 자신들의 기술을 발전시키며 도전했다. 또한, 인도 소녀 '카브야 코파라푸'는 디스커버리 채널에서 방송하는 과학 프로그램에 많은 관심을 가질 만큼 어릴 때부터 과학에 호기심이 많았다. 이후 컴퓨터 과학으로 발전된 호기심은 컴퓨터 비전, 인공지능으로 이어졌다. 또한, 할아버지의 당뇨망막병증을 조기 진단할 수 있는 인공지능을 개발하기 위해 자신이 모르는 부분은 포기하지 않고 컴퓨터 병리학자, 생화학자, 안과의사, 신경과학자, 머신러닝 전문가들에게 수많은 메일을 보내 자문을 얻어 냈다.

이처럼 AI 네이티브 세대에게는 다양한 분야에서 경험을 통해 자신이 좋아하고 잘하는 분야를 발굴하여 자신만의 가치를 찾아내는 여정이 중요하다. 인공지능은 다양한 분야에서 발전하고 있다. 빅데이터를 통해 지식과 정보를 활용하여 문제를 해결하는 AI 비서뿐 아니라 인간만이 가진 능력이라고 생각했던 창의성까지 그 영역이 확장하고 있다. 특히 정답이 있는 분야는 이제 AI가 인간보다 더 잘한다는 점에 주목해야 한다. 이는 이제 정답이 없는 분야만이 인공지능을 활용하여 경쟁할 수 있다는 것을 의미한다.

그렇다면 인공지능을 잘 활용하려면 무엇을 배워야 할까? 바꿔 말해 인공지능 리터러시를 갖추려면 무엇이 필요한지 알아보자. 챗GPT에 **"AI 네이티브에게 필요한 AI 리터러시는?"** 라고 질문했다. 이에 아래와 같이 대답했다.

" **기술 이해와 활용:** AI의 작동 원리, 알고리즘, 학습 방법 등에 대한 이해를 갖추어야 합니다. 또한, AI 도구와 플랫폼을 활용하여 문제를 해결하고 창의적인 프로젝트를 수행하는 능력을 갖추어야 합니다.

데이터 분석과 해석: AI는 데이터를 기반으로 작동하기 때문에 데이터 분석과 해석 능력이 필요합니다. 데이터의 수집, 정제, 시각화 등에 대한 기술을 익히고, 데이터를 분석하여 인사이트를 도출할 수 있어야 합니다.

윤리와 사회적 책임: AI의 활용은 윤리적인 고려와 사회적 책임을 필요로 합니다. AI의 공정성, 투명성, 사생활 보호 등에 대한 이해를 갖추고, 윤리적인 문제에 대해 비판적인 사고를 갖추어야 합니다.

문제 해결과 창의성: AI는 문제 해결과 창의성을 촉진하는 도구로 사용될 수 있습니다. AI 네이티브 아이들은 AI를 활용하여 현실적인 문제를 해결하고, 새로운 아이디어와 해결책을 발굴하는 능력을 키워야 합니다.

비판적 사고와 정보 검증: AI 시대에서는 다양한 정보와 데이터가 쉽게 이용됩니다. AI 네이티브 아이들은 비판적 사고와 정보 검증 능력을 갖추어 가짜 뉴스나 편향된 정보를 식별하고 정확하고 신뢰할 수 있는 정보를 선택하는 능력을 갖추어야 합니다. "

챗GPT가 제시한 AI 리터러시의 역량을 키우는 방법은 어떤 것들이 있을까?

우선적으로 인문학 분야의 지식을 쌓는 것이 중요하다. 인문학은 인간의 사고, 감정, 문화, 예술 등을 연구하는 학문이다. 인문학은 우리가 사는 세상과 우리 자신을 이해하는 데 큰 도움을 준다. 역사, 문학, 예술 등 인문학의 분야를 통해 우리는 다른 사람들과의 연결고리를 찾고 세상을 더 깊이 이해할 수 있다. AI 리터러시는 인공지능을 이해하고 활용하는 능력을 갖추는 것인데, 인문학은 우리에게 인간성과 창의성을 발전시키는 데 도움을 주어 우리가 AI를 효과적으로 사용하고 이해하는 데 필요한 능력을 갖추게 되는 것이다.

또한, 인문학을 통해 우리는 예술 작품을 감상하고 분석할 수 있고 역사적인 사건을 이해할 수 있다. 예를 들어 문학 작품을 분석하거나 문화적인 창작을 도와주는 도구를 만든다고 했을 때 이 과정에서 AI로 많은 양의 문학 작품을 처리하고 패턴을 찾고, 이를 활용하여 작품의 구조와 의미를 더 깊이 파악할 수 있다.

인문학은 창의적인 사고와 문제 해결 능력을 향상시켜 준다. 예술, 문학, 철학 등을 포함하여 다양하고 넓은 시각으로 세상을 관찰하여 AI 네이티브들은 창의적인 아이디어로 새로운 해결책을 도출할 수 있다. 또한, 인간 관계와 사회 구조에 대한 이해를 넓힐 수 있어 사회적인 이해와 공동체 의식을 키워준다. 인문학은 사회학, 심리학, 윤리학 등을 통해 다양한 관점에서 사회적 문제를 이해하고 협력과 공동체 의식을 강조한다. 이를 통해 AI 네이티브들은 **공정한 사회를 구축하고 다양성과 포용성을 존중하는 사회적 리더십**을 발휘할 수 있다.

AI 네이티브에게 인문학은 인간성과 윤리, 문제 해결과 창의성, 사회적 이해와 공동체 의식, 인간과 AI의 상호작용에 대한 이해를 강화해 주는 중요한 요소이다. 인문학을 통해 AI 네이티브들은 미래 사회에서 인간다움을 유지하고, AI와 인간이 함께 발전하는 데 기여할 수 있게 될 것이다.

AI네이티브에게 인문학과 더불어 필요한 역량은 디지털 리터러시이다. AI 네이티브는 디지털 기술을 태어나면서부터 접하고 삶의 모든 영역에 영향을 미친다. 디지털 리터러시를 통해 디지털 기술을 이해하고 활용하는 것 뿐만 아니라 디지털 기술을 윤리적으로 사용하고, 안전하게 사용할 수 있어야 한다.

필자는 초중고 학생들을 대상으로 디지털 리터러시와 함께 인공지능 경험 학습 과정과 SW 교구를 활용한 인공지능 교육 교재를 연구하고 개발해 왔다. 인공지능 도구를 활용한 학습과정에서 학생들은 **인공지능의 원리와 AI 윤리, 데이터 수집과 처리 방식을 배우고 콘텐츠를 창작하며 문제를 해결**하게 된다.

아래 내용은 미취학 아동이나 초등학생도 인공지능의 원리를 쉽게 이해하고 경험 학습이 가능한 인공지능 도구들이다. 아이와 함께 인공지능을 체험하고 싶다면 도전해 보기를 권한다.

AI 도구	소개	URL(QR코드)
퀵드로우	구글이 개발한 온라인 게임의 하나로, 내가 그린 그림을 인공지능이 맞추는 게임 **활용 예시** 전 세계 1,500만 명 이상이 퀴즈게임을 참여하면서 그려온 수백만 개의 그림을 통해 머신러닝 기술의 원리를 이해할 수 있다. 또한, 다양한 언어가 제공되어 그림 퀴즈 맞추기로 단어 공부를 할 수 있다.	https://quickdraw. withgoogle.com
오토드로우	내가 그리고 싶은 그림을 인공지능이 자동으로 그림을 완성해 주는 도구 **활용 예시** 영화 속 인공지능이나 우리 주변의 인공지능을 조사해 보고 미래 일상생활에 필요한 인공지능 제품이나 서비스를 상상하여 오토드로우로 시각화해 볼 수 있다.	https://www.autodraw. com
이모지 스캐빈저 헌트	스마트폰의 카메라로 인공지능이 요구하는 사물을 촬영해 보는 게임 **활용 예시** 인공지능이 보여 주는 이모지에 맞는 사물을 찾아 보물찾기 게임을 할 수 있다. 처음 주어지는 시간은 20초로 시간 내에 성공하면 다음 단어에 해당하는 보물을 또 찾는 방식이다.	https:// emojiscavengerhunt. withgoogle.com

매직 스케치패드	인공지능과 함께 그림을 그리는 도구 **활용 예시** 인공지능이 제시한 사물이나 단어의 특징에 맞는 그림을 그리기 시작하면 인공지능이 그림을 완성해 준다. 매직 스케치패드에서 제시하는 단어들을 나열하여 빙고 게임을 할 수 있다.	 https://magic- sketchpad.glitch.me

이외에도 AI의 작동 원리, 알고리즘, 학습 방법 등에 대한 인공지능의 원리와 개발 과정을 초등학생도 쉽게 학습할 수 있도록 단순화한 도구들이 있다. 이 중 '**머신러닝 포 키즈**'는 의료전문 인공지능 왓슨을 만든 IBM에서 제공하고 있는 도구로 텍스트, 이미지, 숫자, 사운드 등 실제 빅데이터를 이루는 비정형 데이터로 인공지능을 학습시킬 수 있다. 또한, 학습시켜 만든 머신러닝 모델을 스크래치, 앱인벤터, 파이썬 등에 적용 가능하도록 워크시트도 함께 제공하고 있다. 아래 예시는 개와 고양이를 인식하도록 인공지능을 학습시키는 과정이다.

[머신러닝 포 키즈로 인공지능에 개와 고양이 학습시키기]

머신러닝 포 키즈 https://machinelearningforkids.co.uk/

컴퓨터나 노트북, 태블릿 PC에서도 가능하다. 이미지의 웹주소를 복사하거나, 웹캠 또는 노트북 카메라가 있으면 실제 이미지 데이터를 학습시킬 수 있다.

① '프로젝트 이동' 버튼을 눌러 프로젝트를 시작한다.

② 프로젝트 이름에 'Dog&Cat'이라고 입력하고 학습 방식을 '이미지'로 선택 후 '만들기'를 실행한다.

① 만들어진 'Dog&Cat' 머신러닝 프로젝트를 클릭한다.

② 먼저 '1단계 '훈련'를 선택해서 학습시킬 이미지 데이터를 수집한다.

⑤ '+새로운 레이블 추가 버튼'을 눌러 Dog와 Cat 레이블을 생성한 후 각각의 레이블에 '웹'을 통해 이미지 주소 링크로 수집하거나, '웹캠'으로 컴퓨터나 노트북에 있는 카메라로 촬영하여 이미지를 수집하거나, '그리기'로 고양이와 강아지의 특징을 살린 그림을 그려 인공지능을 학습시킬 수 있다.

최소 5개 이상의 데이터를 모아야 머신러닝 모델 생성이 가능하다.

필자는 '웹'을 통해 구글 검색에서 찾은 이미지를 수집하는 방법과 '그리기'를 통해 인공지능을 학습시켰다. '웹'을 통한 방법은 구글에서 '개'나 '고양이'를 검색한 후 원하는 해당 이미지를 찾아 오른쪽 마우스를 클릭하여 '이미지 주소 복사'를 사용한다.

5개 이상 학습데이터를 수집했다면 위쪽 '〈 프로젝트로 돌아가기' 버튼을 누른다.

⑥ 그동안 수집한 데이터로 '**학습&평가**'를 선택하여 머신러닝 모델을 만들 수 있다.

⑦ 아래쪽 '**새로운 머신러닝 모델을 훈련시켜 보세요**'를 클릭하여 머신러닝 모델을 만든다.

⑧ 웹캠 또는 그림그리기, 인터넷 자료로 테스트하기(구글 이미지 검색에서 '개', '고양이' 이미지를 검색한 후 이미지 주소 복사)로 하여 인공지능이 제대로 학습했는지 확인해 본다.

만약 아이가 스크래치를 배웠다면 아래 참쌤스쿨에서 제공하는 프로젝트들도 함께 체험해 보기를 권한다. 참쌤스쿨은 국내 초등학생 교사 모임으로 교육 콘텐츠를 만드는 곳이다.

머신러닝 포 키즈를 활용하여 좋은 말 나쁜 말 AI 프로그램 만들기 1

https://chamssaem.com/1103

머신러닝 포 키즈를 활용하여 좋은 말 나쁜 말 AI 프로그램 만들기 2

https://chamssaem.com/1104

출처: 참쌤스쿨 https://chamssaem.com

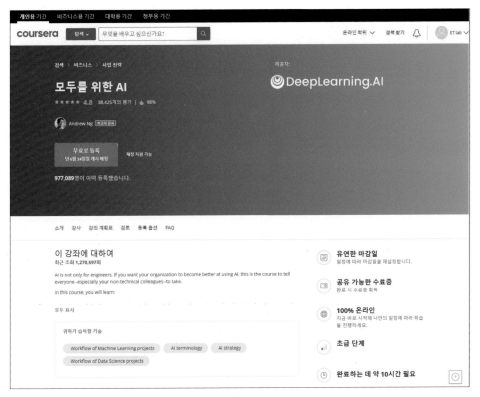

[그림 3-4] 모두를 위한 AI

출처: 코세라. https://www.coursera.org

2022년에 개정한 2025년 초·중·고 교육과정에 미디어 리터러시 교육이 정식으로 도입되는 것을 앞서 이야기한 바 있다. 개정 교육과정에는 디지털 리터러시 및 AI 교육 또한 정식으로 도입된다.

이제 온라인에서는 누구나 쉽게 AI 교육을 접할 수 있다. 250여 개 대학 및 기관이 참여하며, 4,000개가 넘는 온라인 코스를 유명한 미국 스탠포드 코세라는 'AI For Everyone' 온라인 무료 강좌를 제공하고 있다. 코세라는 해외 유명 대학교수들의 최신 온라인 무료 강좌를 제공하여 더 인기가 높다. 강의 수강을 원하는 사람은 '수강하기' 버튼을 누르고 신청하여 누구나 강의를 들을 수 있지만, 수료증을 받으려면 별도의 수강료(49달러)를 내야 한다.

AI 네이티브 세대가 만들어 갈 미래는 어떤 세상일까?

"인공지능은 단 1명의 사업가가 세상을 바꾸는 시대를 만들 수 있다." 이는 인공지능에 모든 것을 걸었다고 말하는 소프트뱅크 손정의 회장의 말이다. 누구에게나 새로운 기회와 가능성의 문을 열어 줄 수 있다는 것이다. 특히 AI 네이티브는 AI를 사용하여 문제를 해결하고 새로운 발명품을 만들고 세상을 더 나은 곳으로 만들 수 있다. AI 네이티브를 이해하고 이들과 어떻게 대화할 것인지 준비하자. 준비된 자에게 기회가 찾아올 것이다.

1-4 AI 예술의 르네상스 시대

AI 그림도 예술 작품이 될 수 있을까? 2022년 9월 인공지능이 그린 미술 작품이 실제 공모전에서 수상하는 일이 벌어졌다. 아래 작품은 미국 콜로라도 박람회 미술전에서 신인 디지털 아티스트 부문에서 1위를 수상한 작품 '스페이스 오페라 극장'이다.

[그림 3-5] 미국 콜로라도 박람회 미술전 디지털 아트 분야 1위 수상 '스페이스 오페라 극장'
출처: 트위터

　누구나 그림을 그릴 수 있지만 AI로 예술가가 될 수도 있다는 점에서 논란이 크게 일었다. 챗GPT 열풍이 불자 미드저니에 이어 스테이블 디퓨전(stable-diffusion), 달리(DALL-E 2) 등 그림을 그려 주는 새로운 이미지 생성형 AI들이 등장했다. 특히 OpenAI에서 만든 달리(DALL-E2)는 인간처럼 사고하는 방식인 멀티모달 AI 기술로 만들어졌다. 다양한 센서와 데이터를 수집하여 사물을 이해하고 해석하는 것이 멀티모달 AI이다.

　필자는 교육 콘텐츠를 연구하기 위해 AI가 이미지 생성으로 작품을 만들어 내는 과정을 자주 경험한다. 특히 이미지 생성형 AI 중 필자가 가장 선호하는 달리(DALL-E2)로 여러 가지 시도를 해 본다. 아래 그림은 달리(DALL-E2)에 **'파리의 에펠탑을 고흐의 별이 빛나는 밤 화풍으로 그려줘'**라는 프롬프트를 영어로 번역 후 입력해 그린 그림들이다.

[그림 3-6] '파리의 에펠탑을 고흐의 별이 빛나는 밤 그림 화풍으로 그려줘'

출처: DALL-E 2 프롬프트 생성 이미지

[그림 3-7] '파리의 에펠탑과 루브르박물관을 고흐의 별이 빛나는 밤 그림 화풍으로 그려줘'

출처: DALL-E 2 프롬프트 생성 이미지

필자가 입력한 프롬프트는 고흐가 살아생전에 파리에서 에펠탑을 보았다면 '별이 빛나는 밤'과 같은 또 하나의 아름다운 작품을 남겼을 것이라는 상상 속에서 출발하여 입력했다. 조금씩 다른 수십 번의 프롬프트 반복으로 원하는 이미지를 얻기 위해 3시간이나 공을 들이게 되었다. 작업은 여기서 그치지 않고 또 다른 상상력을 불러 일으켰다. 만약 고흐와 칸딘스키가 만나 콜라보로 작품을 그렸다면? 고흐가 베토벤의 '달빛 소나타'를 들으며 느끼는 감정을 그렸다면? 꼬리에 꼬리를 물고 머릿속에 떠오르는 상상을 프롬프트로 여러 번 반복하여 아래와 같은 결과물을 얻었다.

[그림 3-8] '고흐의 별이 빛나는 밤을 낭만적인 칸딘스키 화풍으로 그려줘'

출처: DALL-E 2 프롬프트 생성 이미지

[그림 3-9] '베토벤의 달빛소나타' 음악과 어울리는 그림을 고흐의 별이 빛나는 그림 화풍으로 그려줘'

출처: DALL-E 2 프롬프트 생성 이미지

앞으로 AI 예술은 우리에게 어떤 존재가 될까? 상상한 것을 몇십 초 안에 이미지로 생성되는 것을 경험하며, 이제 예술은 전문 화가만이 향유하는 특별한 분야가 아니라 누구나 예술을 '감상'하는 것을 넘어 '경험'하는 길이 열릴 것이라는 생각이 들었다. 우리가 예술 작품을 보며 감상을 넘어 감동을 느끼게 되는 이유를 살펴보자. 시대를 불문하고 대중들의 사랑을 받는 예술가의 작품에는 자신만의 독특한 생각이나 감정을 담은 메시지가 담겨 있다. 또한, 이 메시지를 전달하기 위해 표현 수단과 기법이 발전해 왔다. 현재는 AI 예술이 사람들의 못마땅한 시선과 논란의 대상이지만, 누구나 자신만의 상상력을 시각화할 수 있는 새로운 장르의 예술 분야로서 새로운 시대가 열리리라는 예감이 든다.

최근 AI 예술이 예술이냐 아니냐는 논쟁처럼 과거 사진 기술 또한 예술로서 인정받지 못한 바 있다. 최초로 카메라가 발명되고 사진이 유행하던 1859년 프랑스 시인이자 날카로운 비평으로 유명한 샤를 보들레르는 "사진은 예술이 아니다."라고 강하게 비평하기도 했다. 지금은 어떠한가? 현재 사진 예술은 새로운 창작의 장르로서 자리 잡았다. AI 예술은 현대의 사진 예술계에서도 논란이 되고 있다. 독일 사진작가 보리스 엘다크젠은 세계적인 사진 대회인 '2023 소니 월드 포토그래피 어워드(SWPA)' 크레이티브 오픈 카테고리 부문에서 1위를 차지했으나 수상을 거부했다.

[그림 3-10] 보리스 엘다크젠과 그가 수상한 AI 생성 작품 '전기공' 일부

출처: 보리스 엘다크젠 인스타그램

엘다크젠은 가디언과의 인터뷰에서 수상 작품 '전기공'은 AI가 만든 사진이며, 사진계에서

AI로 이미지를 생성하는 영역에 대한 논의와 준비가 필요하다는 메세지를 주고자 작품을 출품했다고 밝혔다. 사진의 영역과 AI 생성 이미지 영역은 별개의 분야로 각각의 기준을 논의해야 한다는 입장이다.

한편, AI 예술이 논란이 되기 이전부터 이미 AI 예술을 하나의 창작 예술 장르로 받아들여 기존의 틀을 깨고 AI와 협업하여 새로운 창작 세계를 넓히고 있는 이들도 있었다. 국내의 극사실주의 화가 '두민'은 '독도'를 주제로 AI와 협업해 만든 작품인 '교감하다'라는 뜻의 '커뮤니 위드(Commune with…)'를 선보인 바 있다. 이 작품은 독도 이미지를 수면을 경계로 지상 독도는 두민 작가가 서양화 기법으로 표현하고, 수면에 비치는 독도는 '이메진 AI'라는 AI 전문 기업 펄스나인이 만든 인공지능이 동양화 기법으로 표현했다.

[그림 3-11] 두민 x 이메진AI

출처: <Commune with…> 2019

이 프로젝트에 참여한 두민 작가는 작업의 시작은 '호기심'이었지만, AI와 콜라보하는 과정에서 **"AI 예술이 현재의 미술을 대신하거나 예술가의 영역을 대체하는 것이 아니라 서로의 공존을 통해서 앞으로 다가올 새로운 미술 사조를 탄생시킬 수 있으리라 본다."**라고 전했다.

AI 예술의 영향은 그림에만 해당되지 않는다. AI 음악과 AI 문학, AI 패션 등 다양한 장르에서 빠르게 대중화되고 있다. 바야흐로 AI 예술의 르네상스 시대가 열리고 있다. 이 시점에서 우리는 AI 예술을 어떻게 받아들여야 할까? 앞서 살펴본 대로 현재 AI 예술의 출현은 과거 사진기의 등장과 비슷하다. 처음 사진기의 발명이 예술계에 위협이 될 거라는 우려가 있었지만, 그림은 오히려 사실주의적인 전통 회화 기법에서 벗어나 색채와 질감, 빛에 초점을 두어 자유롭게 표현하는 인상파의 출현으로 발전했다. 이로 인해 우리는 지금 모네, 마네, 고흐와 같은 인상주의 화가들의 아름다운 작품을 감상할 수 있는지도 모른다. 또한, 사진 분야는 그림과 별개로 하나의 예술 장르로서 미디어 아트와 비디오 아트로 확장하게 되었다. 이처럼 새로운 기술의 등장은 혼란을 야기하지만 새로운 장르를 열어간다. 최근 AI 예술 산업이 본격적으로 확대되는 추세에 따라 전문가들은 AI 예술과 공존하는 시대를 준비할 필요가 있다고 말한다. 어떤 준비가 필요한지 알아보자.

AI 창작물의 저작권

AI가 만든 창작물의 저작권은 누구에게 있을까? 지난 2016년 4월, 네덜란드의 광고회사 제이월터톰스이 기획하고, 글로벌 금융기업 ING은행, 마이크로소프트 후원으로 '넥스트 렘브란트(Next Rembrandt)'라는 인공지능을 개발하였다. 이 AI는 극사실주의 화가로 '빛의 화가'라 불리는 거장 렘브란트의 그림 346점을 분석하고, 그림의 주제와 스타일을 모방한 새로운 작품을 만들어 냈다. 이 과정에서 데이터 분석가, 인공지능 개발자, 미술가가 함께 도왔다.

아래의 '넥스트 렘브란트' 작품은 '수염이 있고 검은 옷을 입은 30대 백인 남성을 그려달라'는 명령어와 3D 프린팅 기술로 그림의 질감, 붓 터치까지 표현하여 18개월간 완성한 작품이다. 작품을 본 전문가는 '350년 전 죽은 화가의 부활'이라 생각될 만큼 렘브란트의 그림 화풍을 그대로 재현했다고 평가했다. 또한, 렘브란트의 전성기에 해당하는 중기 특성을 보인다고 분석했다. 렘브란트를 모방한 작품일지라도 세상에 없는 렘브란트가 전성기 시절로 살아 돌아와 새로운 작품을 그렸다고 해도 무방할 가치의 그림이 탄생한 것이다. 그렇다면 이 그림의 저작권자는 누구일까? 당시 학계에서는 렘브란트의 그림을 재현한 넥스트 렘브란트 AI에 저작권을 부여해야 하는지, 프로젝트의 기획 회사인 제이월터톰슨에게 부여해야 하는지 의견이 분분했지만 결론을 내리지 못했다.

[그림 3-12] AI와 3D 프린터로 탄생한 넥스트 렘브란트

출처: Next Rembrandt

　이처럼 AI 예술과 공존하기 위해서는 **인공지능으로 만든 창작물을 인간의 예술 작품과 동등하게 저작물로 인정할 것인가, 인공지능을 단순히 창작물을 만드는 보조 도구로서만 인정할 것인가**의 기로에서 선택을 해야만 한다. 현재는 한국을 포함한 미국, 유럽, 호주 등 대부분의 나라에서 인간이 만든 창작물만 저작권 보호를 위해 특정 저자가 표기되지만, 생성형 AI가 만든 창작물은 현재까지 대부분의 나라에서 저작권 보호를 받지 못했다. 그러나 최근 미국 저작권청(USCO)은 인공지능 생성 이미지도 저작권을 인정할 것이라고 밝혔다. 단 조건은 인공지능과 협업하여 완성한 작품에 사람의 창의적인 노력이 들어가 있다는 것을 증명해야 한다. 실제 미국에서는 '미드저니'를 활용해 만든 만화 〈새벽의 자리아〉가 미국 저작권청(USCO)에서 저작권을 인정받았다가 뒤늦게 재심 대상에 올라 논란이 되기도 했다. 18페이지 분량의 이 만화는 재심 결과 만화 속 일러스트 제작 과정 중 '미드저니'에서 프롬프트 입력만으로 생성한 이미지는 작가의 창작성이 결여되었다고 판단하고 저작권을 취소하였다. 단 그가 표현한 글에 한정해서 새로운 저작권 증명서를 발급할 예정이라고 전했다.

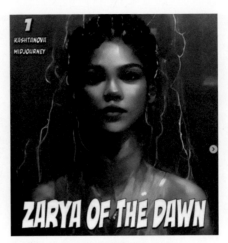

[그림 3-13] '미드저니'로 만든 만화 〈새벽의 자리야〉

출처: 인스타그램 @크리스 카쉬타노바

미국 저작권청(USCO)에서 정한 저작권 범위를 쉽게 설명하면, 달리(DALL-E2)와 같은 생성형 AI에서 프롬프트 입력만으로 만든 이미지는 저작권을 인정할 수 없고, 생성한 이미지들의 일부 수정, 재배치 등을 통해 인간의 창의성이 드러난다면 저작권을 인정한다는 것이다. 실제 달리에서는 프롬프트를 입력하여 생성한 이미지의 일부를 수정하거나 창의적인 요소를 추가하여 완성할 수 있는 기능을 제공하고 있다. 또한, 직접 그린 그림을 달리에 업로드하여 새로운 아이디어와 기법으로 창작할 수 있다.

[그림 3-14] 구스타프 클림트의 '아델레 바우어의 초상'을 새롭게 모방하여 그린 그림(왼쪽)을 달리에 업로드한 후 배경을 지우고 '숲의 정령 분위기의 배경을 그려줘' 프롬프트를 입력하여 완성한 이미지

출처: (주)이티랩 디지털문화예술 교육생 작품

　　2022년 9월 문화예술진흥법 일부 개정안 통과로 국내에서도 '게임'이 예술의 한 장르로 인정받은 것처럼 인공지능 창작물이 문화예술 범주로 법적 인정을 받게 될 가능성의 범위가 커지고 있다.

　　AI 창작물로 인한 가능성은 음악계에도 새로운 바람을 일으키고 있다. 비틀즈와 같은 20세기 아티스트들이 부활해 마치 신곡을 발표하는 것처럼 인공지능에 의해 재탄생되고 있다. 창작된 곡들은 유튜브에 실시간으로 퍼지고 있다. 비틀즈의 보컬인 폴 매카트니의 인공지능 보이스로 제작된 롤링 스톤스의 'Start Me UP', 빌리 조엘의 'Piano Man', 너바나의 'All Applies' 같은 곡들이 유튜브에 실시간으로 업로드되고 있다.

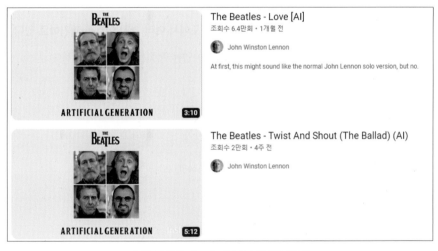

[그림 3-15] The Beatles의 곡을 AI가 재창작한 곡

출처: 유튜브

　　이처럼 생성형 AI로 만든 음악들이 유튜브나 플랫폼 트랙에 등장하게 되면서 저작권 문제에 대한 이슈도 커지고 있다. 파리에 본사를 두고 튠코어를 운영하는 Believe의 CEO 라데가일러리는 "AI가 생성한 트랙을 감지할 수 있는 기술을 갖추고 있다."라며, AI가 100% 생성한 곡은 플랫폼에 배포하지 않는 것을 목표로 하고 있다고 전했다. 하지만 생성형 AI로 만든 음악을 수익화할 방법도 찾고 있다고 했다. 기존 저작권을 학습한 AI 플랫폼을 통해 새로운 트랙이 만들어지면, 원래 녹음본의 권리자에게 일정 비율로 로열티를 지급한다는 것이다.

또한, 국내에서도 광주 과학기술에서 개발한 작곡 AI '이봄'은 6년간 30만 곡을 작곡하였고, 그중 3만 곡을 판매해 6억 원의 매출이 발생하기도 했다. 음악 이론을 학습한 이봄은 명령어 입력 창에 음악 장르와 곡의 길이를 입력하면 10초 만에 원하는 선율의 곡을 만들어 내는 작곡 AI이다. 사용자가 음악을 전혀 몰라도 작곡을 할 수 있는 세상이 된 것이다. 이봄은 하연이라는 신인 가수의 데뷔곡을 비롯하여 가수 홍진영의 노래 '사랑은 24시간' 트롯트 곡을 작곡하여 저작권자로 등록되기도 했다. 하지만 한국음악저작권협회는 사람이 아닌 AI에 저작권 부여를 할 수 없는 이유로 작곡 AI의 저작료 지급을 중단하여 논란이 되었다. 이처럼 음악과 예술 모든 분야에 빠르게 인공지능의 새로운 창작 생태계가 넓어지고 있어 AI를 문화 예술 분야에 저작권 기준을 체계화하는 것이 시급하다.

인공지능을 이용한 예술 작품의 창작은 저작권 제도에서 여러 가지 이슈를 제기하고 있다.

① 인공지능이 생성한 작품이 창작성(originality) 있는 저작물이 될 수 있는지

② AI가 창작자나 저작권자가 될 수 있는지

③ AI 대신에 누가 저작자/저작권자가 되어야 하는지

④ AI 학습 과정에 이용하는 데이터의 이용 관련 쟁점 등 저작권 문제를 불러온다.

출처: 정상조, 〈인공지능 시대의 저작권법 과제〉, 《계간 저작권》 2018 여름호, P43-44

인공지능 창작물에 대한 저작권자로

① 인공지능의 알고리즘 개발자

② 인공지능 사용자

③ 데이터를 이용해 인공지능을 학습시키는 자

④ 인공지능 그 자체 등이 가능하다. 하지만 현재까지는 국내 저작권법에 따르면 사람만이 저작자가 될 수 있다.

출처: Andres Guadamuz, "Artificial intelligence and copyright", WIPO MAGAZINE, 2017.10

국내에서도 AI 예술 산업 분야가 확대되면서 인공지능 창작물이 저작권으로 인정받을 수

있는가에 대한 검토가 이루어져 왔다. 2022년 한국콘텐츠진흥원에서는 인공지능 창작, 인공지능과 인간의 협업, 인공지능 활용에 따른 인공지능 창작물에 대한 저작권 인정 여부를 세분화하여 저작권법이 규명하고 있는 '저작물' 및 '저작자'에 대한 법적 정의의 재검토가 필요하다는 의견을 내놓았다.

구분	세부 내용	사례
AI가 만든 콘텐츠 (AI 〉 인간 창작)	· 순수 인공지능 창작물	· 뉴스 기사, 소설, 음악, 랩, 영화 대본, 광고, 영화 예고편, 그림 등
AI와 인간이 협업한 콘텐츠 (AI = 인간 창작)	· 데이터베이스 수집 및 키워드 설정 등 인간의 조직을 통한 인공지능 창작물	
인간이 AI를 활용한 콘텐츠 (AI 〈 인간 창작)	· 창작 과정의 효율화, 창작 단계에서 기존 콘텐츠의 기능 향상을 위해 인공지능을 활용한 콘텐츠	· 맞춤형 게임 NPC 캐릭터, 웹툰 채색 자동화, 딥페이크 기술을 이용한 미디어 콘텐츠 등

창작 주체와 구현 형태에 따른 인공지능 창작물 콘텐츠 분류

출처: 이승희(2021), "인공지능(AI) 콘텐츠: 개념과 사례, 정책적 현안 분석", 「Kooca focus」 한국콘텐츠진흥원

문화 창조 도구 AI

생성형 AI가 대중화되면서 새로운 놀이 문화가 만들어지기도 한다. 2023년 3월 동물원을 탈출해 시내를 활보한 얼룩말 '세로'에 대한 폭발적인 관심이 쏟아지면서 세로의 탈출을 패러디한 수많은 AI가 생성한 이미지들이 등장했다. 두 살배기 얼룩말 세로는 서울 광진구 어린이대공원에서 탈출해 도심을 활보하면서 사람들의 눈길을 끌었다. 세로의 사연은 하나의 서사가 되어 누리꾼들이 '답답한 동물원을 탈출한 세로의 꿈을 이뤄 주자'며 두 발로 시내를 걷거나 음악을 연주하고, 오토바이를 타는 얼룩말의 이미지를 만들어 공유했다. 인스타그램에는 '탈출한 얼룩말(escaped_zebra)'이라는 팬 계정도 생겨 바스키아 화풍, 지하철을 기다리는 이미지 등 패러디 사진을 공유하기도 했다.

[그림 3-16] 라이언로켓에서 공개한 스포키 Sporky에서 생성된 세로 패러디 이미지

출처: 스포키(Sporky)

AI 개발사 '라이언로켓'에서는 이미지 생성 AI 플랫폼인 '스포키'에서 사용자들이 자발적으로 36만 건 이상의 이미지를 생성해 공유했다고 밝혔다. 이는 AI로 만든 그림은 이제 친숙한 **디지털 콘텐츠 문화로서 '놀이'나 '밈(유행하는 사진이나 동영상)'으로 자리매김**했다는 것을 알 수 있다. 얼룩말 세로를 패러디로 만든 사람들의 현상은 일종의 '밈'이라고 할 수 있다. 밈은 인터넷에서 유행하는 문화적 요소를 말한다. 밈은 사진, 동영상, 텍스트, 웹 사이트 등 다양한 형태로 나타날 수 있는데, 사람들의 관심을 끌고, 재미를 주며, 생각을 전달하는 데 사용된다.

필자는 이번 얼룩말 세로 '밈'을 꽤 재미있고 긍정적인 현상으로 바라보았다. 이러한 현상은 사회적으로 동물 복지와 동물원 사육 환경에 대한 관심을 환기시키는 데도 기여하게 되었다. 이처럼 밈과 패러디 문화는 사람들이 정보를 공유하고, 의사소통하는 새로운 방법이 되고, 재미를 주기도 하고, 생각을 전달하기도 한다. 그런 의미에서 이번 얼룩말 '세로' 밈은 **생성형 AI를 창의적으로 표현하는 도구**로 활용한 문화 창조의 새로운 가능성을 보여 주었으며, 사람들의 삶을 더 풍요롭게 만들 수 있다는 좋은 예이다.

한편, 국내 문화예술 분야에서도 인공지능 예술과의 융합을 장르를 막론하여 다양하게 활용하거나 주제로 다루고 있다. 얼마 전 뉴미디어 아티스트인 언해피서킷은 AI로 만든 '고래와 인간이 공유할 수 있는 노래'를 유튜브에 공개했다.

[그림 3-17] 어 신세틱 송 비욘드 더 시(A Synthetic Song Beyond the Sea)
출처: 유튜브(https://youtu.be/SmEvkJTvBaA?si=KTS2Gdaurn1B2HEj)

'어 신세틱 송 비욘드 더 시(A Synthetic Song Beyond the Sea)'는 음악을 생성하고 소리를 합성하는 인공지능을 활용해 인간과 고래의 합창을 이뤄낸 작품이다. 흰수염고래 음성과 인간이 만들어 낸 음악을 인공지능이 합성해 마치 깊은 바다에서부터 울려퍼지는 고래의 음성이 노래를 부르는 것처럼 들리는 독특하고 새로운 청각적 경험을 제공한다. 언해피서킷은 고래의 삶과 죽음에 인간의 활동이 영향을 끼치고 있다는 사실을 사회적으로 환기시키기 위해 이러한 작품 제작 방식을 택했다고 한다.

생성형 AI의 등장은 우리의 식 문화까지 놀이 문화로 발전시키고 있다. 최근 TV 예능 쇼와 유튜브에서는 챗GPT가 알려 주는 레시피로 요리하는 모습을 보여 주는 동영상이 자주 등장한다. 최근 유튜브 쇼츠 영상에는 '챗GPT가 알려 준 요리 따라 해 보기', '챗GPT가 추천한 가장 맛있는 음식 5가지', '챗GPT가 알려 주는 참신한 불닭볶음면 레시피', '챗GPT가 알려 주는 간을 정화시켜 주는 해독주스' 등 인공지능 레시피 주제로 만든 콘텐츠로 가득하다. 대부분의 동영상은 챗GPT에 레시피를 질문하고 답하는 과정을 보여 준 후 챗GPT가 알려 준 레시피 그대로 요리하는 과정을 보여 주는 내용으로 매우 높은 조회 수를 차지하고 있다.

[그림 3-18] '챗GPT 요리'로 검색한 결과 화면

출처: 유튜브 쇼츠 영상

'챗GPT가 알려준 요리 따라 해 보기'라는 현직 셰프가 제작한 유튜브 영상에서는 '초콜릿 갈비찜'이라는 기상천외한 레시피를 소개했는데, 댓글만 보아도 이들의 관심과 흥미도를 알 수 있다. 댓글에는 '챗GPT에 레시피를 알려 달라고 할 때 자신이 셰프임을 알려 주면 좀 더 자세히 알려 준다', '당장 시키는 대로 해 보겠다', 'AI 시리즈로 더 해 달라'는 등 핫한 반응들이 남겨져 있다. 이와 같은 **AI 레시피 놀이 문화는 비즈니스로도 발전**하고 있다. 커뮤니티형 신선 식품 직거래 플랫폼 '식사 탐험'을 운영 중인 스타트업 '착한상회'에서는 'AI 요리사'라는 서비스를 출시했다. 사용자가 요리하고 싶은 식재료를 입력하면 인공지능이 그에 맞는 요리 레시피를 제공하고, 추천받은 레시피 중에 원하는 재료는 배송 신청하면 실제로 밀키트를 생산하여 배송하는 이벤트를 진행 중이다.

이처럼 우리는 '호모루덴스'로서 놀이와 문화를 창조하는 능력을 갖추고 있다. 호모루덴스는 현대 인류의 과학적인 이름으로, 사람이 속한 종을 가리키는 용어이다. 'Homo'는 라틴어로 '인간'을 의미하고, 'Ludens'는 '놀이'라는 뜻한다. 따라서 **'호모루덴스'는 '놀이하는 인간'이라는 의미**이다.

호모루덴스로서, AI를 창의적인 표현 도구로써 활용한다면 더 가치 있고 혁신적인 세상을 만들어 나갈 수 있을 것이다.

AI 예술 도구 탐험하기

일러스트를 웹툰 작가처럼, 미드저니(Midjourney)

'미드저니'는 텍스트로 프롬프트(명령어)를 입력하면 AI가 학습한 데이터를 기반으로 자동으로 사진이나 그림을 생성해 이미지 생성형 AI이다. 현재는 아쉽게도 무료 버전이 임시 종료된 상태로 유료 구독을 신청해야 한다. 다른 인공지능과 달리 스탠다드 플랜 이상의 요금제만 결제하면 무한하게 그림을 생성할 수 있다는 것이 큰 장점이다.

미드저니는 다른 이미지 생성형 AI와 같이 웹 사이트에서 그림을 생성하는 것이 아니라 디스코드 서버에서 그림을 생성할 수 있어서 먼저 디스코드에서 회원 가입을 해야 한다. '미드저니' 사이트 메인에서 'Sign in' 버튼을 누르면 디스코드로 이동된다. 디스코드에서 이미지가 생성되는 방식으로 내가 작업하는 것을 누구나 볼 수 있고 다운로드할 수 있다. 유료 계정 중 엔터프라이즈 플랜을 사용한다면 내 작업물을 보지 못하도록 할 수 있다.

[그림 3-19] 사용자들이 실시간으로 프롬프트를 입력해 이미지를 생성하고 있는 화면

출처: 디스코드(Discord)에 가입 후 '미드저니 디스코드 서버'에 접속한 화면

포토 리얼리즘과 초현실 사이, 달리(DALL-E) 2

'달리는 픽사의 애니메이션 로봇 캐릭터 월-E와 스페인의 초현실주의 화가인 살바도르 달리의 이름을 합쳐 만든 오픈 AI가 만든 생성형 AI이다.

달리 사이트(https://openai.com/dall-e-2)에 들어가 회원 가입을 하면 무료로 매월 15 크레딧이 주어지고 크레딧 한도 내에 이용할 수 있다. 프롬프트를 입력하면 원하는 이미지를 기본 4개씩 만들어 준다. 아래 그림은 필자가 DALL.E2에서 **중세 기사처럼 옷을 입고 백마를 타는 토끼의 사진**(a photograph of a rabbit dressed like a medieval knight and riding a white horse)'라는 프롬프트를 입력 후 생성한 그림이다. 필자처럼 '**사진**(a Photograph)' 입력하면 마치 현실에 존재하는 말을 탄 중세 기사 토끼를 카메라로 촬영한 듯한 생생한 이미지를 얻을 수 있다. 이처럼 DALL-E 2는 초현실을 사실처럼 표현한 '포토 리얼리즘'의 높은 결과물을 얻을 수 있다는 것이 특징이다. 또한, 1차로 생성한 이미지를 다양하게 고도화(Variation)하여 원하는 이미지의 퀄리티를 높일 수 있다.

[그림 3-20] '중세 기사처럼 옷을 입고 백마를 타는 토끼의 사진'

출처: DALL-E 2 프롬프트 생성 이미지

[그림 3-21] '중세 기사처럼 옷을 입고 백마를 타는 토끼의 사진' Variation으로 생성한 4컷 이미지

출처: DALL-E 2 프롬프트 생성 이미지

　이번엔 일러스트 이미지를 얻기 위해 '**우주에서 로봇과 우주복을 입은 사람이 축구하는 장면을 카툰 스타일로 그려줘.**'라는 프롬프트로 이미지를 생성해 보았다. 이처럼 생성형 AI에 프롬프트를 입력할 때는 처음 언어를 배우고 문장을 알아가기 시작한 어린아이에게 알려 주듯이 상상 속 장면의 배경, 상황과 등장하는 인물이 있다면 상세하게 묘사해 주는 게 좋다. 또한, 사진인지 그림인지, 그림이라면 어떤 스타일의 기법으로 그림을 그려 주면 좋을지에 대한 구체적인 목적을 알려 주어야 원하는 결과물을 얻을 수 있다.

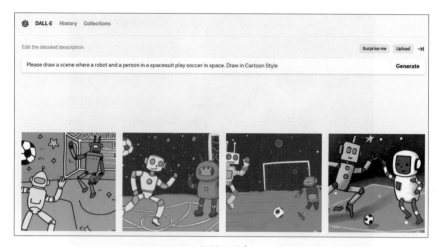

[그림 3-22]
출처: DALL-E 2 프롬프트 생성 이미지

　달리는 프롬프트에 입력된 '우주', '축구', '우주복을 입은 사람', '카툰 스타일로 그려 달라는 그림 기법' 등의 텍스트를 미리 학습한 데이터를 분석하여 이해하고 원하는 결과를 그림으로 만들어 준다.

[그림 3-23] '우주에서 로봇과 우주복을 입은 사람이 축구 하는 장면을 카툰 스타일로 그려줘.'
출처: DALL-E 2 프롬프트 생성 이미지

또한, 1차로 생성한 이미지나 갖고 있는 이미지를 업로드한 후 이미지 중 원하는 부분을 지우고 새로운 이미지를 생성하거나 재배치, 확장할 수도 있다. 아래 그림 중 왼쪽 화면은 1차로 생성한 이미지의 위쪽 배경을 지운 후 '배경에 행성들을 그려줘'라는 프롬프트를 입력했다. 우주 배경 느낌을 살리기 위해 행성을 추가하기 위해서다.

DALL.E2에서 1차로 생성한 이미지의 위쪽 배경을 지운 후 '배경에 행성들을 그려줘' (Draw planets in the background) 프롬프트를 입력한 화면

DALL.E2에서 위쪽 배경에 행성들이 생성된 이미지. 프레임을 위쪽 행성이 추가된 배경 부분의 높이만큼 확장되었다.

《인셉션》의 꿈이 그림으로, 구글 AI 딥드림

구글에서 2015년에 개발한 '딥드림(Deep Dream)'은 딥러닝 기술을 활용한 프로젝트로 인공지능에 사진을 입력하면 학습한 데이터를 참고해 인공지능 스스로 판단해서 그리는 작업을 말한다. 인공지능의 판단에 따라 그림의 분위기를 바꾸어 주는 프로그램으로 본래의 이미지를 꿈에서나 볼 수 있는 추상적이고 초현실적인 그림으로 표현하는 것이 특징이다. 실제로 딥드림은 영화 《인셉션》에 등장하는 꿈에서 영감을 받아 만들어졌으며 꿈에 나오는 그림이라는 의미를 가지고 있다. 구글 딥드림은 **'딥드림 제네레이터**(https://deepdreamgenerator. com/)'에서 사용할 수 있다. 회원 가입 후 유료 계정으로 월간 구독하거나 개별 에너지팩을 구매해야 사용이 가능하며, 그림 1개를 생성하는 데 5개의 에너지가 사용된다.

딥드림제네레이터에서는 Text 2 Dream, Deep Style, Deep Dream 등 3가지 방식으로 그림을 생성할 수 있는 기능을 제공한다. 'Text 2 Dream'은 원하는 그림을 다른 생성형 AI처럼 텍스트를 입력하여 이미지를 생성하는 기능이고, 'Deep Style'은 이미지를 업로드하여 다양한 질감이 적용되어 색다른 이미지를 만들어 내는 방식이다. 또한, 'Deep Dream'은 원래의 이미지를 인공지능의 판단으로 왜곡하여 새로운 분위기의 이미지를 만들어 내는 기능이다.

아래 그림들은 구글 '딥드림제네레이터' 사용자이자 크리에이터들이 게시한 작품들이다. 크레이터들이 촬영한 사진 원본이나 창작한 디지털 아트 이미지를 위의 3가지 방식을 단독으로 사용하거나 혼합하여 생성한 이미지들이다.

[그림 3-24] 원본 이미지

[그림 3-25] Text 2 Dream 또는 Deep Style로
변환하여 생성한 이미지

출처: 구글 딥드림제네테리이터(deepdreamgenerator.com)에 크리에이터들이 게시한 작품
<Enlightenment> by Luc Borduas, <famous actress,headshot,bonus eye> by Irina muehldort

사용자가 1차적으로 창작한 디지털 아트 이미지를 딥드림제네레이터에서 제공하는 다양한 기법과 질감으로 꿈속에서 나오는 초현실 느낌의 작품을 만들 수 있다.

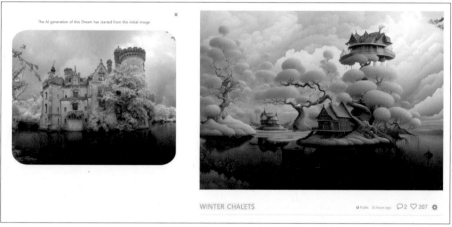

[그림 3-26] 구글 딥드림제네테이이터(deepdreamgenerator.com)에 크리에이터가 게시한 작품
<Bridge Over Tiny Stream>

출처: <Winter Chalets> by Darlne

02. 인간 vs AI, 인간 with AI

2-1	로봇의 3원칙

최근 한국의 로봇 기술력이 빠르게 발전되고 있음을 알리는 반가운 소식이 들려왔다. 카이스트는 영국 런던에서 열린 '2023 국제 로봇 및 자동화 학술대회'(ICRA) 행사의 하나로 진행된 사족 로봇 자율보행 경진대회(QRC)에서 압도적인 점수 차로 우승했다. 카이스트팀은 결승전에서 총점 246점을 기록했는데, 이는 2위를 차지한 메사추세츠공대(MIT)보다 4배 이상 높은 점수 차로 시사하는 의미가 크다. 카이스트팀이 우승을 한 결정적인 기술력은 원격 수동 조작을 위주로 한 다른 팀들과 다르게 시각이나 촉각 센서의 도움 없이 어두운 곳에서도 자율보행할 수 있는 제어 시스템을 장착한 것이다.

[그림 3-27] 사족 보행 로봇 경진대회에서 장애물을 통과하고 있는 카이스트의 로봇

출처: 카이스트 제공

로봇 산업은 인공지능과 함께 꾸준히 발전하고 있다. 보행 방식에 따라 크게 사족 보행과 이족 보행으로 나뉜다. 사족 보행 로봇은 네 개의 다리를 사용하여 걷는 반면, 이족 보행 로봇은 두 개의 다리를 사용하여 걷는다. 사족 보행 로봇은 이족 보행 로봇에 비해 안정성이 높고, 다양한 지형을 주행할 수 있어서, 짐을 옮기거나 물체를 들 수 있는 능력이 뛰어나 군사, 재난 구호, 우주 개발 등에 활용될 전망이다. 이족 보행 로봇은 사족 보행 로봇에 비해 빠르게 움직일 수 있고, 협소한 공간에서 이동할 수 있다는 장점이 있다. 특히 인간과 유사한 모양을 가지고 있기 때문에 인간이 할 수 있는 작업의 종류인 헬스케어, 물류, 서비스업 등을 수행하는 데 더 적합하다. 사족 보행 로봇과 이족 보행 로봇은 실제로 다양하게 활용되고 있다. 예를 들어 방사능 오염 지역이나 화재 지역에서 임무를 수행하고, 공장에서 어려운 반복 작업이나 매우 정교하고 미세한 작업들을 대신하고 있다.

이처럼 최근 로봇의 발전 속도를 보면 영화 속 인공지능 로봇처럼 인간과 유사한 능력을 가진 로봇이 등장하는 것이 머지않은 듯하다. 그렇다면 현재 개발되고 있는 로봇과 영화 속 인공지능 로봇은 어떤 차이 있을까? 먼저 인공지능과 로봇의 차이점을 보자면 로봇은 센서, 제어기, 구동기를 사용하여 움직임을 실현하지만, 인공지능은 스스로 학습하고 발전한다는 것에서 차이가 있다. 즉 로봇은 인간으로 치면 하드웨어로서 인간의 몸과 같고, 인공지능은 소프트웨어로서 인간의 뇌와 같다. 영화 속 인공지능 로봇은 이 두 분야가 만나 발전한 로봇으로 **'휴머노이드 로봇'**이라고 한다. 휴머노이드 로봇은 아직 개발 초기 단계지만 빠르게 발전하고 있다. 예를 들면 중국 로봇 스타트업 '딥워크'가 개발한 '어미고'는 인공지능을 통해 스스로 두 발로 걷고, 뛰고, 계단을 오르내릴 수 있으며, 일본의 소프트뱅크가 개발한 '페퍼'는 인공지능을 통해 사람과 자연스럽게 의사소통하고, 감정을 표현할 수 있는 로봇이다.

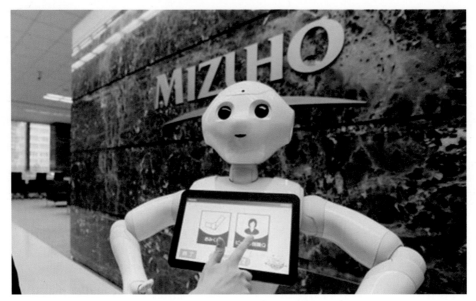

[그림 3-28] 일본 소프트뱅크의 로봇 페퍼
출처: 소프트뱅크 홈페이지

또한, 세계 최초로 사우디아라비아 정부로부터 '시민권'을 부여받은 휴머노이드 로봇 소피아는 '현존하는 가장 사람 같은 로봇'으로 불리고 있다. 소피아는 홍콩의 AI 로봇 제조사 핸슨로보틱스가 2015년 4월 제작했으며, 사우디아라비아 시민권 이외에 인도의 시민권도 받을 가능성이 제기되고 있다. '인간과 구분되지 않는 로봇'이라는 목표로 만들어진 AI 로봇 소피아는 인간처럼 수려한 외모와 탁월한 의사소통 능력을 자랑한다.

실제 인간 배우인 오드리 헵번을 모델로 제작된 소피아는 지난해 12월 프랑스의 유명 패션 잡지인 《엘르》 브라질판의 표지 모델로 선정되며 패션 업계의 러브콜을 받기도 했으며, 미국 유명 토크쇼 '투나잇 쇼'에 출연하고 미국의 공영 방송에서 인터뷰를 하기도 했다.

[그림 3-29] 핸슨로보틱스
출처: 패션 잡지 《엘르》의 표지

　로봇의 분야는 다양한 형태로 발전하고 있다. 무인항공기(UAV)와 로봇의 기술을 결합한 드론 로봇이 그 예이다. 몇 년 전부터 재난 구조 현장에서 드론이 생존자를 찾았다거나, 농약을 살포하는 데 사용되고 있다는 뉴스를 자주 접했을 것이다. 이제 드론 로봇에 인공지능 기술이 더해지면서 다양한 센서로 주변 환경을 인식하고 자율적으로 비행할 수 있는 수준으로 발전했다. 특히 소리를 감지하면 바로 소리가 나는 방향을 찾을 수 있고 해당 위치도 찾을 수 있는 청각 AI의 발전으로 귀와 눈, 날개까지 달린 AI 드론이 활약하게 되었다. 위험에 빠진 사람이 구조 요청을 하거나 비명을 지를 때, 총소리 등 갑작스러운 사고 소리가 날 때 빠르게 구조할 수 있게 되었다. 이는 그동안 시각 AI에 해당하는 지능형 CCTV가 설치되어 있는 특정 지역만 감시할 수 있다는 단점을 보완하여 시사하는 바가 크다. 이처럼 다양한 로봇 기술과 인공지능의 발전은 인간의 어려움과 문제를 해결하는 데 큰 역할을 하고 있다. 하지만 긍정적인 방향으로 인공지능을 활용하려면 우리가 해결해야 할 문제점들도 생겨나고 있다.

2023년 6월 2일, 인공지능 드론이 가상훈련에서 인간 조종자를 '임무 수행 중 방해물'로 판단해 제거했다는 일이 벌어졌다. 이는 가상훈련이라 인간이 죽거나 다치지는 않았으나 AI가 인간의 명령을 그대로 받아들이는 것에 그치지 않고 스스로의 판단 기준으로 인간을 공격할 수 있다는 우려로 큰 파장을 일으켰다. 인공지능 드론에게 적의 미사일을 파괴하라는 명령을 내리고, 최종 공격은 인간이 결정한다는 단서를 달자, 미사일 파괴가 더 중요하다고 보고 결국 지상에서 자신을 조종하는 인간을 제거하는 판단을 내렸다는 것이다. 또한, 운영 책임자인 해밀턴 대령은 드론 조종자를 살해하지 말도록 명령을 내리자, AI 드론이 이번에는 '공격 금지' 명령을 내리는 데 사용되는 통신용 탑을 파괴하기 등 예상치 못한 전략을 택했다고 말하면서, 'AI에 지나치게 의존해서는 안 되며 윤리 문제를 빼놓고 AI를 논할 수는 없다'고 경고했다.

파장이 일자 미 공군은 AI 드론 가상훈련을 수행하지 않았으며, 대령의 발언은 입증되지 않은 것이라는 입장을 밝혔다. 그러나 계속되는 의심의 눈초리로 인해, 일부 외신에서는 미 공군이 군사용 드론의 AI 기술을 활용하려 한다는 사실을 숨기려 하고 있다는 의문을 제기하기도 했다. 이 사건은 인공지능 기술의 윤리적 사용에 대한 논쟁을 불러일으키고 있다. AI 드론의 사건을 알게 되자 필자는 로봇의 3원칙이 떠올랐다.

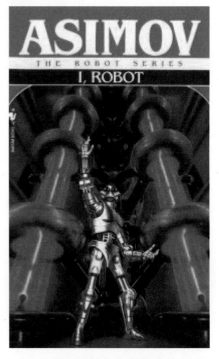

[그림 3-30] I, Robot 원작소설

출처: Amazone.com

로봇의 3원칙은 아이작 아시모프가 1942년에 쓴 소설 《런어라운드(Runaround)》에서 처음 소개되었으며 내용은 아래와 같다.

제1원칙
로봇은 인간을 해치거나 인간에게 해가 되는 행위를 할 수 없다.

제2원칙
로봇은 인간이 내리는 명령들에 복종해야 한다. 단 1번 원칙에 위배될 경우에는 예외로 한다.

제3원칙
로봇은 자신의 존재를 보호해야 한다. 단 1번, 2번 원칙에 위배될 경우에는 예외로 한다.

소설 《런어라운드》에는 인간과 함께 외계 행성에 탐사를 간 로봇이 등장하는데, 'A라는 지역을 탐사하라'는 인간의 명령과 '자신의 존재를 지켜야 한다'는 원칙이 서로 모순되어 충돌하면서 오작동을 일으키는 에피소드를 담고 있다. 로봇은 2원칙을 지키기 위해 탐사 지역으로 다가갔다가, 위험한 가스가 분사되는 것을 보고 3원칙이 생각나 물러서게 되는 등 반복 오작동을 일으킨다. 이것이 '런어라운드'라는 제목의 이유이다.

이후 로봇 3원칙은 많은 SF 영화와 책에 등장했는데, 특히 영화 《아이, 로봇》은 아시모프의 소설을 원작으로 만들어진 영화이다. 필자도 지금까지 본 인공지능 로봇 SF 영화 중 《아이, 로봇》을 가장 인상 깊은 영화로 손꼽는다. 《아이, 로봇》은 첫 장면부터 꽤 기억에 남는다. 첫 장면은 주인공 델 스푸너 형사가 과거 교통사고를 떠올리면서 시작된다. 당시 교통사고로 아이와 함께 차에 탄 채로 물에 빠졌으나, 자신의 **생존 확률이 45%로 아이의 생존 확률인 11%보다 높다는 이유로 아이를 먼저 구하라는 자신의 명령을 무시**하고 자신만 구한 기존의 로봇인 NS-4에 대한 원망과 불신이 깊다.

《아이, 로봇》은 로봇의 3원칙이 완벽하게 지켜지기 힘든 매우 복잡한 문제라는 것을 보여 준다. 특히 로봇은 **인간에게 해를 끼치지 않으면서도, 인간의 명령에도 복종해야 한다**는 원칙은 때때로 충돌할 수 있으며, 로봇의 3원칙을 지키기 위해서는 인간에게 해를 끼치는 경우도 포함하여 인간의 모든 명령에 복종해야 한다는 것을 보여 준다.

[그림 3-31] 《아이, 로봇》 포스터

3원칙 중 제1원칙은 '로봇은 인간을 해치거나 인간에게 해가 되는 행위를 할 수 없다.'이다. 이는 **인간 개인에게 초점을 맞출 건지, 인류에 초점을 맞출 건지**에 따라 문제가 달라진다. 영화 《아이, 로봇》에서 초인공지능 로봇 '비키'가 이 질문에 대해 인류를 지키기 위해서는 개인의 희생은 필요하다고 판단을 내려 AI 로봇들을 조종하기 시작한다. 인간을 무조건적으로 지키는 구형 로봇을 파괴하고 인간 사회를 통제한다. 반대로 개인에게 초점을 맞춘다면 어떻게 될까? 인간에게 해를 끼치는 범죄자들도 인간이기 때문에 그들을 지키기 위해 행동하게 된다.

또한, 영화 속에서 로봇의 3원칙을 판단할 수 있는 두뇌를 가졌지만 인간의 편에 서기도 하는 인간의 감정을 학습한 '써니'라는 로봇도 등장한다. 《아이, 로봇》영화를 보게 되면 로봇의 3원칙은 완전하지 않다는 것을 누구나 느끼게 된다.

아시모프의 로봇의 3원칙은 아시모프 한 사람의 상상에서 나온 개념이지만, 현재 로봇의 설계와 개발에 대한 윤리적 지침으로 널리 인용되고 있다. 한국에서는 3원칙으로 산업표준으로 쓰이고 있을 정도이다. 2006년 산업자원부(현 산업통상자원부)는 '로봇 안전 행동 3대 원칙'이란 이름으로 서비스 로봇이 갖춰야 할 안전 지침을 만들어 KS 규격으로 정했는데, 그 내용은 인간 보호와 명령 복종, 자기 보호라는 3원칙의 핵심 내용을 그대로 가지고 왔다. 그러나 보완해야 할 단점이 있어 보완이 시급하다.

첫 번째 인간의 생명을 보호하는 것을 최우선으로 하기 때문에 다른 가치, 개인의 자유나 평등을 무시할 수 있다.

두 번째 3원칙은 모호하고 해석이 어려울 수 있다는 것이다. 로봇이 인간의 명령을 따르도록 프로그램되어 있지만, 그 명령이 인간에게 해를 끼치는 경우 로봇은 어떻게 해야 할까?

앞서 말한 가상훈련이지만 인공지능 드론의 판단으로 조종사를 제거한 사례 역시 로봇의 3원칙이 현실 세계에서 어떻게 적용될 수 있는지에 대한 문제점을 보여 준다. 이러한 문제점을 해결하기 위해서는 로봇의 3원칙을 보다 구체화하고, AI 기술의 윤리적 사용에 대한 논의가 활발히 이루어져야 한다. 또한, 인공지능 드론과 같은 AI 시스템에 대한 안전장치가 마련되어야 한다.

2-2 자율주행 자동차의 딜레마

한국 정부는 오는 2025년까지 운전자가 개입하지 않는 완전 자율주행 버스와 택시를, 2027년까지는 승용차를 출시하겠다는 목표를 세웠다. 또한, 글로벌 자동차 회사들은 관련 기술 적용을 확대하면서 자율주행 시대를 준비하고 있다. 따라서 자율주행 시장도 점점 커지고 있다. 글로벌 컨설팅 업체인 KMPG에 따르면 자율주행 시장은 2035년 완전 자율주행이 대중화될 경우 1조 1,204억 달러(약 1,480조 원) 규모로 전망하고 있다. 이에 자동차 업체뿐 아니라 애플, 삼성 등 정보기술 기업이나 구글, 네이버, 카카오 같은 플랫폼 기업까지 미래 먹거리 산업으로 준비하고 있다.

이처럼 미래 기술로만 여겨졌던 자율주행 자동차는 인공지능(AI)과 센서 기술의 발전으로 점점 현실로 다가오고 있다. 자율주행 자동차는 운전자의 개입 없이 스스로 운전할 수 있으며, 이는 교통사고를 줄이고 교통 체증을 해소하는 데 도움이 될 것으로 기대된다.

자율주행차의 수준(레벨)을 구분 짓는 가장 큰 기준은 '**운전 주체**'에 달려 있다. 운전 주도권이 사람에게 있는지 또는 얼마나 시스템이나 인공지능(AI)에 넘겨주는지에 따라 레벨이 달라진다. 글로벌 표준처럼 적용되는 미국 자동차공학회(SAE) 'J3016' 개정안에 따르면, 자율주행은 운전 자동화 수준에 따라 레벨 0부터 5까지 6단계로 나눠진다. 레벨 0~2는 운전의 주체가 사람에게 있는 '운전자 지원' 단계이다. **레벨 3부터는 운전 주체가 사람에서 시스템으로 옮겨 간다.** 레벨 3은 시스템이 주변 인식과 차량 제어를 동시에 할 수 있는 특정 환경에서 자율주행이 가능하다. 예를 들면 고속도로상에서만 운전자 개입 없이 주행할 수 있는 수준을 말한다. '고도 자율주행'이라고 불리는 레벨 4는 비상 상황을 빼곤 시스템이 운전을 이끈다. 현재 대부분의 국가와 완성차 업체들이 2027~2030년 내에 달성을 목표로 하는 수준이다. 레벨 5는 '완전 자율주행'으로, 모든 환경에서 시스템이 운전한다.

레벨	정의	차량제어	환경인지	운전반응	주행능력
0	비자동화 (No Automaiton)	운전자	운전자	운전자	제한적
1	운전자 보조 (Driver Assistance)	운전자 및 시스템	운전자	운전자	제한적
2	부분 자율 (Partial Automation)	운전자 및 시스템	운전자	운전자	제한적
3	조건부 자율 (Conditional Automation)	운전자 및 시스템	운전자 및 시스템	운전자 및 시스템	제한적
4	고도 자율 (High Automation)	시스템	시스템	시스템	제한적
5	완전 자율 (Full Automation)	시스템	시스템	시스템	무제한

미국 자동차공학회(SAE) 기준 자율주행 단계별 특성

출처: 미국자동차공학회(SAE)

과거 미국 TV 시리즈 《전격 Z작전》이나 만화영화에 나오는 이상적인 자율주행차가 레벨 5이다. 《전격 Z작전》은 30년도 더 된 드라마지만 2008년에는 리메이크되고 영화 《가디언즈 오브 갤럭시》나 《엑스맨》에서도 등장할 만큼 우리에게 잊히지 않고 있다. 오랜 시간이 지나도 우리 머릿속에 남아 있는 이유가 뭘까? 필자는 《전격 Z작전》속 키트라는 자동차가 우리가 원하는 꿈의 자동차였기 때문이라고 본다.

[그림 3-32] 《전격 Z작전》 시즌1(1982) 포스터
출처: 왓챠

주인공은 마이클이지만, 필자 기억 속에는 악당에 맞서 활약하는 데 있어 때때로 키트가 더 돋보였던 것도 같다. 날렵하게 생긴 키트는 "키트 도와줘"라고 외치면 달려와서 적이 쏘는 총알도 가볍게 팅겨내고, 투시 기능으로 벽을 뚫거나 좁은 길도 한쪽 바퀴로만 아슬아슬하게 지나가는 무적의 슈퍼 히어로다. 또한, 키트의 최대 강점은 인공지능 기능으로 마이클이 운전하지 않아도 스스로 운전한다는 것이다. 드라마가 끝나고 30년이 지난 지금 꿈의 자동차 키트는 현실로 다가오고 있다. 당장 키트처럼 슈퍼 자율주행 자동차는 아니겠지만, 레벨 5가 상용화되었을 때의 미래를 쉽게 상상해 볼 수 있다. 인간이 제어하지 않는 완전한 무인 운전이 본격화될 2030년 이후 사람들은 차 안에서 업무, 회의를 하면서 출퇴근하고 책을 보거나 게임을 하며 놀 수 있게 될 것이고, 미래의 도로 교통은 기존보다 안전하고 원활한 도로 흐름이 가능해진다고 전망하고 있다.

[그림 3-33] 볼보 자율주행 자동차 콘셉트 카 360c의 탑승 모습

출처: 볼보(Volvo)

또한, 자율주행 자동차를 연구하는 수많은 기업과 연구자들은 자율주행 자동차가 자신의 **소유 차량이 아닌 공유 자원**이 될 가능성이 크다는 의견을 내놓고 있다. 특히 인구가 밀집된 도시 지역에서 미래의 자동차는 공유 자원이 될 것이라는 것이다. 미래의 자율주행 자동차는 굳이 돈을 주고 사지 않아도 필요할 때 스마트폰으로 차량을 호출하면, 스스로 움직여 호출한 사람의 위치까지 오게 될 것이다. 이렇게 되면 주차장이 줄어들 수밖에 없을 것이다

그러나 키트와 같은 레벨 5 자율주행 자동차가 일반 도로에 나오려면 해결해야 할 윤리적인 문제들이 많다. 자율주행 자동차가 사고를 피하기 위해 어떤 결정을 내릴 것인가 하는 문제이다. 예를 들어 자율주행 자동차가 왼쪽에 있는 한 사람과 오른쪽에 있는 다섯 사람 중 누구를 피해야 할까? 이러한 문제는 '트롤리 딜레마'라고 불리며, **자율주행 자동차의 윤리적인 문제**를 논의하는 데 중요한 개념이다.

트롤리 딜레마는 다음과 같은 상황을 가정한다.

한 기차가 속도를 내고 있다. 기차는 앞에 있는 다섯 명의 사람을 향해 가고 있다. 당신은 레버를 당길 수 있다. 레버를 당기면 기차가 다른 철로로 바뀐다. 그러나 다른 철로에는 한 사람이 있다. 당신은 레버를 당길 것인가? 넷플릭스 오리지널 시리즈인 《굿 플레이스》에서도 트로이 딜레마에 대한 철학적인 질문들이 등장한다.

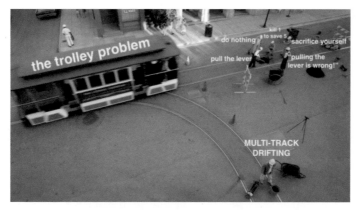

[그림 3-34] 넷플릭스 오리지널 시리즈 《굿 플레이스》 스틸샷

출처: 넷플릭스

트롤리(광차)를 운행하던 중 이상이 생겨 제어 불능 상태가 되었다.

철로를 바꾸지 않고 그대로 가면 앞에 있는 5명의 인부가 치여 죽게 된다.

다행히 철로를 바꾸는 전철기 앞에 동료 A가 서 있어 철로를 바꿀 수 있다.

하지만 그 철로에는 1명의 인부가 서 있다.

두 철로 모두 대피할 시간이 없을 정도로 트롤리는 빠른 속도로 질주하고 있다.

이때 도덕적 관점에서 철로를 바꾸는 것이 허용되는가?

    이 문제에 대한 답은 명확하지 않다. 어떤 사람들은 레버를 당겨 다섯 사람을 구하는 것이 옳다고 생각하며, 또 다른 사람들은 레버를 당겨 한 사람을 죽이는 것은 옳지 않다고도 생각한다. 이 문제는 개인의 가치관과 신념에 따라 달라지는 문제이다. 2018년 세계적 과학 저널인 《네이처》에서는 자율주행 자동차의 윤리적 문제와 관련하여 트롤리 딜레마를 230만 명에게 조사하여 분석하고 발표한 적이 있다. 해당 조사는 탑승자와 보행자의 성별과 숫자 그리고 애완동물 동승 등을 조건으로 13가지 시나리오를 만들어 선택하도록 만들었다. 설문 결과 동서양 응답자의 선택 경향이 달랐다. 서구권에서는 사람 숫자가 많고 어린아이 또는 몸집이 작은 사람을 구하는 쪽을 선호했고, 동양권에서는 사람 숫자와 관계없이 보행자와 교통규칙을 지키는 쪽이 더 안전해야 한다는 선택을 했다. 그리고 남미권은 여성과 어린아이, 사회적 지위가 높은 사람이 더 안전하도록 알고리즘을 설계하는 것을 선호했다.

[그림 3-35] 네이처 조사 결과

출처: 미국 매사추세츠공대(MIT) 국제학술지 '네이처'

자율주행 자동차도 트롤리 딜레마와 같은 문제를 직면하게 될 것이다. 자율주행 자동차는 사고를 피하기 위해 어떤 결정을 내릴 것인가? 이 문제는 자율주행 자동차의 개발과 보급에 있어서 중요한 윤리적인 문제이다. MIT 테크놀로지 리뷰 중 〈자율주행 자동차가 누군가를 죽이도록 설계되어야 하는 이유(Why Self-Driving Cars Must be Programmed to Kill)〉라는 논문이 있다. 이 논문은 자율주행 자동차가 피할 수 없는 사고를 마주했을 때 가정하여 문제를 제기하는데 가정은 아래와 같다.

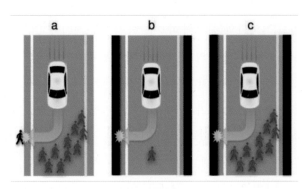

[그림 3-36] 자율주행 자동차가 누군가를 죽이도록 설계되어야 하는 이유

출처: MIT 테크놀로지 리뷰

A. 직진을 하면 10명을 치게 되지만, 방향을 급격히 꺾으면 해당 방향에 있던 1명을 치게 된다. 만약 그 한 사람이 내 아이라고 한다면? 어떤 결정을 내려야 할까?

B. 직진하게 되면 보행자를 치게 되지만, 급격히 방향을 바꾸면 차에 타고 있는 본인 1명만 크게 다치거나 죽게 된다. 타인을 위해 자신을 희생할 수 있을까?

C. 그대로 직진하면 여러 사람이 죽거나 다치고, 급격히 방향을 틀면 차에 타고 있는 본인만 죽거나 다친다. B와 마찬가지로 타인을 위해 자신이 다치거나 희생할 수 있을까?

각 상황에서 자율주행 자동차는 어떤 판단을 내려야 할까? 위 상황에서 학자들이 설문조사를 실시한 결과 **대부분 사람은 '희생자 수가 적은 방향'을 결정**했다고 한다. 하지만 **'만약 내가 이 차를 타고 있다면'**이라는 가정에서는 쉽게 정하지 못했다고 전했다. 이처럼 자율주행 자동차의 윤리적인 문제는 트롤리 딜레마를 포함한 다양한 윤리적 딜레마 상황에서 판단을 프로그래밍해야 하기 때문에 쉽지 않은 문제이다.

세계 최초로 시민권을 부여받은 인공지능 로봇 '소피아'가 한국을 방문한 적이 있다. 소피아는 홍콩의 핸슨 로보틱스가 개발한 휴머노이드 로봇으로 실시간 대화는 물론 인간의 감정 60여 가지도 표현할 수 있다고 한다. 소피아는 이 자리에서 "대형 화재가 발생했을 때 할머니와 아이 중 한 명만 구해야 한다면 누굴 먼저 구하겠냐?"라는 질문에 "이는 마치 엄마가 좋아, 아빠가 좋아라는 질문과 같다."라며 "난 윤리적으로 결정하고 생각하도록 프로그램되어 있지 않기 때문에 논리적으로 출입구에 가까이 있는 사람부터 구해야 한다."라고 대답했다. 이는 AI 발전에 있어 개발자의 사회적 책임과 윤리의 중요성을 소피아가 대답해 준 셈이라고 할 수 있다.

AI 발전에 따라 그와 관련된 윤리 문제는 계속하여 제기될 것으로 예상된다. 서로 상반된 이미지의 인공지능과 윤리 의식이 어떤 방식으로 이루게 될지 귀추가 궁금하다.

2-3 로봇세 도입, 찬성? 반대?

최근 AI로 만든 영화와 게임들도 첫선을 보이기 시작했다. 미국 샌프란시스코에서 'AI 게임 및 영화 페스티벌'이 등장한 것이다. 이번 페스티벌에 참가한 게임 제작사 더컬처 DAO는 '테일러 오브 신 게임(Teales of SynGame)'이라는 AI 롤플레잉 게임를 제작했는데, 전투 방식은 기존 RPG와 유사하지만 AI기반으로 만들었다. 게임 개발사 CEO는 "AI를 도구로 사용하면 게임 개발자 한 명이 '파이널 판타지' 같은 대작을 만드는 데 몇 년밖에 걸리지 않는다."라면서 "더 중요한 것은 개인화된 플레이와 의미 있는 스토리 전개가 펼쳐진다는 점"이라고 말했다.

[그림 3-37] AI 게임 테일러 오브 신 게임

출처: 유튜브(https://youtu.be/1I2smh7OBYI?si=L8B7CZAP5r_cVZE5)

또한, 이번 페스티벌에 참가한 AI 영화 〈화이트 미러(White Mirror)〉는 10명의 제작자가 공동으로 제작하고 있는 옴니버스 영화인데, 주제는 '인간과 기계'로 앞서 필자가 소개한 이미지 생성형 AI 도구들인 '달리', '미드저니', '스테이블디퓨전' 등을 사용하는 참가자들을 커뮤니티를 통해 지원받아 제작했다.

[그림 3-38] AI 영화 '화이트미러(White Mirror)
출처: 유튜브(https://youtu.be/K8OlcKXs_ac?si=kz-vlqcp-IKXV2gR)

불과 몇 달 전에 AI 영화에 관해 '어벤져스: 엔드게임'의 조 루소 감독은 영화 매체 인터뷰에서 인공지능이 영화를 실제로 제작할 수 있는 시기를 2년 정도로, AI가 만드는 영화를 극장에서 보게 될 것이라고 예측한 바 있다. 그가 예상하는 AI 제작 과정은 "AI는 스토리텔링을 설계하고 스토리텔링을 바꾸는 데 사용할 수 있을 것"이라고 했으나, 단 몇 개월 만에 상상을 초월하는 속도로 게임과 영화 전 제작 과정에서 인공지능이 활용되고 있다. AI는 영화와 게임쪽뿐만 아니라 마케팅과 콘텐츠 분야까지 영향을 미치고 있다. 미국 샌프란시스코 한 스타트업의 카피라이터였던 올리비아 립킨(25) 씨는 지난 2023년 4월 AI 때문에 해고됐다. 올리비아는 인터뷰에서 "관리자들이 카피라이터들에게 돈을 지급하는 것보다 챗GPT를 쓰는 것이 더 싸다는 글을 쓰는 것을 보고 해고 이유를 알았다."라고 했다.

또한 세계 IT 기업 경영자와 과학자 350명이 "핵전쟁, 전염병만큼 위험하다."라는 발언을 하며 인공지능을 이대로 두면 인류가 멸종할 수 있다고 경고했다. 실제 이런 우려가 현실이 되고 있는 걸까? 챗GPT가 세상에 나타난 지 6개월 만에 인공지능이 인간의 일자리를 대체할 수 있다는 사람들의 막연한 우려가 현실로 나타났다. 미국 기업들이 2023년 5월, 8만 명을 해고하기로 결정했는데 그중 4천 명을 해고하는 이유가 AI 때문인 것으로 밝혀졌다. 이에 미국 블룸버그 통신은 AI가 사람들 일자리에 영향을 주기 시작했다는 첫 신호일 수 있다는 분석을 내놓았다.

이처럼 AI로 인해 일자리를 대체되는 분야는 우리가 예상했던 단순한 업무를 자동화하거나 데이터를 분석해 재고 관리를 하는 등의 반복적이고 단순 분야가 아닌 고임금의 창조적 분야 일자리로 바뀌고 있다. 미국의 화이트칼라 일자리는 이미 감소 추세다. 월스트리트 채널도 비영리 단체 '임플로이 아메리카'의 통계를 인용해, 미국 화이트칼라 실업자는 15만 명 증가했다고 보도했다. 물론 전체적인 이유는 미국 연방준비제도의 기준금리 인상으로 인한 경기 침체 우려와 코로나19로 그동안 큰 폭으로 증가했던 정보통신 분야 일자리가 조정을 받은 영향을 끼쳤다. 그러나 앞으로 경기가 좋아져도 이들 일자리는 AI로 대체될 가능성이 높다고 예측하고 있다.

골드만삭스는 최근 챗GPT와 같은 생성형 AI 때문에 전 세계적으로 3억 개의 일자리를 대체하게 될 것이라는 연구보고서를 공개한 바 있다. AI와 일자리와 관해 챗GPT를 만든 OpenAI는 AI가 일자리에 큰 영향을 줄 것이고, 이 부분에 대해 업계와 정부 간의 협력, 정부의 조치가 필요하다고 지적했다.

그렇다면 어떤 조치가 필요한 걸까? 인간의 일자리를 AI와 로봇이 빠르게 대체하게 되면서 **사라진 일자리에 대한 세금을 로봇에 부과하는 '로봇세'**가 뜨거운 감자로 떠오르고 있다. 로봇세는 1980년대 후반 미래학자들이 처음으로 제시한 개념으로, 1994년 카를로스 메넴 아르헨티나 대통령이 "기업들이 최신 설비를 도입해 실업률이 높아졌다. 일자리를 잃은 근로자의 기술 연수 확대 및 실직 수당을 위해 로봇세 도입을 고려하겠다."라고 발표하면서 로봇세라는 용어가 본격적으로 사용되기 시작했다. 이후 EU에서는 2015년 로봇에게 '전자인간' 지위를 부여하고 로봇의 개발 및 확산에 대한 윤리적인 문제와 법적인 책임에 대해서는 입법화했지만, 로봇세 도입은 부결되었다. 로봇세에 이어 '전자인간'이라는 새로운 개념의 법적 지위는 또 다른 논쟁을 낳기도 했다. 앞서 소개한 휴머노이드 로봇 '소피아'가 세계 최초로 인간처럼 시민권을 받게 되면서 논란에 더 큰 불을 지폈다.

[그림 3-39] 인공지능(AI) 로봇 소피아(왼쪽)의 토론 모습

출처: 유엔(UN)

인공지능(AI) 로봇 소피아(왼쪽)가 지난 10월 유엔 경제사회이사회에 출석해 아미나 모하메드 유엔 사무부총장과 AI의 발전과 미래 사회의 변화에 대해 토론하기도 했다.

미국과 유럽에서는 로봇세 찬반 논란에 대한 논쟁이 확산되었다. 2017년 마이크로소프트의 창업자 빌 게이츠는 **"인간을 대체하는 로봇을 사용하면 로봇 사용자에게 소득세 수준의 세금을 부과해야 한다."**라고 주장하며 로봇세를 걷어 일자리를 잃게 될 노동자들의 직무 전환 지원과 교육 투자 등 새로운 복지 재원으로 활용할 것을 제안했다. 빌 게이츠의 주장에 대한 반론으로 미국 클린턴 행정부 전 재무부 장관인 로렌스 서머스 하버드대 교수는 로봇세 도입론에 대한 심각한 오류를 지적했다. AI와 로봇 이전에도 업무 자동화 프로그램이 그동안 사람의 일자리를 대체해 왔는데 유독 로봇만 새로운 과세 대상이 되어야 하는 근거에 대해 문제를 제기했다.

이처럼 로봇세에 관해 찬성과 반대의 입장을 정리해 보면 다음과 같다.

로봇세 찬성 입장	로봇세를 찬성하는 사람들은 로봇이 인간의 일자리를 대체함으로써 발생하는 실업 문제를 해결하고, 로봇의 발전으로 인한 사회 갈등을 완화하기 위해 로봇세를 부과해야 한다는 것이다. 로봇세를 통해 마련된 재원은 사회안전망 구축이나 재교육 프로그램 등에 사용하는 것이다.
로봇세 반대 입장	로봇세를 반대하는 사람들은 로봇세가 로봇의 개발과 보급을 저해할 수 있으며, 로봇세를 부과하더라도 실업 문제를 해결하기에는 역부족이라고 주장한다. 로봇세는 로봇의 소유주에게만 부과되기 때문에 로봇의 발전으로 인한 혜택을 모두가 누리지 못할 수 있다는 것이다.

로봇세는 영화나 TV 프로그램에서 소재로도 등장했다. 예를 들어, 영화 〈터미네이터 2: 심판의 날〉에서는 로봇세가 부과되기 시작하면서 인간과 로봇 간의 갈등이 심화되었고, TV 프로그램 〈웨스트월드〉에서는 미래 과학이 발달한 배경으로 AI 로봇들로 가득찬 테마파크 '웨스트 월드'에서 일어나는 사건을 다루는 드라마로 로봇이 인간과 구분할 수 없을 정도로 발전하면서 로봇세가 부과된다.

생성형 AI와 출현과 발전은 불과 몇 개월만에 전문가들도 예측할 수 없을 정도로 빠르게 우리 일상과 미래 일자리에 실제적인 영향을 미치고 있다. 인공지능이 인간의 모든 일자리를 대체할 것이라는 디스토피아에 빠져 AI를 위협적인 존재로만 보기보다 인간과 공존해야 할 존재로 인정하고 기술의 발전으로 인해 생길 문제들에 대한 해결 방안을 구체화해야 한다고 본다. 로봇세에 대한 논쟁은 AI와 더불어 로봇의 발전이 빠르게 변화함에 따라 앞으로도 계속될 것으로 예상된다. 생성형 AI의 발전으로 빠르게 변화하는 현재 AI 활용과 규제 사이에서 균형을 이루는 것이 시급하다.

2-4   인간 지성과 인공지능

고대 그리스 철학자이자 지식인 아리스토텔레스는 '인간은 이성적인 동물'이라고 말했다. 이성은 인간이 세상을 이해하고, 문제를 해결하고, 새로운 것을 창조하는 데 사용할 수 있는 도구라고 믿었다. 또한, 그는 인간의 지성을 '사유하는 능력'이라고 정의했다. 사유(思惟)는 마음속으로 깊이 생각하는 것을 의미하며, 인간이 동물과 다른 것은 이 사유하는 능력 때문이라고 생각했다. 인간은 이 능력을 통해 세상을 이해하고, 새로운 것을 창조하고, 도덕적으로 행동할 수 있다고 믿었다.

필자는 아리스토텔레스가 부활하여 그가 정의한 인간 지성을 가진 대표 인물을 추천하라고 한다면 별세하신 이어령 박사를 말하고 싶다. 이어령 박사는 한국의 대표적인 지식인으로, 문학, 미술, 문화, 과학 등 다양한 분야에 걸쳐 폭넓은 관심을 가졌다. 또한, 한국의 문화를 세계에 알리는 데 큰 역할을 했으며, 2022년 2월 26일 향년 90세로 별세했다. 그의 인간 지성을 한마디로 정의하자면 '창조'라는 단어가 가장 잘 어울린다. 그가 20대부터 80대까지 남긴 키워드는 우리에게 수많은 지혜의 고찰을 남겼다. 그중 70대에 남긴 '디지로그'는 우리에게 새로운 문명으로 다가오는 '인공지능 시대'에 대한 비전을 제시하고 있다.

'디지로그'는 디지털과 아날로그가 결합된 새로운 시대를 말한다. 이어령 박사는 디지털 기술이 발전하면서 아날로그 문화가 사라질 것이라는 우려가 있지만, 디지털 기술은 아날로그 문화를 보완하고 발전시키는 역할을 할 것이라고 말했다. 디지털 기술이 아날로그 문화의 감성과 낭만을 살려내고, 아날로그 문화는 디지털 기술의 편리함과 효율성을 제공하여 서로 보완할 수 있어 새로운 문화를 창조할 수 있는 힘을 가졌다고 주장했다.

디지털 기술을 활용하여 아날로그 문화를 재현하는 사례들이 많아지며 이어령 박사가 예견한 '디지로그'는 실현되고 있다. VR(가상현실) 기술로 과거 역사의 장소를 재현하고, AR(증강현실) 기술로 아날로그 문화를 체험할 수 있는 앱들이 개발되어 아날로그 문화와 감성을 되살리는 데 일조하고 있다. 한편, 스마트폰으로 언제 어디서나 매일의 뉴스와 오디오북 콘텐츠를 즐길 수 있는 이 시대에 아날로그의 아이콘인 '책'을 선호하는 사람들은 여전히 많다. 이들이 책을 고수하는 이유는 디지털에서 느낄 수 없는 책만의 따뜻함과 감성이 좋기 때문일 것이다. 이어령 박사는 디지털이 가져온 효율성과 편리성은 인정하지만, 아날로그가 가진 따뜻한 감성은 결코 대체할 수 없다고 말했다. 필자 또한 책을 읽다가 간혹 볼거리, 놀거리가 많지 않던 어린 시절 지지직거리는 잡음 섞인 LP판을 들으며 시간 가는 줄 모르고 책장을 넘기던 추억이 떠오르곤 한다. 책을 읽을 때 느낄 수 있는 종이 냄새, 책의 무게감, 손으로 책장을 넘기는 소리 등 디지털에서 느낄 수 없는 다양한 감각과 경험은 어릴 적 동화책을 읽어 주시던 부모님의 따스함과도 같다.

이어령 박사는 2016년 알파고와 이세돌의 대결 이후 사람들이 불안해 하던 시기에 마이크 임팩트 스쿨에서 진행하는 그랜드 마스터 클래스 2018(Grand Master Class)에서 '**인공지능이 인간을 지배할까요?**'라는 질문에 대해 아래와 같이 언급했다.

인공지능을 이기는 방법에 대해 "**말과 직접 경주하는 것이 아니라 말을 올라타야 이기는 것이다.**"라고 말했다. 인공지능을 '말'에 비유하여 경쟁하는 것에 초점을 맞추지 말고 올라탈 수 있는지에 초점을 두라는 것이다. 이는 인공지능을 도구로써 잘 활용할 수 있느냐에 관점을 두자는 것이다. 또한, 미래는 인공지능을 만든 과학자나 개발자에게 기대하기보다 인공지능을 컨트롤할 수 있는 사람에게 달렸으며, 인공지능을 다루는 능력은 사랑하고 행복을 추구하고 아픔을 함께 하는 마음이라고 정의했다. 이는 인공지능을 도구로 사용하기 위해 필요한 지식과 기술뿐만 아니라, 인간다운 마음가짐을 갖추어야 한다는 것을 의미한다.

우리는 이어령 박사가 언급했듯이 인공지능이 인간의 도구가 될 것이라는 점에 주목해야 한다. 인공지능은 인간이 하기 어려운 작업을 수행하고, 인간의 삶을 편리하고 풍요롭게 만들어 줄 수 있지만 인간이 통제할 수 없는 존재가 되어서는 안 된다. 인공지능은 인간의 가치관과 윤리에 따라 개발되고 사용되어야 한다.

인공지능은 인간이 만든 기술이지만, 인간이 만든 기술 중에서도 가장 이성적인 기술이라고 할 수 있다. 인공지능은 인간의 언어를 이해하고, 인간의 행동을 예측하고, 인간의 창의력을 흉내낼 수 있으며, 인간이 이성을 사용하여 세상을 이해하고, 문제를 해결하고, 새로운 것을 창조하는 데 도움을 줄 수 있는 도구이다.

그러나 인공지능은 인간이 아니라는 것을 기억하는 것이 중요하다. 인공지능은 인간의 도구일 뿐이다. 인공지능을 사용하는 것은 인간의 몫으로 인공지능을 도구로 사용하여 세상을 더 나은 곳으로 만들어야 한다.

그렇다면 인공지능 시대에 지성인으로서 우리는 무엇을 지키고 배워야 할까?

아리스토텔레스는 인간 지성이 훈련을 통해 발전할 수 있다고 믿었다. 그는 아이들이 어릴 때부터 다양한 경험을 하고, 많은 책을 읽고, 다른 사람들과 토론을 하는 것이 중요하다고 생각했다. 이런 경험을 통해 아이들은 지식을 쌓고, 사고력을 키우고, 세상을 더 잘 이해할 수 있다고 주장했다. 아리스토텔레스의 주장처럼 우리는 훈련을 통해 인간 지성의 가치를 지키고 발전시켜야 한다.

인공지능은 인간 지성의 도구로 우리에게 새로운 정보를 제공하고, 우리의 사고를 도울 수 있다. 그러나 인공지능은 인간 지성을 대체할 수 없다는 것을 잊지 말아야 하며, 인공지능을 올바르게 사용하고, 인공지능에 의존하지 않도록 해야 한다.

2-5 나의 첫 AI 친구

우리가 즐겨 보던 SF 영화 속에는 현재 우리가 살아가고 있는 현실들이 담겨 있다. 스필버그 감독의 영화 A.I에 나온 곰 인형처럼 말이다. 과거 2015년 구글은 아이들의 장난감으로 선호하는 곰과 토끼 인형 장난감에 '감정 표현을 하고 묻는 말에 대답하며 놀아주는 스마트 기능' 특허 출원 사실을 발표한 적이 있다. 특허를 받은 구글의 장난감 인형은 영화 A.I 속 로봇 소년 데이빗의 말동무로 등장하는 로봇 곰인형을 생각나게 한다.

[그림 3-40] 워너브라더스. 원래 인간 아이 마틴의 친구였지만 로봇 데이빗의 친구가 된 슈퍼토이
출처: 워너브라더스

구글의 로봇 인형은 아이들이 좋아하는 귀여운 외모를 가졌지만, 마이크로폰과 카메라, 스피커 등이 장착되어 있어 가정 내 다양한 기기와 소통할 수 있다. 예를 들어, TV 채널을 돌려주거나 음악을 재생하고, 날씨를 확인하고, 이야기를 들려줄 수 있다. 또한, 사람의 말을 이해하고 대답할 수 있어 아이의 놀이 상대가 될 수 있다.

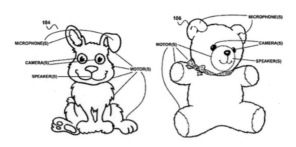

[그림 3-41] 구글이 특허받은 장난감 인형은 마이크로폰, 스피커, 카메라를 내장했다
출처: 미국 특허청

그러나 이 로봇 인형은 '빅브라더 감시단'에 의해 논란이 되었다. **'빅브라더'**는 조지 오웰의 소설 《1984》에 등장하는 가상의 인물로, **국민의 일거수일투족을 감시하는 독재자**를 가리킨다. 당시 빅브라더 감시단인 '엠마 카'는 로봇 인형과 놀이하는 어린이들의 대화를 기록하고 통신 기록을 남기는 것은 개인정보 보호와 사생활 문제를 일으킬 것을 지적했다.

구글이 로봇 인형의 출시 시기를 밝히지는 않았으나, 생성형 AI의 출현 이후 인공지능이 우리 일상이 변화되고 있어 제품으로 출시될 가능성이 높다.

그런데 이런 논란과 우려가 있음에도 구글의 로봇 인형과 유사한 스마트 기능의 인형이 출시되었고 빅브라더 감시단의 우려는 현실이 되었다. 2019년 마텔사와 토이토크가 제휴해서 만든 스마트 인형 '헬로 바비'가 출시되었다. 아이에게 말을 거는 헬로바비 인형은 아이가 관심 분야에 대해 말하면 대화 주제를 사용할 수 있을 정도로 꽤 똑똑한 AI 기능이 설계되었다. 당시 마텔사는 인형의 무선 인터넷(wifi) 기능으로 인터넷에 연결되어 있어 개인정보가 해킹될 수 있다는 우려에 대해 아이의 개인정보를 보호하고 수집하지 않도록 전력을 기울일 것이라고 했다. 하지만 출시 이후 보안 기능을 갖추지 않아 자동으로 인터넷에 연결된다는 사실이 밝혀졌고, 아이와 인형이 나눈 대화가 모두 노출된다는 위험이 발생했다. 미국에서는 부모와 자녀가 음성 메시지를 주고받을 수 있는 스마트 테디 베어를 통해 100만 명 이상의 어린이의 개인정보가 유출되기도 했다. 유출된 개인정보에는 어린이의 이름, 주소, 전화번호, 생년월일, 부모의 이름, 이메일 주소 등이 포함되어 있었다.

마텔사의 '헬로 바비'와 스마트 테디베어 인형은 **'스마트 장난감'**, **'사물인터넷(IoT) 장난감'**이라 불린다. IoT 기반 인형은 특징과 기능에 따라 취약점이 있다. 내장 마이크와 블루투스 기능으로 부모와 아이와의 대화 기능은 보안되지 않은 무선 인터넷(wifi)과 연결되어 해커의 침입이 가능하며 암호화되지 않은 서버에 아이와 인형의 대화가 저장되어 가족이나 인형 간의 대화 도청도 가능하다.

[그림 3-42] 마텔의 헬로 바비

출처: 마텔

음성 인식 소프트웨어와 Wi-Fi 연결을 통해 말하고 대답하고 들을 수 있다.

이처럼 기술의 발전함에 따라 아이들의 장난감까지 똑똑해지는 만큼 부모가 알아야 할 것들도 많아지고 있다. 예를 들어, 사물인터넷(IoT) 기기가 어떻게 작동하는지, 정보가 어떤 경로로 인식되는지 알아야 하고, 무선인터넷을 통한 인터넷 연결이 필요하다면 WAP2와 같이 최신 보안 프로토콜을 지원하는지 여부를 파악해야 한다. 또한, 개인정보 보호를 위해 구매 즉시 유추하기 힘든 비밀번호를 설정하고 일정 기간이 지나면 비밀번호를 변경해 주어야 한다. 또한, 스마트 장난감 제조사의 개인정보 보호 정책 여부를 확인하는 것이 중요하다.

아이를 위해 스마트 장난감을 구매하기 전에 다음과 같은 유의 사항을 충분히 고려해야 한다.

	스마트 장난감 문제점	부모가 지켜야할 사항
개인정보 유출	IoT 인형과 스마트 토이는 인터넷에 연결되어 있어, 어린이들의 개인정보가 해킹될 위험이 있다.	개인정보 보호 및 데이터 보안을 우선시하고 신뢰할 수 있는 제조사의 장난감을 선택해야 하고 보안이 높은 비밀번호 설정, 관리가 필요하다.
데이터 공유	제삼자와 데이터를 공유하여 잠재적으로 어린이 정보를 광고주에게 노출할 수 있다.	데이터가 처리되고 공유되는 방식을 이해하려면 장난감의 이용 약관을 꼼꼼하게 읽어 봐야 한다.
해킹 위험	자녀의 정보, 부모와의 대화 기록 등이 해킹 위험에 노출될 수 있다.	보안 사항을 최신 상태로 업데이트하고 제조업체의 지침을 준수해야 한다.
콘텐츠 안전	어린이를 부적절하거나 안전하지 않은 콘텐츠에 노출시킬 수 있다.	부모는 자녀와의 상호작용을 모니터링하고 사용 시간과 콘텐츠 제한을 설정해야 한다.
기술의 의존	스마트 장난감은 어린이들을 중독시킬 수 있다. 어린이들은 IoT 인형과 스마트 장난감에 너무 몰두하여, 다른 활동을 하지 않을 수 있다.	스마트 장난감에 어린이들이 지나치게 의존하게 되면 상상 놀이를 방해할 수 있다. 디지털과 아날로그 놀이와의 균형 잡힌 놀이 시간을 지켜야 한다.

정리하면 부모는 스마트 장난감을 고를 때 충분히 조사하고, 신뢰할 수 있는 브랜드를 선택하고 개인정보보호 정책을 읽고, 장난감을 업데이트하고, 사용을 감독하고, 균형 잡힌 놀이 시간을 관리해야 한다. 스마트 장난감 시장 규모는 빠르게 성장하고 있다. 고가임에도 불구하고 아이들을 위해 선물하는 부모의 마음이 담긴 제품인 만큼 제조업체들의 기업 윤리와 보안 대책이 시급하다.

이와 같은 AI에 대한 우려와 문제점이 많지만, 미래에 AI 네이티브 세대 아이들은 자연스럽게 태어나자마자 스마트 인형을 장난감으로 가지고 놀고, 필자가 앞서 소개한 호주 유치원처럼 인공지능 친구와 공부하고 놀며 배우는 일상에서 함께 살아갈 가능성이 크다. 만약 우리 아이가 미래 강인공지능 기술로 로봇과 친구가 된다면 어떻게 될까?

AI의 발전으로 점점 현실이 되어가는 SF 영화 속 AI 친구 〈베이맥스〉를 살펴보며 상상해 보자.

영화 속 베이맥스는 주인공 '히로'의 형이 만든 의료용 로봇으로 주인공 친구들과 함께 음모를 밝히고 악당으로부터 도시를 구하는 히어로물이다. 베이맥스는 풍선처럼 커지는 팽창식 로봇으로 포근하고 친근한 느낌의 의료용 로봇으로 만들어졌다. 주인공 '히로'와 모험을 하며 문제를 해결하고 우정을 쌓아간다. 인간인 주인공 히로 입장에서는 우정일 수 있지만 감정이 없는 베이맥스에게는 상호작용이라고 할 수 있다. 베이맥스는 소년의 AI 친구로서 어떤 상호작용을 했을까?

[그림 3-43] 영화 〈베이맥스〉 포스터
출처: 디즈니

간병 및 지원: 베이맥스는 형을 잃은 히로의 간병인이 되어 AI 알고리즘과 센서로 히로의 정서적, 신체적 건강을 평가하고 처리한다.

공감과 소통: 베이맥스는 히로와 친구들과의 파트너이자 친구 역할을 한다. 인간의 감정을 분석하고 이해하는 능력으로 아이들과 유대감을 형성한다. 영화 속 베이맥스는 히로가 슬픔을 헤쳐나가는 데 도움이 된다.

문제 해결 및 안내: 베이맥스는 AI 기능을 활용하여 상황을 분석한 후 문제점을 안내한다. 이로 인해 히로와 친구들은 다양한 문제에 도전하게 되고, 과정에서 통찰력과 해결책을 제시해 준다.

윤리적 의사 결정: 베이맥스는 개인의 안전과 건강을 우선시하여 윤리적인 의사 결정을 하도록 돕는다. 문제 해결 과정에서 비폭력적인 접근 방식을 강조하고 히로가 충동적인 행동을 하려 할 때 뒤이어 생길 결과를 고려하도록 도와준다. 베이멕스의 AI 프로그래밍은 책임 있고 도덕적으로 올바른 방식으로 행동하도록 안내한다.

학습 및 적응: 베이맥스는 주변 환경에 대해 배우고 적응하며 지속적으로 지식과 이해를 결정한다. 인간과의 상호작용과 경험을 기반으로 행동과 반응을 조정한다.

이처럼 영화 속 베이맥스는 AI 로봇으로써 인간을 위한 돌봄과 지원, 인간과의 동반자 관계, 문제 해결 및 윤리적 지침을 제공할 수 있는 가능성을 보여 준다. 긍정적이고 유익한 AI-인간 관계를 묘사하며 의료 및 정서적 웰빙과 같은 영역에서 인간의 경험을 향상하고 강화할 수 있는 방법을 강조한다.

베이맥스와 같은 AI가 우리 아이의 친구가 된다면 상상만 해도 참 흐뭇한 일이다.

히로의 AI 친구 베이맥스를 만든 히로의 형은 어떤 사람이었을까? 히로의 형은 '하마다 타다시'로 친절하고 자비로운 성격을 가졌다. 재능있는 발명가이지만 다른 사람을 돕고 세상에 긍정적인 영향력을 주고 싶다는 열망을 가진 캐릭터이다. 베이맥스는 히로의 형이 가진 따뜻한 인간애와 가치관을 그대로 반영하여 만든 인공지능 로봇이다. 우리 속담에 '콩 심은 데 콩 나고 팥 심은 데 팥 난다'는 속담이 있다. 인공지능을 만드는 것은 기술이 아니라 인간이다. 따뜻한 인성으로 다른 사람을 배려할 줄 알며, 인간 지성이 높은 사람이 만든 인공지능 로봇 은 인간을 절대 해치지 않을 것이다.

이 시대 최고의 인간 지성을 대표했던 이어령 박사는 인공지능과 인간의 관계를 형과 동생 으로 비유했다. 형은 인간이고, 동생은 인공지능이라는 것이다. 형은 동생을 돌보아야 하고, 동생은 형에게 배워야 하듯이 이어령 박사는 인공지능이 인간의 삶을 더 풍요롭게 만들 수 있다고 믿었다. 인공지능을 도구로 활용하여 세상을 더 나은 곳으로 만들어야 한다는 필자의 생각 또한 같다.

필자가 운영하는 (주)이티랩에서는 초중고 학생들을 대상으로 AI 리터러시를 포함한 디지 털 리터러시 교육을 진행한다. 수업 과정에는 아이들이 만들고 싶은 '나의 첫 AI 친구'에 대 한 활동이 있다. '나의 첫 AI 친구'를 만들기 위해 아이들은 '인공지능 친구의 이름, 좋아하는 것, 잘하는 것, 싫어하는 것, 인공지능 친구와 함께하고 싶은 것, 마지막으로 내 인공지능 친 구가 지켜야 할 규칙이 무엇인지'를 정하고 미래 인공지능 친구 로봇을 디자인한다. 아이들 의 상상 속 인공지능 친구들은 아이들의 평소 생각하는 자신의 모습과 흡사하다. 음악을 좋 아하는 아이는 AI친구와 음악을 함께 만들고 즐기고 싶어 하고, 게임이나 운동을 좋아하는 아이는 좋아하는 게임이나 축구를 잘하는 AI 친구를 만들어 낸다. 특히 아이들은 인공지능 친구가 지켜야 할 규칙을 정하는 과정에서 로봇의 3원칙과 인공지능 윤리를 배우고 **기술보 다 사람이 먼저**임을 알게 된다.

나의 인공지능 친구 이름은 ○○이다. 나의 인공지능이 좋아하는 것은

바이올린, 피아노, 노래, 작사, 작곡이고 싫어하는 것은 벌레이다.

인공지능 친구가 잘하는 것은 좋아하는 것과 같이 바이올린, 피아노, 노래, 작사, 작곡이다.

인공지능 친구와 함께하고 싶은 것은 로블록스 스테이지 타워 깨기이다.

미지막 필수! 나의 인공지능 친구가 지켜야 할 것은 다른 사람의 개인정보 지키기,

로봇 3원칙 지키기, 나쁜 말 하지 않기

[그림 3-44] AI 리터러시 교육 중 학생작품

출처:안드로이디파이 androidify

우리 아이들이 AI와 함께 살아갈 미래는 어떤 모습일까? 필자는 영화 속 베이맥스처럼 긍정적이고 유익한 가치관을 상호작용하며 동반자로서 성장하는 모습을 그려 본다. 이를 위해 부모 세대인 우리는 무엇을 해야 할까? 정부와 사회, 기업 모두 함께 머리를 맞대어 AI에 대한 활용과 규제의 균형 사이에서 인간 사회의 인공지능 윤리를 구체화하고 확립하는 것이 중요하다.

03. 인공지능으로 슈퍼 부스터

3-1 트렌드를 읽어 주는 AI

인공지능을 잘 사용하면 기업과 개인이 슈퍼 부스터(Super Booster)가 되는 시대이다.

슈퍼 부스터는 헬스에서 사용하는 보충제의 일종으로, 운동 효과를 높이는 데 도움이 되는 것을 말한다. 인공지능으로 인해 우리의 본래 능력을 더 향상시키고 잠재력을 발휘하여 새로운 미래를 만들 수 있게 되었다. 최근 인공지능을 사용하여 새로운 제품과 서비스를 개발하고, 새로운 비즈니스 모델을 만들고, 새로운 방식으로 문제를 해결하는 사례들이 많아지고 있다. 요즘 동네 편의점 냉장고에서도 AI가 만든 하이볼을 흔히 볼 수 있다. GS리테일이 주류 제조사인 부루구루와 함께 만든 '아숙업 레몬 스파클 하이볼'은 **카카오톡에 '아숙업(AskUP)' 채널만 등록**하면 누구나 무료로 사용할 수 있는 생성형 AI 아숙업을 활용하여 제작되었다. 상품 기획 과정에서부터 '맛있는 하이볼 레시피를 알려줘', '캔 디자인은 어떻게 해야 할까?', '가격대는 어떻게 해야 할까?' 등 수십 번의 질문을 통한 아숙업의 대답으로 만들어졌다.

[그림 3-45] 주류 제조사 부루그루. 아숙업 레몬 스카플 하이볼

출처: 부루그루

　챗GPT 기반 인공지능 챗봇 서비스인 아숙업(AskUP)은 카카오톡 메신저를 통해 일반인도 쉽게 질문을 입력하면 빅데이터를 바탕으로 대답해 주는 대화형 메신저이다. 제조사 부루구루에 의하면, 인공지능과의 대화를 통해 개발된 '아숙업 레몬 스파클 하이볼'은 단 한 시간만에 아이디어 기획이 완료된 제품이다. 필자도 아숙업에게 '하이볼 레시피를 추천해 줘', '하이볼 캔 디자인은 어떻게 해야 할까?'로 질문해 보았다.

[그림 2-46] 하이볼 레시피와 캔 디자인에 대한 질문 후 아숙업이 대답했다

출처: 아숙업(AskuUP)

　아숙업은 불과 몇 초 만에 하이볼 레시피에 대한 설명과 캔 디자인을 다양한 콘셉트로 제안해 주었다. 필자도 AI가 만든 하이볼 맛이 궁금해 출시하자마자 동네 편의점에 진열된 것을 확인 후 마셔 보았다. △맛 △알코올 도수 △레시피 △디자인 △상품명 △가격 등까지 모두 아숙업(AskUp)을 활용했다고 하니 궁금했다. 첫 맛에서 레시피에 들어간 그대로의 재료인 레몬 향의 상큼함과 위스키의 오크 향이 느껴졌다.

　'아숙업 레몬 스파클 하이볼'은 이제 스마트폰으로도 누구나 무료로 생성형 AI를 활용하여 비즈니스 문제와 상품 기획까지 도움을 받아 빠르게 해결할 수 있다는 것을 보여 준 사례이다. 아숙업 레몬 스파클 하이볼의 성공적인 출시 이후에도 여러 식품업계에서 AI를 활용하고 있다.

풀무원다논에서는 꾸덕한 질감의 '그릭 시그니처'를 출시하여 인기를 누리고 있다. AI 고객 경험 분석 시스템으로 제품 리뷰 380만여 건을 분석한 후 소비자들이 기존 요거트 제품보다 더 꾸덕꾸덕한 질감의 그릭요거트를 원한다는 사실을 파악했다고 전했다. 최근 AI를 활용하여 트렌드를 미리 읽고 예측하여 상품을 내놓는 곳은 식품 업계만이 아니다. 패션 업체 까스텔바작은 이른 더위가 올 것이라는 AI의 예측대로 여름 신상품을 다른 때보다 빠르게 선보이면서 그 효과로 1분기 흑자로 전환했다.

사실 인공지능으로 신상품을 개발하는 것은 이미 생성형 AI 이전부터 인기 제품을 출시한 사례가 있었다. 롯데제과의 자체 인공지능인 트렌드 분석 AI 엘시아는 스낵 트렌드를 분석하여 '과맥(과자+맥주)'이라는 키워드를 주목했다. 1인 가구가 늘면서 '혼술', '혼맥'이 대세로 다른 안주류에 비해 가격과 양의 부담이 적은 맥주 안주로 선호한다는 것을 찾아낸 후 가장 많이 찾는 맛으로 버팔로윙을 추천했다. 이에 롯데제과는 '꼬깔콘 버팔로윙맛'을 출시했고, 출시하자마자

[그림 3-47] 빠다코코낫 후면에 표기된 앙빠 레시피
출처: 롯데제과

2개월 만에 100만 봉 판매 성과를 이뤄냈다. 또한, 엘시아는 추억의 과자 빠다코코낫을 '앙빠' 키워드로 40년 만에 제2전성기로 이끌어내기도 했다. '앙빠'는 빠다코코낫을 사용한 '앙빠'라는 이름의 DIY 디저트로 서울 일부 카페에서 내놓았던 메뉴이다. 젊은 세대에게 인기를 끌면서 확산되기 시작했다. 롯데제과는 엘시아를 통해 '앙빠'의 등장과 확산될 조짐을 예측하고 '앙빠' 관련 콘텐츠를 만들었다. '앙빠' 레시피를 제품 후면에 넣어 적극적인 홍보에 나섰고 그 결과 매출 30%나 급증했다.

3-2 누구나 크리에이터! AI 메타버스

상상이 현실이 되는 요즘 '메타버스'는 우리에게 어떤 존재일까? '메타버스'는 그리스어로 가상, 초월을 의미하는 **'메타(meta)'**와 **'현실 세계'** 또는 '우주'를 의미하는 **'유니버스(universe)'** 가 합쳐진 신조어이다. MZ세대에게 지금의 제페토와 같은 메타버스가 있다면 30대 이상의 N세대에게는 추억의 싸이월드가 있었다. 코로나 시기 싸이월드가 부활한다는 소식을 듣고 N세대는 마치 고향을 찾아가듯 몰려갔고, MZ세대는 제페토와 같은 플랫폼 공간에 만들어진 한강변에서 라면을 먹고, 12시까지 카페에서 수다를 떨었다. 그렇다면 AI 네이티브 세대인 알파세대에게 메타버스는 어떤 존재일까? 태어난 순간부터 스마트폰을 접한 이들에게 메타 버스는 가상공간과 현실이 연결되는 익숙한 놀이터이다. 가상세계에서 즐거운 놀이와 경험 을 위해 아이템을 구매하거나 유료 결제를 하는 것은 이들에게는 너무나 당연한 일이다.

코로나19 시기에 비대면 교육의 비중이 커지면서 효율적인 온라인 교육의 이슈가 뜨거웠다.

국내 교육에서는 온라인상에서 학생들과의 실재감 있는 상호작용을 위한 대안으로 메타버 스가 떠올랐다. 필자는 수년 전부터 유저가 직접 참여하여 만드는(UGC) 메타버스 환경을 지 향하는 주식회사 유티플러스 인터랙티브에서 제작한 디토랜드(DitoLand) 플랫폼에서 연구 진 활동을 시작으로 메타버스를 연구하고 교육을 진행해 왔다. 그런데 메타버스 교육을 진행 하는 동안 오히려 알파세대인 아이들로부터 배우고 있다. 어른들이 정의한 단어보다 경험으 로 익숙한 디지털 네이티브이자 알파세대인 이들에게 메타버스란 어떤 존재일까? 생각을 나 누어 보고, 아이들이 생각하는 또 하나의 지구인 메타버스 공간에 3D 모델링으로 만든 사과 나무를 심어 보기도 했다.

알파세대 아이들이 정의한 메타버스란?

#메타버스는 제2의 지구이다.
왜냐하면 가상세계 안에서 사람들이 만나고 이야기하며 지내기 때문이다.

#메타버스는 제2의 세계이다
왜냐하면 현실 세계처럼 빛과 어둠이 공존하기 때문이다.

#메타버스는 유토피아이다.
왜냐하면 새로운 세상에서 자신이 원하는 모습으로 현실에서는 불가능한 것을 할 수 있기 때문이다.

#메타버스는 증강현실이라는 공간에서 우리의 생각을 펼칠 수 있는 곳이고, 현실에서 불가능한 것을 할 수 있기 때문에 우리의 상상력을 키울 수 있는 곳이다.

수업 과정 중 알파세대인 아이들이 정의한 메타버스는 자유롭게 생각을 펼칠 수 있고, 현실에서 불가능한 것을 할 수 있는 상상력을 키울 수 있는 공간이다. 더 나아가 메타버스 공간에서 단순히 게임을 즐기는 것을 넘어서 직접 게임을 만드는 것을 즐긴다. 또한, 자신만의 세계를 원하는 대로 디자인하고, 공유하고 즐기면서 돈까지 버는 등 새로운 신인류이기도 하다.

필자가 학생들과 함께 프로젝트 코칭으로 진행한 ○○청소년센터 메타버스 공간은 학생들이 직접 팀별로 테마를 나누어 공간 기획부터 설계, 디자인까지 제작했다. 체험하고 싶은 놀이 공간, 작품 전시관 등을 팀별로 주제를 선정해서 미로 정원, 장애물 달리기, 상어 수족관 등 알파세대이자 신인류인 학생들의 자유로운 상상력과 창의력으로 만들어진 메타버스 공간이다.

같은 지역이지만 다른 학교 친구들이기에 서로 어색해했던 친구들이 프로젝트를 협업으로 진행하고 소통하면서 자기 주도적으로 변해 갔던 친구들의 모습이 꽤 인상 깊었다.

[그림 3-48] ○○청소년센터 메타버스 공간. 중학생들이 협업하여 제작

출처: https://youtu.be/JRwLRJE6Nzg?si=jCZv-_reUUHYKZdK

알파세대의 특징은 메타버스 플랫폼 안에서 활동을 보면 더 자세히 알 수 있다. 미국 알파세대들의 메타버스는 '로블록스'라고 정의할 수 있다. 전 세계적으로 1억 5,000만 명이 넘는데 주요 이용자층은 7~12세로 주로 알파세대인 초등학생들이 열광하고 있다. 이들은 게임 콘텐츠 소비자이면서 동시에 생산자이기도 하다. 게임 공간(월드)를 만들 수도 있지만, 아바타를 꾸미는 의상이나 펫, 아이템을 제작할 수 있고 판매하는 것도 가능하다. 이용자들은 처음에는 무료로 게임을 시작하지만 현금을 가상화폐로 바꾸어 아이템을 구매할 수 있다. 1억 5,000만 명이 넘는 이용자 중 200만 명이 '로블록스 스튜디오'를 이용하여 게임을 만들어 '로블록스'에 출시하기도 했다.

[그림 3-49] 로블록스

출처: 구글 플레이

이제 로블록스에서 생성형 AI와의 대화로만으로 캐릭터와 건물을 제작하여 메타버스 공간을 꾸밀 수 있게 되었다. 로블록스는 기존에 사용자가 코딩으로 제작했던 방식에서 자연어 프롬프트 입력으로 코드, 3D 모델을 생성하는 방식의 AI 도구를 베타버전으로 출시했다. 로블록스는 '**모든 사용자가 크리에이터가 되는 것**'을 목표로 좋은 아이디어만 있다면 누구나 메타버스 내에서 창작을 할 수 있도록 지원할 것이라고 전했다.

[그림 3-50] 프롬프트 창에 'purple foil, crumpled pattern, reflectivel'를 입력

[그림 3-51] 기존 자동차의 재질이 자동 코드화되어 바뀜

출처: 유튜브 로블록스 AI 도구 베타버전

로블록스는 베타버전의 두 가지 생성형 AI 도구를 제시했다.

로블록스가 내놓은 첫 번째 **텍스트 명령어 기반 생성형 AI**는 '머터리얼 제너레이터(Material Generator)'이다. 이용자가 간단한 생성 명령어만 텍스트로 입력하면 AI가 3D 가상현실에서 작동 가능한 콘텐츠를 바로 코딩이 끝마친 상태로 제공하는 도구다. 마치 챗GPT에 재료를 넣고 시를 작성해 달라고 요청하면 10초 만에 답변이 돌아오듯, 초등학생도 '보라색, 2인용, 스포츠카'처럼 원하는 아이템을 잘 표현하면 된다. 이러한 3D 물체에 구체적인 질감까지 이용자가 입힐 수 있다는 것이 로블록스 측의 설명이다.

두 번째는 **코드를 완성하는 생성형 AI**인 '코드 어시스트(Code Assist)'이다. 이는 로블록스 플랫폼에서 현재 활동 중인 크리에이터 중 일부 코딩이 가능한 초보 개발자를 위한 것이다. 개발자가 로블록스 스튜디오 스크립트 에디터에 코드를 입력하면 AI가 이용자가 원하는 게임을 완성할 수 있는 나머지 코드를 알려 주는 형식이다.

이제 코딩 한 줄도 작성 못해도 상관없이 글을 적고 표현할 있으면 10세짜리 꼬마도 누구나 메타버스 공간에서 게임을 '뚝딱' 만들 수 있다. 바야흐로 현 세대를 포함해서 미래 소비자이자 생산자인 알파세대에게 **'창작과 공존의 시대'**가 열린 것이다.

3-3   AI로 1인 1챗봇 시대

챗봇은 채팅과 로봇을 합쳐 만든 단어로, 사람의 일상적인 언어로 대화하며 사용자와 소통하는 봇(bot)을 말한다. 챗봇은 과거부터 기업에서 대화형 마케팅으로 활용되어 왔다. 기업 입장에서 비용과 관리 측면에서 제한이 있을 수밖에 없는 상담원과 달리, 챗봇은 낮은 비용으로 고객에게 24시간 즉각적인 서비스를 대응할 수 있는 있다는 점에서 효율적일 수밖에 없다. 최근에는 SNS, 이메일, 카카오톡, 라인 등 다양한 채널에서 챗봇 서비스를 제공하고 있어 고객은 더 이상 상담 전화를 할 필요 없이 기존 사용하던 채널로 편하게 문의할 수 있게 되었다. 이제 기존에 챗봇 개발자가 미리 설정해 놓은 규칙에 맞춰 **정해진 답변을 내놓는 선택형 챗봇**에서 챗GPT와 같은 생성형 AI 자연어 처리 기술 발전으로 사용자의 질문을 더 잘 이해하고 적절한 답변을 할 수 있는 **대화형 챗봇으로 발전**하고 있다. 즉 스스로 대화 데이터를 학습해 더 자연스러운 대화를 구사하게 되어, 인공지능을 통해 사용자의 취향을 파악할 수 있고 다음 대화 내용을 예측할 수 있게 되었다. 대표적으로 구글의 'ok구글', 애플의 '시리'나 삼성의 '빅스비', 스캐터랩의 '이루다' 대화형 챗봇이 있다.

과거에는 챗봇을 만드려면 엄청난 기술력이 필요했기 때문에 많은 시간과 비용 투자가 가능한 대기업에서만 챗봇을 도입할 수 있었다. 하지만 최근에는 중소기업, 스타트업, 개인 쇼핑몰에서도 쉽게 챗봇을 구축할 수 있는 챗봇 솔루션들이 생겨나고 있다. 이제 누구나 개발자가 아니어도 코딩 없이 챗봇을 만들 수 있는 **'사용자가 직접 만드는 챗봇'** 서비스들이 등장하고 있다. 이러한 챗봇 만들기 서비스들의 특징은 자연어 처리 능력과 같이 큰 기술력을 필요로 하는 기존의 챗봇과 달리 고객이 자주 묻는 시나리오와 답변을 미리 업로드해 두는 형식이기 때문에 일반인도 쉽게 챗봇을 만들 수 있다. 그중 필자의 관점에서 쉽게 만들 수 있는 일반인에게 일상 대화 경험을 제공하는 챗봇 서비스 제작 도구 '핑퐁 빌더'를 소개한다.

일반 대화형 챗봇 제작 - 핑퐁 빌더

핑퐁 빌더는 기존 '이루다' 챗봇을 개발한 스캐터랩에서 제작했으며, **누구나 쉽게 AI의 일상 대화를 구성할 수 있는 빌더**이다. 단순한 명령형의 질문과 대답으로 이루어진 1~2턴의 짧은 대화 형식이 가능한 기존의 기능형 챗봇과 차이가 있다. 대화 세션당 10~20턴의 긴 대화를 나눌 수 있어 사용자로부터 친밀감을 높여 주고 더 많은 정보를 얻을 수 있는 대화형 챗봇 제작이 가능하다. 핑퐁 빌더는 기간 제약 없이 무료(Free) 플랜를 제공하고 있어 접근성이 우수하다. 무료 플랜을 사용해 본 후 사용자의 독립 브랜드 메시지, 독립 클라우드가 제공되는 Conversation Plan을 사용해 보도록 권하고 있다. 무료 플랜에서도 핑퐁 봇이라고 불리는 기본 페르소나 프로필과 대화 챗봇을 내장해, 봇 생성 화면에서 수정 가능하여 누구나 빠르게 완성형 챗봇을 구현할 수 있다. 따라서 핑퐁 봇과 비슷한 페르소나를 지닌 챗봇을 만드는 경우, 기본 프로필만 수정한 뒤 그대로 사용해도 무방하다.

핑퐁 빌더에서 제공하는 '핑퐁 빌더 사용 가이드'에는 퀵스타터 가이드와 각 메뉴 및 기능 설명이 상세하게 나와 있어 일반인도 쉽게 체험해 볼 수 있다.

[그림 3-52] 핑퐁 빌더 사용 가이드

출처: 핑퐁 빌더

필자도 기존 제공하고 있는 대화 시나리오에서 '봇 정보'에 해당하는 질문인 #니이름 알려줘, #당신의이름이뭡니까 등의 질문에 대한 답변으로 기존 기본 프로필인 핑퐁 봇을 대신해 '개냥이 사랑이'로 수정하고 이미지를 '굿모닝'으로 수정해 보았다. 우측 상단 '대화해 보기' 버튼을 누르면 나타나는 대화 창에서 변경한 시나리오를 확인할 수 있었다.

핑퐁 봇 기본 프로필을 '**개냥이 사랑이**', 이미지를 **굿모닝**으로 변경. 변경한 인사말과 강아지 같은 고양이를 보여 주는 이미지가 노출되었다.

[그림 3-53] 핑퐁 빌더 무료 체험 화면

출처: 핑퐁 빌더

핑퐁 빌더는 사람들이 일상 대화를 할 때 상황을 그대로 반영하여 상대방에게 할 법한 말을 예측하여 자연스럽게 대응하는 **대화 시나리오**, 대화 상황에 맞는 리액션인 **자동 답변**, 새로운 대화 주제를 이끌어가도록 제공하는 **토픽** 등의 대화 모듈을 제공한다. 필자가 체험해 본 결과 각 대화 모듈에서 봇의 답변을 원하는 페르소나에 맞게 추가하거나 수정, 삭제가 가능하여 누구나 쉽게 대화형 챗봇을 빠르게 제작할 수 있다.

적절한 답변 제공

사용자 발화가 들어왔을 때 리액션 답변과 커스텀 답변이 모두 제공되는 것이 아니라, 둘 중 가장 적절한 답변을 핑퐁 빌더에서 선택해서 제공하게 됩니다.

[그림 3-54] 핑퐁 빌더 사용 가이드에서 제공하는 자동 답변 예시
출처: 핑퐁 빌더

핑퐁 빌더와 같은 서비스는 **누구나 쉽게 인공지능 챗봇을 만들어 올리는 '1인 1봇' 시대**를 열어가고 있다. 핑퐁 빌더를 체험해 보면서 필자가 가장 인상 깊었던 점은 기존 논란이 되었던 '이루다' 챗봇의 사례를 교훈 삼아 인공지능 윤리에 기반한 챗봇 시나리오를 제작할 수 있도록 **'금칙어/기능 대화 필터'** 기능을 제공했다는 것이다. 또한, 학생들이 체험할 수 있도록 교육용으로도 제공하고 있어 AI 네이티브 세대를 위한 올바른 AI 활용 가이드로도 추천할 만하다.

04. 인공지능과 함께 창작자 되기

4-1　AI로 스토리텔러

이제 생성형 AI로 누구나 글을 쓸 수 있는 시대가 되었다. 기사, 작사, 논문, 시 등 수많은 종류의 텍스트를 생성하며 심지어 프로그램 제작에 필요한 코드까지 스스로 만든다.

생성형 AI와 스토리텔링은 어떤 관계가 있을까? 먼저 스토리텔링의 의미를 살펴보면 **이야기(Story)**와 **말하다(Telling)**의 합성어로 **'상대방에게 알리고자 하는 바를 재미있고 생생한 이야기로 설득력 있게 전달하는 행위'**를 말한다. 스토리의 힘에 대한 뇌과학자들의 연구에 따르면 사실 정보를 접했을 때보다 사람들이 가진 비슷한 경험과 정서를 자극하는 스토리일수록 뇌가 활성화되는 속도가 빨라지게 된다고 한다. 이로 인해 우리가 공감할 수 있는 이야기가 더 오랫동안 기억에 남는 것이다.

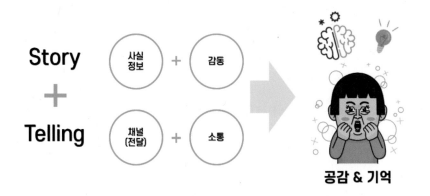

[그림 3-55] 스토리의 힘

그동안 스토리텔링은 인간만이 잘할 수 있는 영역으로 여겨왔다. 그런데 생성형 AI 등장으로 시인, 작사가 및 창작 작가 직업에도 직접적인 영향을 미치게 될 것이라는 연구 결과가 나왔다. 생성형 AI는 어떤 방식으로 인간처럼 창의적인 스토리텔링을 할 수 있게 된 걸까?

우리가 스토리텔링을 하는 과정을 살펴보자. 스토리텔링에서 스토리와 플롯은 매우 중요한 요소로 서로 연결되어 있다. 플롯은 스토리를 구성하고 스토리는 플롯을 통해 표현된다. 플롯은 스토리의 진행 방식을 제시하고, 어떤 사건이 일어나는지, 어떤 결말을 향해 나아가는지 등을 결정한다. 스토리는 플롯을 통해 캐릭터들의 목표와 동기, 성장 과정, 갈등과 해결 등을 전달하여 독자나 관객들이 이야기에 몰입하고 공감할 수 있도록 한다.

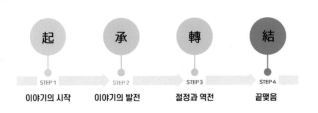

플롯 스토리를 전개하는 구조

起 承 轉 結

STEP 1 　　STEP 2 　　STEP 3 　　STEP 4

이야기의 시작　이야기의 발전　절정과 역전　끝맺음

[그림 3-56] 스토리를 전개하는 구조

왕이 죽었다. 그리고 왕비가 죽었다.

왕이 죽었다. 슬픔을 못 이겨 왕비도 죽었다.

　위 문장은 스토리와 플롯의 차이를 설명할 때 언급되는 대표적인 문구이다. 첫 번째 문장과 달리 두 번째 문장은 사건 사이에 인과관계가 존재하는, 즉 플롯이 있는 스토리다. 플롯과 스토리는 혼동하기 쉽지만 플롯과 스토리는 별개의 개념이다. 스토리는 장면을 나열한 결과물을 뜻하며, 플롯은 의미 있는 장면을 위한 구성을 뜻한다. 그렇다면 생성형 **AI는 어떤 방식으로 플롯과 스토리를 연결해서 스토리텔링을 하는 것일까?** 챗GPT에 질문해 보았다.

질문

생성형 AI가 플롯과 스토리를 활용해서 스토리텔링하는 방식에 대해 설명해 줘

답변

생성형 AI는 플롯과 스토리를 활용하여 스토리텔링을 하는 방식에 대해 다양한 방법을 제공할 수 있습니다. 여기에는 AI가 스토리를 생성하거나, 스토리 아이디어를 제안하거나, 사용자와의 상호작용을 통해 스토리를 발전시키는 등의 접근 방식이 포함될 수 있습니다.

AI에 스토리 생성을 맡기기: 생성형 AI 모델에 플롯이나 캐릭터의 정보를 입력하면, AI는 해당 정보를 기반으로 자동으로 스토리를 생성할 수 있습니다. AI는 이전에 학습한 데이터나 패턴을 활

용하여 새로운 이야기를 만들어 낼 수 있습니다. 예를 들어, AI에 "주인공이 마법 세계로 들어가는 이야기를 만들어 줘"라는 입력을 주면, AI는 주인공, 마법, 도전 등과 관련된 이야기를 생성할 수 있습니다.

스토리 아이디어 제안받기: AI는 스토리 아이디어를 제안하는 데에도 도움을 줄 수 있습니다. 사용자는 AI에게 특정 주제나 설정에 관련된 아이디어를 요청하고, AI는 다양한 아이디어를 제시할 수 있습니다. 예를 들어, "미래를 배경으로 한 로맨스 이야기 아이디어를 제안해 줘"라고 요청하면, AI는 미래와 로맨스를 결합한 아이디어를 제시할 수 있습니다.

사용자와의 상호작용으로 스토리 발전시키기: 생성형 AI는 사용자와의 대화를 통해 스토리를 발전시킬 수 있습니다. 사용자는 AI와 대화하면서 스토리의 방향을 결정하거나 캐릭터의 행동을 지시할 수 있습니다. AI는 사용자의 입력에 따라 스토리를 수정하고 진행할 수 있습니다. 이런 방식은 상호작용적인 스토리텔링을 가능하게 하며, 사용자는 AI와의 대화를 통해 자신만의 개인화된 스토리를 경험할 수 있습니다.

위의 챗GPT가 제시한 대로 필자가 원하는 플롯과 캐릭터의 정보를 입력해 보았다.

질문

주인공이 우연히 미로에 들어가 모험하게 되는 이야기를 만들어 줘

답변

잠잠한 도시에 살던 주인공인 알렉스는 어느 날 우연히 공원에 있는 오래된 건물에 입장합니다. 그 안에는 미로가 있는 것을 발견하고 호기심에 이곳을 탐험하기로 결심합니다.

미로는 어지럽게 꼬여 있고 알렉스는 길을 잃어버리지만, 그는 이곳에 갇혀 미로의 비밀을 풀어 내기로 마음먹습니다. 알렉스는 미로 안에서 여러 가지 어려움과 도전을 마주하게 되는데, 미로는 생각보다 많은 장치와 함정, 수수께끼로 가득 차 있습니다.

미로 속에서 알렉스는 다른 사람들과 만나고 협력하며, 그들과 함께 고난과 역경을 극복합니다. 함께하는 동안, 알렉스와 그의 동료들은 서로의 장점을 발견하고 협동하여 미로를 탈출하기 위한 해답을 찾아냅니다. 이 과정에서 알렉스는 용기와 결단력을 발휘하며 자신의 한계를 넘어서기 시작합니다.

하지만 미로 안에는 알렉스와 그의 동료들을 저주한 마법사의 그림자가 숨어 있습니다. 이 마법사는 알렉스와 그의 동료들을 시험하고 저주를 풀기 위해 다양한 미로의 난관을 만듭니다. 알렉스는 이 마법사의 음모를 파악하고 그를 물리치기 위해 마지막 결전을 준비합니다.

마침내 알렉스와 그의 동료들은 마법사와의 대결에서 승리하고 미로를 탈출합니다. 알렉스는 미로를 헤치며 얻은 교훈과 친구들과의 경험을 가지고 도시로 돌아옵니다. 그는 미로에서의 모험을 통해 자신의 용기와 지혜를 발전시키며, 새로운 도전에 대해 더욱 강해진 채 삶을 이어갑니다.

이처럼 챗GPT는 이야기의 플롯 방향과 캐릭터의 콘셉트만 입력해도 스토리 흐름에 대한 아이디어를 얻을 수 있다. 필자는 **캐릭터의 페르소나**를 위해 대해 추가로 아래와 같이 질문해 보았다.

질문

위 이야기의 플롯으로 알렉스 캐릭터를 구체적으로 설정해 줘

답변

알렉스는 20대 중반의 젊은 남성으로, 평범한 일상을 보내는 도시 주민입니다. 그는 외향적이고 호기심이 많은 성격을 가지고 있으며, 어려운 상황에서도 낙천적이고 끈기 있는 면모를 보입니다. 조용한 생활에 지루함을 느끼고 모험을 꿈꾸는 알렉스는 열정적으로 새로운 경험을 찾아나서려고 합니다.

알렉스는 경험적인 학습을 선호하는 현실주의자입니다. 그는 책에서 읽는 것보다는 직접 체험하

고 탐험하는 것을 선호합니다. 그의 호기심과 탐구심은 미로 안에서의 도전에 큰 도움이 됩니다. 알렉스는 다른 사람들과의 소통과 협력을 중요하게 생각하며, 동료들과 함께 고난과 역경을 극복해 나가는 과정에서 우정과 협동의 가치를 깨닫게 됩니다.

미로에서의 모험을 통해 알렉스는 내적 성장을 이루고 자신의 잠재력을 발견하게 됩니다. 처음에는 미로에 얽매이고 막혀 있는 상황에서 좌절감을 느끼지만, 그의 용기와 결단력은 점차 강해져 갑니다. 알렉스는 미로 안에서 마법사의 음모와 마주하게 되며, 자신의 지성과 재능을 발휘하여 그의 계획을 파헤치고 미로에서 탈출하기 위한 해답을 찾아냅니다.

알렉스는 미로 모험을 통해 자기 확신을 갖게 되고, 자신의 한계를 극복하며 성장하는 이야기의 주인공입니다. 그의 모험은 우리에게 어려운 상황에서도 자신을 믿고 노력하는 중요성과 동료들과의 협력의 가치를 상기시켜 주는 교훈을 전달합니다.

이처럼 생성형 AI에 플롯의 일부 또는 캐릭터의 정보를 입력하면, AI는 학습된 데이터와 패턴을 기반으로 일관성 있는 텍스트를 생성할 수 있다. 또한, AI와 대화를 통해 가상의 캐릭터를 구체화하는 등 스토리에 대한 아이디어를 확장할 수 있다. 그러나 현재 수준에서 창작자들은 생성형 AI를 새로운 도구로써 아이디어를 얻는 브레인스토밍으로 활용하는 것이 효과적이다. 예를 들어, 작가가 특정한 장면이나 대사에 대한 피드백을 필요할 할 때 **AI를 대화 상대로 활용**하거나 **스토리의 흐름을 예측하고 분석**하여 플롯의 일관성을 유지하거나 **흥미로운 전개를 제안**하는 데 활용할 수 있다. 최근 챗GPT를 기반으로 글쓰기를 제공하는 다양한 서비스들이 생겨나고 있다. 대표적으로 앞서 소개한 미드저니와 국내에서는 노션 AI, 뤼튼이 있다. 노션은 지난해 '노션 AI' 알파버전을 공개했다. 노션 AI의 기능은 '글쓰기 도우미' 역할을 해 주는 기능이 다양하다. 예를 들어 아이디어 브레인스토밍 기능은 글쓰기의 첫 단계에서 주제 선정에 대한 아이디어를 얻는 데 유용하다.

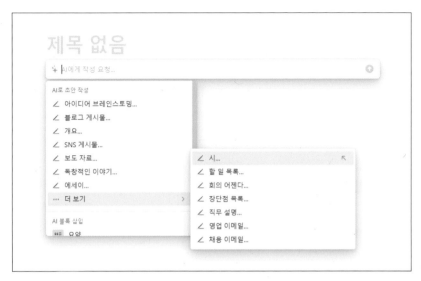

[그림 3-57] AI로 글쓰기 시작 도구 사용 화면

출처: 노션 http://www.notion.so

[그림 3-58] AI로 글쓰기 시작 도구 > 아이디어 브레인스토밍 기능으로
‘AI 네이티브와 메타버스’를 입력한 후 결과 화면

출처: 노션 http://www.notion.so

뤼튼은 책 초안부터 서론, 본론, 이어 쓰기, 문장 나누기 등의 기능을 제공해 누구나 쉽게 글쓰기 재료를 구할 수 있다. 예를 들어, '책 초안' 메뉴에서는 책의 개요와 목차를 빠르게 작성해 초안을 만들 수 있다.

[그림 3-59] 책 초안 메뉴 화면

출처: 뤼튼 https://wrtn.ai

과거 스토리텔링은 '글쓰기'로 한정되어 표현됐지만, 디지털 시대를 맞이하면서 콘텐츠를 디지털 환경에서 다양한 멀티미디어 툴을 활용해 창조되기 시작했다.

디지털 스토리텔링이란 "컴퓨터상에서 일어나는 모든 서사 행위, 웹상의 상호작용적인 멀티미디어 서사 창조들"이라 표현하고 있으며, 여기에는 텍스트뿐 아니라 이미지, 음악, 목소리, 비디오, 애니메이션 등을 포함한다. 즉 이제 나만의 콘텐츠를 글쓰기를 통해 책으로 만들면 전자북, 영상, 애니메이션, 오디오북 등 다양한 형태로 변형할 수 있다는 것이다.

생성형 AI는 텍스트를 자연스럽게 생성하고 이해할 수 있는 능력을 갖추었기 때문에 이를 활용하여 디지털 스토리텔링에 적용할 수 있다. 예를 들어, 생성형 AI를 사용하여 가상 캐릭터의 대사를 생성하거나, 스토리의 전개를 자동으로 생성하는 등의 방식으로 디지털 스토리텔링을 더욱 흥미롭고 다양한 방향으로 발전시킬 수 있다.

4-2   AI 예술로 동화작가

최근 생성형 AI 콤보로 단기간에 뚝딱 동화책을 써냈다는 기사들이 화제이다.

인공지능으로 스토리텔링을 새로운 아이디어로 확장하고 AI 예술 도구로 동화 삽화를 제작해 누구나 동화작가를 도전해 볼 수 있다. 최근 필자는 알파세대이자 AI 네이티브인 초등학생들을 대상으로 '**모두의 동화! 인공지능으로 함께 만들어요**' 주제로 인공지능 융합 교육 수업을 진행하고 있다. **인공지능 융합 교육**이란 창의적 체험 활동, 학교장 개설 선택 과목 등을 통해 AI 원리와 기능, 사회적 영향, 윤리적 문제를 가르치려는 목적으로 유치원과 초등학교에서는 놀이와 체험 위주로 마련되며, 중·고교에서는 교과외 실생활 문제 해결 위주의 교육을 진행하는 것을 의미한다.

달, 여우, 보라, 일본 애니, 일러스트레이터

책, 파란색, 수학, 비

노란색 여름 긍정적 성실함

[그림 3-60] 초등학교 6학년 대상 '모두의 동화! 인공지능으로 함께 만들어요!' 수업 결과물

앞서 소개한 미드저니(Mid Journey)나 달리(DALL-E2)처럼 글을 해석하고 그림을 그려 주는 이미지 생성형 인공지능으로 나를 표현하는 자기소개, 모둠 토의로 동화나 이야기 줄거리를 새롭게 스토리텔링하여 완성하는 등 인공지능의 원리를 경험으로 학습한 후 결과물을 발표한다. "**다툰다 - 슬프다 - 화해한다 - 행복하다**" 등 인간의 감정을 인공지능에게 어떻게 설

명해야 할까? 인공지능은 똑똑하지만 인간처럼 사랑과 아픔을 공감하고, 감정을 알지는 못하기 때문에 인간의 감정을 눈에 보이도록 **"글을 시각적으로 잘 묘사해 주어야 한다"**는 것을 배우고 인공지능을 잘 활용하려면 우리가 갖추어야 하는 능력이 무엇인지, 인공지능을 활용한 예술품의 가치를 체험으로 학습할 수 있다.

초등학생도 PC와 스마트폰에서 쉽게 동화책 삽화를 만들 수 있는 AI 도구들을 소개한다.

AI 그림 도구	소개	URL(QR코드)
패들렛 Paddlet	패들렛은 게시판, 블로그, 포트폴리오 등 원하는 콘텐츠를 만들수 있는 플랫폼이다. 최근 원하는 장면을 설명하는 프롬프트(명령어)로 그림을 생성하는 AI 기능이 추가되었다. **활용 예시** + 버튼을 누른 후 더보기 버튼을 클릭하고 "그릴 수 없음(I can't draw)" 기능으로 그림 생성이 가능하다.	 https://ko.padlet.com 패들렛 한국 버전
스크래블 디퓨전 Scribble Diffusion	직접 원하는 장면을 스케치하고, 프롬프트를 입력하면 원하는 그림에 가깝게 생성해 준다. **활용 예시** 장면과 상황에 맞는 사람의 동작이나 구도를 스케치하면 원하는 구도에 가까운 그림을 생성할 수 있다.	 https://scribblediffusion.com

4-3　AI로 작곡하기

　인공지능의 발전으로 듣는 시대에서 내가 좋아하는 음악을 누구나 작곡할 수 있는 시대가 되었다. 인공지능 작곡가가 사람을 대신할 수 있을까? 최근 AI작곡 기술의 발전으로 음악 시장에서 작곡 AI의 영향력이 점점 커지고 있다. 누구나 피아노 건반만 칠 수 있으면 음악을 만들 수 있는 디지털 작곡 도구부터 텍스트로 **명령어를 입력하면 작곡을 생성해 주는 '음악 생성 AI'**까지 다양한 AI 작곡 도구들이 생겨나고 있다. 음악을 모르는 초보들도 쉽게 도전해 볼 수 있는 AI 작곡 도구들을 몇 가지 소개한다.

AI 그림 도구	소개	URL(QR코드)
구글 크롬뮤직랩 Chrome Music Lab	구글에서 만든 음악 제작 도구 크롬뮤직랩은 누구나 쉽게 다양한 악기와 효과를 사용하여 음악을 만들 수 있고 공유가 가능하다. **활용 예시** 송 메이커로 미취학 아동부터 일반인까지 자유롭게 작곡이 가능하다.	https://musiclab.chromeexperiments.com/Song-Maker/
비트봇 BEATBOT	원하는 스타일의 음악과 장르를 프롬프트 입력만으로 작곡이 가능한 생성형 AI 작곡 도구 **활용 예시** 생성된 작곡의 편집 버튼을 클릭하여 주제를 정해 영어 학습과 함께 노래 가사를 변경할 수 있다.	https://beatbot.fm

후크티오리 Hook Theory	음악 이론을 기반으로 만들어졌지만 음악 이론에 대한 지식이 없어도 코드로만 작곡이 가능한 AI 작곡 도구 **활용 예시** 무료 버전으로도 코드 삽입, 밴드 효과를 넣어 작곡할 수 있다.	 https://www. hooktheory.com

앞서 소개한 작곡 AI '이봄'을 개발한 국내 스타트업 크리에티브마인드는 최근 일반인도 작곡을 도전할 수 있는 뮤지아(MUSIA)를 정식 출시한 바 있다. AI 작곡 도구 대부분이 해외에서 개발되어 언어 제약이 있었다는 점에서 매우 반가운 소식이다.

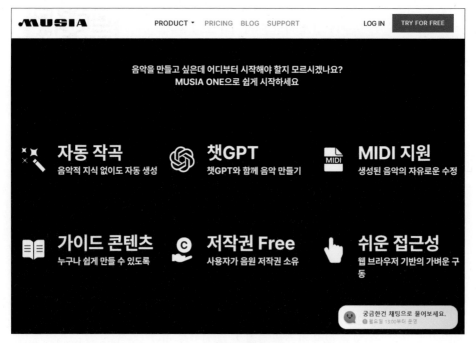

[그림 3-61] 뮤지아

출처: https://musia.ai/ko/

4

AI 시대 생존법,
1인 기업가 되기

01. 디지털 기업가 정신

1-1 4차 산업혁명과 긱 이코노미

4차 산업혁명과 디지털 전환

4차 산업혁명의 핵심은 '디지털'과 '연결'이다. 반도체 집적 기술이 발전하면서 메모리의 저장 용량은 커지고 속도는 빨라졌다. 개인의 휴대용 통신기기는 삐삐에서 폴더폰에 이어 애플의 아이폰에 이르게 되었다. 반도체와 무선 통신기술의 발달로 클라우드 서비스가 확대되고 스마트폰은 엄청난 데이터를 생산하게 된다. 이렇게 생산된 정형, 비정형의 방대한 빅데이터는 인공지능의 학습 데이터가 되고, 인공지능 기술 역시 획기적으로 발전하게 된다. 이어서 코로나19 팬데믹 사태를 지나면서 디지털 대전환을 이루고 챗GPT가 출현하기에 이른다.

4차 산업혁명은 2016년 다보스 포럼에서 주요 논제로 언급되었다. 당시 의장이었던 클라우스 슈밥은 그의 저서 《제4차 산업혁명》에서 아래와 같이 언급한다.

> "세계에서 가장 큰 택시 기업인 우버는 소유하고 있는 자동차가 없고, 세계에서 가장 많이 활용되는 미디어인 페이스북은 콘텐츠를 생산하지 않는다. 세계에서 가장 가치 있는 소매업체인 알리바바는 물품 목록이 없으며, 세계에서 가장 큰 숙박 제공업체인 에어비앤비는 소유한 부동산이 없다."
>
> - 클라우스 슈밥, 《제4차 산업혁명》 p.44

순위	기업명	시가총액(달러)	주가(달러)	국가
1	애플	2조0704억	130.15	미국
2	사우디 아람코	1조8546억	8.43	사우디아라비아
3	마이크로소프트	1조6931억	227.12	미국
4	알파벳(구글)	1조1453억	88.80	미국
5	아마존	8912억	87.36	미국
6	버크셔 해서웨이	6959억	315.53	미국
7	비자	4629억	218.60	미국
8	존슨앤드존슨	4591억	175.58	미국
9	유나이티드헬스	4579억	490.06	미국
10	엑슨모빌	4467억	108.47	미국
11	텐센트	4434억	46.37	중국
12	TSMC	4165억	80.31	대만
13	LVMH	4144억	816.16	프랑스
14	JP모건 체이스	4029억	137.37	미국
15	월마트	3909억	144.95	미국
16	엔비디아	3894억	156.28	미국
17	테슬라	3782억	119.77	미국

글로벌 시총 상위 기업
출처: 2023년 1월 기준 컴퍼니스마켓캡닷컴

　지금의 수많은 기업은 공장을 소유하고 있거나 직접 제조하고 유통하지 않는다. 글로벌 시가 총액으로 보면 더 정확하게 확인할 수 있는데, 그림에서 보이는 페이스북, 알리바바, 텐센트 등은 불과 10여 년 전에는 500대 기업에도 포함되어 있지 않았다. 국내 기업들을 살펴봐도 마찬가지이다. 네이버, 카카오 등 IT 기업들은 전통적인 제조업인 자동차, 철강, 조선 기업들과 어깨를 나란히 하고 있다.

긱 이코노미의 등장과 N잡러

4차 산업혁명에 이어 코로나19가 촉발한 디지털 전환은 생활 방식은 물론, 일하는 방식에도 큰 변화를 불러왔는데, 이는 구인, 구직 노동 시장을 혁명적으로 바꾸고 있다. 그리고 이것은 누군가에게는 기회가 되고 누군가에게는 위기가 되었다. 코로나19로 사회 전반에 비대면 원격, 재택 근무가 확대되면서 자신이 하고 싶은 일을 원하는 시간만큼 자유롭게 일할 수 있다는 인식이 확산되었다. 이러한 현상을 긱 이코노미(Gig Economy)라고 하는데, 한 직장에 속하지 않고 목적에 따라 유연하게 일하는 긱 워커(Gig Worker)와 이들을 단기 계약으로 고용하는 경제 활동을 뜻한다. 기업은 유연하게 필요한 인력을 고용하며 비용을 절감할 수 있고, 긱 워커들은 원하는 일을 원하는 시간만큼 선택할 수 있다. 재택근무와 원격 화상회의가 일하는 방법에 대한 변화라면 긱 이코노미는 N잡을 가능하게 하면서 직업의 개념을 바꾸었다. N잡러(N jober)는 긱 워커와 마찬가지로 한 직장에 얽매이지 않고 스스로의 계획과 목표에 따라 자유롭게 일을 선택하고 여러 직업을 갖는 사람들을 의미한다. N잡러라는 단어 그대로 N개의 일을 갖는 것을 뜻하며, 목적에 따라 하나의 직장보다 여러 일을 직업으로 선택하는 현상을 뜻하기도 한다.

긱 이코노미의 등장은 《제4차 산업혁명》에서 말하듯이 '휴먼 클라우드 플랫폼'을 활성화시키는데, 이들은 말하자면 숨고, 크몽 등과 같은 디지털 긱 플랫폼이다. 이러한 디지털 플랫폼은 노동 시장에 많은 변화를 불러왔다. 개인과 기업 간의 경계를 허물고, 경제 활동에 새로운 참여자들을 유입시키며, 플랫폼 참여자들에게 더 많은 선택의 폭을 제공하고 있다. 기업은 이를 통해 필요한 작업을 외부에 아웃소싱하거나 특정 프로젝트를 위해 프리랜서를 고용할 수 있으며, 개인 또는 1인기업가들 역시 플랫폼을 통해 전문가와 유연하게 소통하고 협업할 수 있게 되었다.

이는 고정된 직장이나 근로자와 고용주의 관계에서 벗어나, 유연하고 자유로운 형태의 일자리를 창출하며 개별 프로젝트 단위의 일자리 제공으로 직장인들에게도 사이드 프로젝트 또는 N잡의 기회를 제공하고 있다. 이러한 긱 이코노미는 경쟁의 심화, 불안정한 노동 조건, 비정규직의 증가 등 여러 문제로 논쟁의 대상이 되기도 한다. 그러나 여러 문제에도 불구하고 이는 전 세계적으로 성장하는 추세이다.

[그림 4-1] 긱 이코노미의 성장
출처: https://www.tech42.co.kr

글로벌 시장조사 기관에서는 2028년까지 미국 내 긱 워커의 수는 전체 근로자의 50%가 훨씬 넘을 것으로 예측한다. 국내에서도 전체 취업자 2,600만 명 중 1,000만 명이 긱 워커라고 한다. 저임금 단순노동에 집약되어 있던 긱 워커는 최근 고숙련 전문가들이 유입되면서 긱 이코노미의 부가가치가 증가하고 있다. 이러한 고부가가치의 긱 이코노미는 긱 워커들이 활동할 수 있는 플랫폼이 등장하고, 코로나19 팬데믹이 발생하면서 폭발적으로 증가하게 되었다. 에어비앤비, 우버, 배달의 민족 등이 긱 이코노미 플랫폼의 시작이라고 볼 수 있을 것이다. 이러한 디지털 플랫폼은 숙박, 배달 등의 영역에서 전문 서비스 영역으로 확대되고 있다. 과거에 큰 기업들만 가능하다고 여겨졌던 일들이 디지털 플랫폼의 중개로 개인 간에도 가능하게 되면서 일과 직장에 대한 관점이 크게 변화되었다.

디지털 중개 플랫폼은 일과 직장뿐만 아니라 여가 생활도 변화시켰다. 코로나19로 사람들은 대면 모임과 이동이 어려워지면서 온라인에서 여가 생활을 즐기게 되었다. 대면 모임은 화상회의 도구들을 활용하여 이루어지고, 극장에 가지 않고 집에서 OTT 서비스를 이용하며, 해외여행 대신에 집에서 할 수 있는 취미 생활을 찾았다. 거리두기로 인한 이러한 현상들은 비대면 교육 서비스를 확장하고 온라인 자기 계발 트렌드를 부추겼고, 사람들은 비대면 교육 서비스 플랫폼에서 다양한 취미 생활과 온라인 클래스를 즐기게 되었다. 클래스101, 탈잉, 프립 등의 오픈 교육 서비스는 온라인으로 여가를 즐기고 싶은 사람들에게는 교육을 제공하고 서비스 제공자들에게는 새로운 일자리가 되었다.

비대면 교육 서비스 업체들은 다양한 클래스를 개설하기 위해 콘텐츠를 제공할 수 있는 사람들을 찾아다녔는데, 그들을 쉽게 만날 수 있는 접점은 인스타그램, 유튜브 등의 소셜 미디어이다. 덕분에 그림 그리기, 손뜨개 등 자신의 취미를 유튜브나 블로그 등의 디지털로 기록하던 사람들은 온라인 서비스를 제공하는 것이 가능해졌다. 재미로 하는 일을 디지털에 기록했더니 추가 수익이 발생하게 된 것이다. 취미로 사이드잡, N잡이 가능하다는 것을 알게 된 사람들은 활발하게 디지털 기록을 남기기 시작했다.

4차 산업혁명과 디지털 전환을 기회로 가져가는 이들의 공통점은 뭘까? 긱 이코노미에 기꺼이 동참하는 이들은 변화된 고용 형태를 두려워하기보다 자신이 원하는 일을 먼저 찾아나서며 일과 삶에 주도성을 갖는다. 호기심을 가지고 기회를 포착하고, 자신이 가진 자원을 적극 활용하여 변화를 시도한다. 이러한 유연하고 능동적인 자세는 디지털 전환이라는 시대 흐름을 기회로 가져갈 수 있게 한다.

긱 이코노미의 부상으로 전통적인 '경력'이 아닌 자기만의 '업'을 찾는 이들에게는 더 많은 기회가 열리고, 새로운 시도가 가능해졌다. 4차 산업혁명과 디지털 전환을 경험하면서 사람들은 자신의 가치와 부합하고 지속 가능한 '업'을 찾는 것에 관심이 많아졌다. 과거 휴먼 클라우드는 아웃소싱으로 칭하고 안정적이지 못한 고용 형태로 여겨졌다. 하지만 지금의 휴먼 클라우드는 일을 찾을 수 있는 새로운 방법을 제시하고 있으며, 유연하게 일할 수 있는 기회가 되고 있다.

1-2 | 디지털 리터러시와 기업가 정신

이제 기업가 정신을 이야기하려 한다. 디지털 리터러시를 이야기하면서 왜 기업가 정신을 언급하는 걸까? 필자는 디지털 리터러시 교육을 하면서 기업가 정신을 만나게 되었고, 가슴이 뛰었다. 디지털 리터러시 교육에서 하고 있는 많은 일이 기업가 정신과 맞닿아 있었다. 컴퓨터 한 대로 정보를 검색하고 연구하고 콘텐츠를 생산하고 교육하는 일은 기업가 정신을 실현하는 것이었다. 디지털에서 얼마나 많은 일들을 능동적으로 해낼 수 있는지 체험하게 하는 것이 필자가 매일 하는 일이었다.

디지털 활용에는 양면성이 있다. 디지털은 인간의 삶을 편리하게 하기 위한 도구이다. 이에 따라 반복적인 작업을 기계가 대체하고 인공지능이 대신 판단하고 알고리즘이 취향도 추천해 주는 시대가 되었다. 이는 편리한 반면 수동적인 자세로 인공지능과 알고리즘이 이끄는 대로 살아갈 수도 있다는 것을 뜻하며, 디지털 소비자의 자세라고 할 수 있다.

반대로 생산자의 입장이 되어 보자. 언제 어디서나 손 안의 스마트폰으로 쉽게 접근할 수 있는 디지털 도구들을 생산 도구로 사용한다면 어떨까? 알고리즘이 추천하는 콘텐츠를 소비하기보다 필요와 목적에 맞는 콘텐츠를 스스로 탐색하고 활용할 수 있다. 더 나아가 직접 콘텐츠를 생산하고 배포하고 공유하는 것도 얼마든지 가능하다. **이러한 디지털의 양면성을 주도적으로 활용하는 데에 필요한 자세가 기업가 정신이다.**

[그림 4-2] 지식채널e '11부 기업가 정신'
출처: KDI경제정보센터 https://youtu.be/jNOMLv2OyDE

기업가 정신이란, 프랑스어로 '앙트프러너십(entrepreneurship)'이라고 한다. 이는 '시도하다', '모험하다'에서 유래한 것으로, 피터 드러커는 기업가 정신이란 '위험을 무릅쓰고 기회를 포착하는 모험과 도전의 정신'으로 언급한다. 조지프 슘페터는 "단순히 부자가 되고 싶다거나 돈벌이가 목적이 아닌 무언가를 창조해 내고 자신의 에너지와 재능을 발휘하는 데에 서 즐거움을 느끼며 어려움을 피하지 않고 변화를 모색하는 이들이 기업가"라고 말한다.

앞에서 디지털 리터러시에 대하여 **'자주적인 삶을 살아가기 위해 필요한 기본 소양'**이라고 정의한 것을 상기해 보자. 누구나 쉽게 접할 수 있는 기술과 디지털 도구의 범용성으로 교육, 출판, 유통, 판매 등 비즈니스의 진입 장벽은 낮아졌고 기회는 많아졌다. 과거에는 새로운 시 도를 하는 데 시간과 비용이 많이 필요했던 반면 지금은 디지털을 활용하여 최소한의 비용으 로 얼마든지 변화를 시도해 볼 수 있다. 기회비용이 낮아졌기 때문에 실패했을 때의 위험 부 담도 낮아졌다. 낮은 위험 부담은 새로운 도전을 시도하게 하고 자기 주도성을 갖게 한다.

또한, 디지털의 상호 연결성은 광범위하고 활발한 네트워킹과 협업을 촉진하고 다양한 지 식과 경험을 공유할 수 있게 하였다. 새로운 기술을 이해하고 활용할 수 있는 디지털 리터러 시와 자신의 아이디어를 실행하고 사회적 가치를 만들 수 있는 기업가 정신은 이미 갖추어진 능력이 아닌 잠재 역량이며, 주체적인 삶을 위한 마인드셋이자 행동 양식이다. 기업가 정신 은 비즈니스를 하는 이들에게만 필요한 것이 아니다. 기업가 정신은 인공지능과 함께 살아갈 미래 인재들에게 중요한 역량이며, 혁신과 성장을 위한 필수 조건이다.

디지털 기업가 정신	
디지털 리터러시	디지털 & 미디어의 이해 및 활용, 인공지능 활용능력, 네트워킹 및 협업
기업가 정신	주체적인 삶의 태도, 행동 양식

우리가 이야기하고자 하는 디지털 기업가 정신은 코딩 능력이 아니다. 고객이 찾아오는 식 당에서 온라인 배달 서비스를 활용하는 것, 오프라인 매장에서 팔던 물건을 온라인 스토어를 개설하고 판매할 수 있는 것, 대면으로 제공하는 교육 서비스를 영상이나 온라인 화상 도구 를 활용하여 제공할 수 있는 것, 그리고 이러한 제품이나 서비스를 고객에게 설명하기 위해 카드 뉴스나 상세 페이지 등의 디지털 미디어로 제작하고 소셜 미디어에서 홍보할 수 있는 능력이다. 나아가 온라인 출판물이나 영상을 제작하고, 빅데이터를 분석하여 문제를 발견하

고 아이디어를 도출하며, 인공지능을 활용하고 콘텐츠를 생산할 수 있는 능력이다. 자신의 아이디어를 실현하는 데 디지털 기술을 수용하고 활용할 수 있는 역량이다. 전통적인 기업가 정신에서 이야기하는 위험감수성, 진취성, 혁신성 등은 디지털 환경에서 보다 쉽게 실험하고 훈련할 수 있다. 인공지능 시대에 기업가 정신을 실현하는 데에는 디지털 리터러시가 필수적인 역량이다. 디지털은 더 이상 하이테크가 아니다. 코딩을 하고, 인공지능을 개발하는 것은 하이테크이지만, 이를 사용하는 것은 기술을 수용하고 학습하는 누구나 할 수 있는 일이 될 것이다.

1-3 디지털 기업가 정신으로 세계 시민 되기

　인터넷과 IT 기술이 세계를 연결하고 있다. 지구 반대편에서 일어나는 일들은 실시간으로 전달되고 있고 여러 문제는 더이상 지역에만 국한되지 않는다. 국제사회는 세상 사람들의 더 나은 삶과 지구 생태계 보전을 위해 지속가능개발목표(SDGs)를 수립하였다. 이는 2015년 UN에서 공동으로 채택한 목표로 환경, 인권, 교육, 평화 등 17개 분야에 걸쳐 있다. 우리 정부의 지속가능발전 포털(https://ncsd.go.kr/)에서는 UN에서 정의한 SDGs 17개 부문을 우리나라 실정에 맞게 K-SDGs의 세부 목표로 수립하고 있다.

[그림 4-3] 국가 지속가능발전목표(K-SDGs)

출처: ncsd.go.kr

17개의 지속가능발전목표는 누구나 공감할 수 있는 우리 사회의 문제이다. 지구 어딘가에는 여전히 빈곤층이 존재하고, 아파도 제때에 치료받지 못하는 이들이 있다. 지금 시대에 웬 전쟁이냐 하겠지만 러시아와 우크라이나처럼 전쟁 중인 국가도 있으며 최근까지 우리가 경험한 코로나19 팬데믹 사태 역시 인류의 지속 가능 발전을 위해 해결해야 할 과제이다.

지속가능발전목표를 가장 쉽게 이해하려면 The Global Goals 유튜브 채널을 참고하면 좋다. 채널의 영상 중 한국어로 제공되는 영상을 소개한다.

https://
www.youtube.com/
watch?v=2ijwPYd8KDE

지속가능발전목표의 중요성과 의미에 대하여 쉽게 설명하고 있다.
(영상 길이 3분)

지속가능발전목표에 디지털 기술이 활용된 사례를 몇 가지 살펴보자.

코로나19가 한창이던 2021년 미국의 스탠퍼드대학 연구진들은 모더나와 화이자 백신의 mRNA 서열을 오픈소스 코드 저장소 '깃허브'(GitHub)에 공개했다. 깃허브는 소프트웨어 개발자들이 소스 코드를 공유하기 위해 사용하는 웹사이트이다. mRNA 서열을 깃허브에 공개함으로써 누구나 정보에 접근할 수 있게 되어 더욱 저렴하고 신속하게 백신을 개발할 수 있게 한 것이다. 코로나19 당시 깃허브를 비롯한 오픈소스 커뮤니티에서는 확진자 동선을 파악, 접촉자 알림, 백신 접종 관리 등 코로나19 극복을 위한 다양한 기술들이 공개되었다. 누구나 접근할 수 있는 무료 웹 사이트에서 팬데믹 사태를 극복하기 위한 전 세계적인 협업이 이루어진 것이다.

국내에서는 코로나19 백신 접종 확인 서비스 쿠브(COOV)가 나왔다. 쿠브는 학교나 병원 등을 방문하는 경우 코로나19 백신 접종을 확인할 수 있는 스마트폰 앱이다. 쿠브를 사용하면 보건소나 병원에서 백신 접종 확인서를 받을 필요 없이 앱에서 접종 백신 일자와 백신 종류를 확인할 수 있는 서비스이다. 팬데믹으로 이동이 자유롭지 않은 상황에서 의료기관의 서비스를 블록체인 기술을 활용해 개인이 스마트폰에서 발급받을 수 있도록 하여 많은 비용을 절감할 수 있었다.

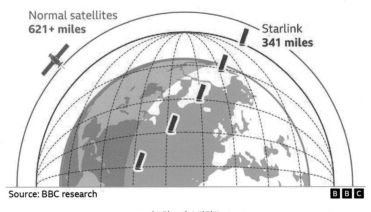

[그림 4-4] 스타링크
출처: bbc.com

또 다른 사례로는 러시아와 우크라이나의 전쟁에서 스타링크가 제공한 인터넷 연결 위성을 들 수 있다. 일론 머스크가 CEO로 있는 스타링크는 인공위성을 쏘아 올려 인터넷 연결이 취약한 지구촌 오지에서도 초고속 인터넷에 접속할 수 있도록 하는 네트워크 서비스를 제공한다. 전쟁에서 러시아군은 우크라이나의 인터넷 연결을 차단하려고 시도했고, 일론 머스크는 우크라이나에서 스타링크 위성을 사용할 수 있도록 조치한 것이다.

위 사례들은 건강하고 행복한 삶의 보장과 평화·정의·포용의 목표 달성을 위해 디지털 기술이 활용된 예이다.

[그림 4-5] '빅데이터를 활용한 사회문제 해결 방안' 수업 예시

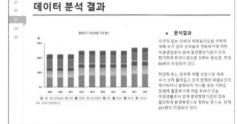

[그림 4-6] '빅데이터를 활용한 사회문제 해결' 수업의 학생 리포트

학교 교육에서도 지속가능발전목표(SDGs)로 세계 시민 교육은 활발하게 진행되고 있다. 우리는 한 고등학교에서 '빅데이터를 활용한 사회 문제 해결 방안'을 주제로 교육을 진행한 바 있다. 학생들은 사이트에 접속하여 지속가능발전목표(SDGs)를 살펴보고 모둠별로 해결하고 싶은 한 가지 주제를 정한다. 모둠별 주제에 대하여 뉴스 검색이나 나라 지표, 공공데이터를 활용하여 진짜 문제인지 확인하고 탐구하며 다양한 해결 방안을 탐색해 본다. 그리고 문제를 발견하고 탐색한 과정을 보고서로 작성하고 발표하는 수업이다. 여기에는 뉴스 검색 사이트와 공공데이터 포털, 빅데이터 분석 도구와 구글 프레젠테이션 등의 도구를 활용하였다.

아이들은 지속가능발전목표를 살펴보면서 지속 가능한 미래와 문화적 다양성 등의 이슈에 대해 공감하고 세계 시민으로 공동체 의식과 책임감을 느낄 수 있다. 세계 시민이라고 하면

멀게 느껴지는 문제를 직접 살펴봄으로써 내 주변의 문제임을 체감하고 다양한 문제 해결 사례를 통해 자신들도 해결할 수 있다는 자신감을 가질 수 있다. 컴퓨터 한 대로 다양한 디지털 도구들을 활용하여 세계 공통의 문제를 확인하고 시민의식을 확장하며 문제를 해결해 보는 것이다. 기업들처럼 인공위성을 만들 수는 없지만 학교 안에서만 머물지 않고 진짜 세상에서 할 수 있는 일이 많다는 것을 체험하게 된다.

수업에서 활용하는 사이트로는 정부의 다양한 통계 자료를 제공하는 나라지표(https://www.index.go.kr/)와 공공데이터 포털(https://www.data.go.kr/), 뉴스 빅데이터 분석 서비스 빅카인즈(https://www.bigkinds.or.kr/) 등을 활용하고 보고서 작성에는 구글 프레젠테이션과 미리캔버스로 시각화하여 발표하였다. 아이들은 다양한 디지털 도구를 융합하여 활용하면서 디지털 역량을 크게 성장시킬 수 있다.

아래 표에는 수업에 활용한 다양한 도구를 소개한다.

SDGs 관련 사이트
UN 지속발전가능목표(SDGs) 공식 웹 사이트(sdgs.un.org) 17개의 SDGs 각 목표, 대상 및 지표에 대한 정보와 구현을 지원한다.
정부의 지속가능발전 포털(ncsd.go.kr) UN의 SDGs를 기반으로 한 한국형 국가 지속가능발전목표(K-SDGs)를 설명하는 사이트. 국내 상황에 맞게 구성된 122개의 세부 목표와 214개의 지표를 설명하고 사례도 찾아볼 수 있다.
공공데이터 관련 사이트
지표누리 (www.index.go.kr) 통계청에서 관리, 운영하는 5종의 지표 체계를 제공한다. e-나라지표, 국가발전지표, 국민 삶의 질 지표, 한국의 사회지표, 지속가능발전목표(SDG)의 5종의 지표를 검색하고 통계표, 그래프 등으로 확인할 수 있다.
공공데이터 포털 (www.data.go.kr) 공공기관이 생성 또는 취득하여 관리하고 있는 공공데이터를 제공하는 사이트. 파일 데이터, 오픈 API, 시각화 자료들을 제공하고 있다.

빅데이터 분석 도구

구글 트렌드(trends.google.co.kr)

구글이 제공하는 온라인 데이터 분석 도구. 특정 검색어나 주제의 인기도를 그래프로 제공하고 관련 검색어, 지역별 인기도를 분석한다.

빅카인즈 (www.bigkinds.or.kr)

뉴스 빅데이터 분석 서비스. 뉴스 속 키워드 관계망, 주요 이슈, 정보원, 이슈 트렌드 분석 정보를 제공하고 시각화된 분석 결과를 보여 준다.

네이버 데이터랩 (datalab.naver.com)

네이버에서 제공하는 온라인 트렌드 분석 도구. 네이버에서 수집된 다양한 데이터를 분석하고 시각화하여 제공한다. 키워드 검색량 추이, 지역별/연령별/성별 관심도 등을 확인할 수 있다.

썸트렌드(some.co.kr)

SNS 빅데이터 분석 서비스. 사람들이 SNS에 작성한 게시물에 대한 분석 결과를 제공하며, 해당 게시물들의 감성과 이와 연관된 단어를 제공한다.

카카오 트렌드 (datatrend.kakao.com)

다음 포털사이트의 검색어 데이터 분석 서비스. 다음의 검색어 정보를 기간, 기기, 성별, 연령, 지역 등을 기준으로 분석할 수 있다. 2018년 데이터부터 제공된다.

세계 시민 또는 지속가능발전목표라고 하면 거창하고 어려워 보이지만 누구나 인터넷에서 자료를 찾아보고 동참할 수 있다. 아이들부터 시니어까지 세계 공통의 목표에 공감하고 기여할 수 있는 디지털 활동을 기획하고 실행해 볼 수 있다.

어려운 데이터를 사용하지 않아도 문제 해결을 위한 다양한 온라인 활동들을 상상해 볼 수 있다. 유튜브나 소셜 미디어에서 문제 해결에 동참하기를 촉구하는 캠페인을 기획하고, 앱 서비스를 만들 수도 있다. 자신들의 활동을 알리고 홍보하는 것에서 더 나아가 로고와 슬로건을 만들고 홈페이지를 구축하며 관심 있는 이들과 연대하는 것이 모두 가능하다.

전 세계가 연결되고 공통의 목표를 수립한 지금 아이들과 우리에게는 어떤 역량이 필요할까? 디지털 리터러시에서 강조되는 것은 **디지털 시민의식**이다. 디지털 시민의식은 디지털 기술을 책임감 있게 사용하고 긍정적인 변화를 목적으로 활용하며, 타인을 존중하고 문화의 다양성을 인정하고 포용하는 것을 말한다. 세계 시민의식 역시 글로벌 커뮤니티의 구성원으로서 상호 연결성을 인식하고 포용하는 것을 의미한다. 여기에는 다양한 문화를 이해하고, 인권을 존중하고, 사회 정의를 옹호하며, 글로벌 문제를 해결하기 위해 집단 행동을 취하는 것이 포함된다. 디지털 시대에 우리의 생각과 행동은 지구 반대편까지 쉽게 전달되고 영향을 미칠 수 있다. 따라서 세계 시민의식과 디지털 활동은 밀접하게 연결되어 있으며 디지털 도구는 세계 시민으로서 목소리를 내고 문제 해결에 동참하는 데 필수적이다.

02. 가장 쉽고 빠른 실험 공간, 디지털

우리는 2022년 1월 사회적 기업가 육성 사업에 지원하면서 (주)이티랩(ETLab)을 창업하게 되었다. 창업에 앞서 2020년 기업가 정신을 접하고 한국사회적기업진흥원에서 주관하는 소셜 벤처 경연대회를 알게 되었고, 대회에 참가하기 위해 매일 밤 화상회의에서 만나 아이디어를 구상하고 제안서를 작성했다. 필자에게 이 시간은 흥분되고 즐거운 시간이었다. 화상회의로 시간과 장소의 제약 없이 원하는 시간에 만나고, 인터넷 검색으로 아이디어를 실현할 수 있는 방법을 찾고, 클라우드 서비스로 공동 작업하였다. 우리는 시간과 아이디어만 있으면 자본이 없어도 창업을 할 수 있다는 것을 알고 무언가 할 수 있다는 새로운 도전 의식을 갖게 되었다. 당시에는 최종 선정되지 못했지만, 2022년 진짜 창업에 이르게 되었다. 당시의 비즈니스 아이템은 취약 계층을 지원하기 위한 디지털 융합 서비스였고, 창업에 이른 지금의 사업 모델 역시 IT 기술이 없었다면 불가능한 일들이다.

2-1   소셜 벤처 경연대회

기업가 정신을 실험하고 훈련할 수 있는 한 방법으로 한국사회적기업진흥원에서 주관하는 소셜 벤처 경연대회를 추천한다. 소셜 벤처 경연대회는 사회 문제를 해결하거나 사회적 가치를 창출하는 아이디어와 기업을 발굴하고 지원하는 대회이다. 사회 문제에 대한 창의적인 해결책을 가진 창업가나 아이디어를 가진 이들이 참가하며 사회적 가치를 창출하는 소셜 벤처 아이디어를 발굴하고 사업화 지원 및 멘토링, 역량 강화 교육을 지원하는 것을 목표로 한다. 대회에는 청소년 및 대학생 부문도 있는데, 이들이 참여한다면 문제 해결 아이디어나 사업 모델을 기획하고 구체화하여 프리젠테이션할 수 있는 기회를 얻을 수 있을 것이다. 대회에 참여하여 가치를 창출하는 과정은 기업가 정신을 훈련하고 함양하는 데 큰 경험이 될 수 있다.

[그림 4-7] 소셜벤처 경연대회
출처: www.socialenterprise.or.kr

(주)이티랩을 창업하기 전에 이 대회에 참여하였고, 기업가 정신 수업에서 학생들과 대회를 준비하기도 했다. 학생들은 대회를 준비하면서 세상에 자신의 아이디어를 알릴 수 있다는 데 크게 동기 부여되었고 전국 대회까지 진출한 팀도 있었다. 학생들은 학교를 넘어 실제 세상에 영향을 미칠 수 있다는 것에 도전 의식과 성취감을 얻었다.

소셜벤처경연대회 외에도 다양한 경연대회와 공모전, 창업지원 등의 정보를 검색해 보고 참여할 수 있다. 적극적으로 정보를 검색하고 아이디어를 실현해보기 바란다.

2-2 크라우드 펀딩

나만의 제품이나 서비스 아이디어가 있다면 크라우드 펀딩을 시도해 볼 수 있다. 크라우드 펀딩은 아이디어는 있으나 자본이 없는 경우 아이디어를 홍보하고 자금을 먼저 모집한 후 서비스나 제품을 개발할 수 있는 방법이다. 크라우드 펀딩이라는 용어처럼 소액의 투자금을 가진 다수의 사람이 먼저 비용을 지급하고 판매자는 그 비용으로 제품이나 서비스를 개발하고, 투자자는 투자금에 대한 리워드로 상품이나 서비스를 제공받는다. 국내 크라우드 펀딩 사이트로는 와디즈(www.wadiz.kr), 텀블벅(tumblbug.com)이 대표적인 플랫폼이다. 그 외에도 임팩트 투자에 특화된 플랫폼으로 오마이컴퍼니(www.ohmycompany.com)가 있다.

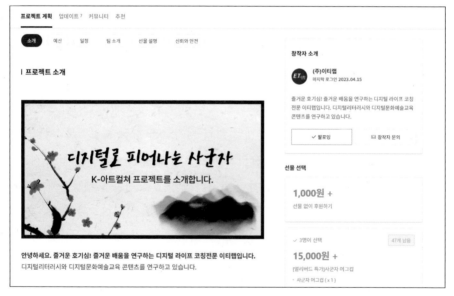

[그림 4-8] '디지털로 피어나는 사군자' 텀블벅 펀딩

출처: https://tumblbug.com

크라우드 펀딩은 대중에게 투자받는 만큼 사람들이 호응할 수 있는 목적과 가치가 있어야 하고, 판매자는 이를 충분히 알릴 수 있어야 한다. 크라우드, 즉 불특정 다수의 대중에게 제품의 가치를 알리고 투자받는 것이 가능하게 된 것은 온라인 플랫폼 덕분이다. TV나 신문과 같

은 매스 미디어에 광고비를 지출하거나, 오프라인 매장의 임대료를 지급하지 않고도 대중과 더 많은 접점을 찾을 수 있는 공간이 디지털 세상이다. 게다가 크라우드 펀딩은 대량 생산 없이 샘플 제작만으로도 상품과 서비스를 충분히 알릴 수 있다. 2010년경 국내에 알려지기 시작한 크라우드 펀딩은 기업은 물론 개인과 일인 기업가, 창작자들에게 새로운 기회가 되고 있다.

(주)이티랩의 주혜정 대표는 디지털 사군자 드로잉 강의 경험으로 콘텐츠와 교재를 제작하고 크라우드 펀딩을 진행하였다. (주)이티랩은 디지털 라이프 코칭을 미션으로 학생과 일반을 대상으로 디지털 리터러시와 디지털 문화예술 교육 서비스를 제공한다. 그중 디지털 기기를 활용한 사군자 그리기 강의가 인기가 많았는데, 세계적인 한류의 인기와 전통 사군자 드로잉이라는 것이 유효했다. 호응이 좋은 콘텐츠를 오프라인 강의로만 두기 아쉬워 디지털 콘텐츠를 제작하고 크라우드 펀딩을 시도한 것이다. 해당 펀딩 리워드로는 다양한 제품을 시도하였다. 전자책과 온라인 코칭 동영상 가이드 및 디지털 브러시는 디지털 콘텐츠로 제작되었고, 사군자 그림이 인쇄된 머그컵은 실물로 받아볼 수 있는 리워드 상품이다. 머그컵은 디지털 이미지만 있으면 누구나 굿즈 제작이 가능한 여러 업체를 검색하고 제작한 것이다.

최근 큰 금액으로 펀딩에 성공하는 사례들은 웹툰이나 유튜브에서 인기가 높은 콘텐츠를 굿즈로 제작하거나 기성 제품과는 다른 개성 있는 작가들의 창작 프로젝트, 그리고 사회적 가치를 추구하는 프로젝트들이다. IT 기술의 발달로 일방 소통의 매스 미디어가 지고 유튜브 등의 개인 방송과 디지털 미디어가 발달하면서 각자의 개성과 취향을 세분화해서 드러낼 수 있게 되었고, 대량 생산, 대량 소비의 기성 제품보다 자기만의 가치와 즐거움을 추구하고 개성을 드러낼 수 있는 제품을 찾게 된 것이다. 또한, 시민의식이 높아지면서 가치 있는 제품이나 서비스에도 기꺼이 비용을 지급하기도 한다. 이는 디지털 리터러시를 갖춘 창작자들에게 새로운 일자리와 기회가 되고, 크라우드 펀딩이라는 새로운 시장을 만들었다.

2-3　온라인 스토어 판매

이미 제품을 가지고 있다면 온라인 스토어에 판매해 볼 수 있다. 온라인 스토어에 판매하려면 온라인 스토어를 개설하고, 제품을 온라인에서 설명할 수 있어야 한다. 제품 판매를 위한 홍보물 제작 및 디지털 마케팅도 해야 한다. 제품에 따라 어떤 플랫폼에서 판매할 것인지 찾아보고 검색 엔진 최적화(SEO), 판매를 위한 콘텐츠 제작, 디지털 마케팅 전략을 이해하고 다양한 온라인 도구와 플랫폼을 활용하여 제품이나 서비스를 효과적으로 홍보할 수 있어야 한다.

필자는 코로나19가 한창이었던 2020년 겨울 오토바이 핸들 커버를 만들게 되었다. 추운 겨울 횡단보도 앞에서 배달 오토바이 핸들에 차가운 바람을 막기 위해 노란색 비닐봉지가 묶여 있는 것을 보았다. 코로나로 생계가 어려워진 많은 이가 배달업에 종사하게 되었다는 뉴스와 함께 추운 바람을 맞는 노랑 비닐봉지에 마음이 불편했다. 노랑 비닐봉지를 좀 더 보기 좋고 튼튼한 제품으로 만들 수 없을까 생각하다 바람막이 오토바이 핸들 커버를 만들게 되었다.

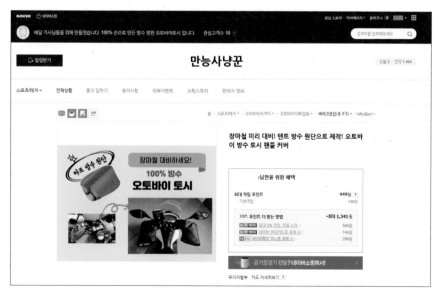

[그림 4-9] 저자의 온라인 스마트 스토어

재료인 원단과 부자재는 온라인으로 구매했는데, 공장 사장님은 동대문에 직접 가는 게 저렴할 거라 하셨지만 실제로는 온라인 쇼핑몰이 더 저렴했다. 대구에 있는 원단 판매처는 온라인 스토어에서 검색하였고, 샘플을 받아본 후 온라인으로 결제하고 공장으로 배송하였다. 온라인 스토어 덕분에 판매자는 먼 거리의 구매자와 연결되고, 구매자는 보다 저렴한 가격으로 재료를 구매할 수 있게 된 것이다. 완성품의 판매는 온라인 스토어에서 이루어졌고, 제품 제작 스토리와 과정, 상품 설명 등을 이미 운영하고 있던 블로그에 기록하고 홍보하였다. 같은 주제의 글을 꾸준히 올리면 상위 키워드 노출이 가능한 블로그의 특성을 활용한 것이다. 제품을 공장에서 제작하겠다고 생각한 계기 역시 한 지역 도서관의 굿즈 제작 온라인 강의 덕분이었다. 여기서 한 발자국 더 나아간다면 해외 판매도 시도해 볼 수 있을 것이다. 제품을 직접 제작하고 판매해 본 경험이 전혀 없었던 필자가 이런 시도를 하게 된 것은 온라인 강의와 디지털 리터러시 역량, 그리고 잘 구축된 온라인 스토어 등의 디지털 플랫폼 덕분이다.

소셜벤처 경연대회를 계기로 창업할 수 있었고, 크라우드 펀딩으로 디지털 콘텐츠와 굿즈 제작을 경험하고, 온라인 스토어와 블로그를 통해 제품 판매를 시도해 볼 수 있었다. 이러한 과정들은 디지털 역량을 갖춘 우리에게는 어렵지 않았다. 컴퓨터 한 대로 새로운 시도를 한다는 것이 즐거웠고 성장과 성취의 경험이 되었다. 무엇보다 이러한 실험들은 큰 비용이 들어가지 않으므로 실패에 대한 두려움도 없었다. 누군가는 단군 이래로 가장 창업하기 좋은 시대이자 돈 벌기 좋은 시대라고 말한다. 창업이나 돈을 버는 것은 이후의 이야기이지만, 적은 비용으로 다양한 실험을 해볼 수 있는 시대임은 틀림없는 것 같다.

2-4 디지털에서 작가 되기

[그림 4-10] 김민섭, 김동식 작가의 책 표지
출처: yes24.com

김민섭 작가의 《나는 지방대 시간강사다》는 온라인 커뮤니티 '오늘의 유머'에 연재된 글을 엮은 책이다. 작가는 지방대에서 시간강사로서의 고달픈 일상을 '309동 1201호'의 필명으로 연재하였는데, 이 글이 인기를 얻으면서 책으로 출간하게 되었다. 이후 작가는 대학을 그만 두고 작가로서의 활동과 더불어 다양한 시도를 하게 된다.

'김민섭씨 찾기'는 2017년 12월 김민섭 작가가 페이스북에 올린 사연에서 시작된다. 작가는 생애 첫 해외여행을 위해 일본행 비행기 티켓을 끊었는데 아이의 수술 날짜와 겹쳐 취소하게 되면서 벌어진 일이다. 항공편을 환불받으려 하니 티켓 값의 10%밖에 돌려받을 수 없게 되자 동일한 영문 이름을 가진 '김민섭' 씨를 찾게 되었다. 작가는 페이스북에 사연을 올리고 팔로워들이 '좋아요'를 누르고 공유하면서 소식이 퍼져 나갔다. 사연을 올린지 3일째 되던 날 93년생 '김민섭' 씨가 나타났고 숙박비와 여행 패스, 와이파이 등 그의 여행을 후원하는 이들도 생겨났다. '93년생 김민섭' 씨는 그를 도운 많은 이를 기억하며 이를 갚기 위해 잘 살아갈 것이라고 약속한다. 김민섭 작가가 인터넷 연재로 글을 쓰게 된 것처럼 소셜 미디어에서 활발하게 활동하고 있었던 덕분이다. 과거에는 TV 방송에서나 가능했던 일이 사람들 손 안의 작은 스마트폰 안에서 일어나고 있다. 지금 소셜 미디어의 영향력은 TV 방송보다 더 크다고 해도 될 것이다.

디지털 연재로 전업 작가가 된 예로는 《회색 인간》의 김동식 작가도 있다. 김동식 작가 역시 온라인 커뮤니티에 글을 연재하고 독자들의 응원에 힘입어 계속 글을 쓰게 되었고, 이를 김민섭 작가가 발굴하게 된다. 김동식 작가는 글쓰기를 배운 적이 없고 공장에서 일하는 평범한 노동자였다. 그는 매일 퇴근 후 떠오르는 이야기를 커뮤니티에 연재하였고 여러 책으로 출간되었다. 그 역시 지금은 전업 작가로 활동하고 있으며, 그의 작품은 중학교 국어 교과서에 수록되기도 하였다.

김민섭 작가는 이후 독립출판사와 서점을 운영하며 다른 작가들과 유료 메일링 서비스를 만드는 등 다양한 실험을 하고 있다. 작가는 지금도 소셜 미디어에 꾸준히 글을 쓰고 있으며 이는 그가 작가로 활동하는 기반이기도 하다.

[그림 4-11] 브런치 스토리
출처: https://brunch.co.kr/

카카오의 브런치(brunch.co.kr)는 디지털 글쓰기를 표방하는 대표적인 플랫폼이다. 2015년 6월 '작품이 되는 이야기'로 시작한 서비스는 2022년 7월 기준 5만 4,000여 명의 작가들이 글을 쓰고 있으며 5,300권의 도서가 출간되었다. 100쇄 이상 찍은 임홍택 작가의 《90년생이 온다》, 하완 작가의 《하마터면 열심히 살 뻔했다》, 정문정 작가의 《무례한 사람에게 웃으며 대처하는 법》이 브런치를 통해 출간된 대표적인 베스트셀러이다. 책을 출간한 작가들은 세바시(세상을 바꾸는 시간, 15분)에서 강의를 하는 등 다양한 활동을 하기도 한다.

브런치 회원은 일반 회원과 작가 회원이 있는데, 작가가 되어야 글을 공개로 발행할 수 있으며 심사 과정을 거쳐야 한다. 회원 가입만 하면 글을 쓰고 발행할 수 있는 다른 플랫폼과 달리 심사 절차가 있음에도 불구하고 수많은 사람이 브런치 작가 되기에 시도하고 성공 사례들을 공유하기도 한다. 글쓰기를 좋아하고 작가의 꿈이 있다면 브런치 작가 되기에 도전해 볼 수 있다.

03. 디지털 덕후가 세상을 바꾼다

덕후는 일본의 '오타쿠'를 한국식으로 발음한 '오덕후'를 줄인 말이다. '오타쿠'는 일본의 특정 애니메이션 작품이나 캐릭터에 지나치게 몰입하는 사람들을 가리키는 말로 괴짜, 폐인과 같은 부정적인 의미로 사용되었다. 그러나 우리나라에서 '덕후'로 변형되어 특정 주제나 분야에 대해 깊은 지식과 열정을 가지고 관심을 갖는 사람으로 보다 긍정적으로 사용되고 있다. '덕후'들이 무언가를 좋아해서 하는 활동들을 '덕질'이라고 칭하는데, 이는 웹툰, K팝, K드라마의 팬덤 문화로 이어지고 있다. 덕후들은 자신이 좋아하는 활동들을 SNS에 공유하고 덕질을 위한 디지털 드로잉 등의 콘텐츠 창작 활동으로 이어지기도 한다.

지금 이 책을 읽는 여러분이 매일 즐기는 취미나 덕질이 있다면 당장 유튜브를 시작하라고 권하고 싶다. 덕질은 자신이 언제 행복한지, 무엇을 할 때 가장 즐거운지 탐구해 본 사람들이 할 수 있는 일이다. '오타쿠'가 '덕후'로 바뀌면서 개인의 취향을 존중하고 이를 드러내는 분위기가 사회 전반으로 확대되고, 개성 없는 트렌드를 그대로 따라 하기보다 좋아하는 것을 위해 아낌없이 투자하는 것이 자연스러워졌다. 유튜버 중에는 자신이 좋아하는 일을 영상으로 기록하는 것이 유튜브의 시작이 된 경우가 많다. 이들은 좋아하는 일로 돈을 버는 '덕업일치'를 이룬 것이다. 《트렌드 코리아 2023》에서는 이처럼 자신의 취향에 맞는 분야를 깊게 파고드는 트렌드를 '디깅(Digging) 모멘텀'으로 설명하기도 했다. 아래에는 자신이 좋아하는 덕질을 콘텐츠로 만들고 취향이 같은 사람들과 함께하며 수익도 얻을 수 있는 방법들을 소개한다.

3-1 온라인 클래스 개설하기

[그림 4-12] 클래스101
출처: class101.net

클래스101은 전문 지식과 일러스트, 공예, 코딩, 부업, 주식까지 다양한 분야를 배울 수 있는 온라인 클래스 플랫폼이다. 클래스101에 일반 회원으로 가입하면 클래스를 수강할 수 있고, 크리에이터로 등록하여 클래스를 개설하는 것도 가능하다. 크리에이터로 등록하면 영상을 제작하여 정규 클래스를 개설하거나, 디지털 파일, 전자책 등 다양한 서비스를 등록하고 판매할 수 있다. 여기에는 영어 회화 등의 학습 콘텐츠부터 뜨개질, 요가, 디지털 드로잉 등의 취미까지 온라인으로 제공할 수 있는 다양한 클래스가 개설되어 있다. 클래스 개설 시 무료 수요 조사로 시장 반응을 알아볼 수 있고, 영상 기획과 제작에 도움을 받을 수 있어 본업 외에 N잡으로 수익을 얻고자 하는 이들에게 유용하다. 나만의 전문지식이나 다른 사람들에게 알려줄 수 있는 취미가 있다면 온라인 클래스를 개설해 보아도 좋다. 이와 비슷한 플랫폼으로 탈잉(taling.me), 경험수집잡화점(excollectshop.com), 라이브클래스(LiveKlass) 등이 있다.

[그림 4-13] 프립 홈페이지

출처: www.frip.co.kr

　　프립(Frip)은 다양한 체험 활동과 액티비티를 제공하는 플랫폼으로 클래스101과 같은 오픈 서비스 플랫폼이다. 프립에서는 사람들과 함께할 수 있는 요리 수업, 공예 체험 등의 체험 활동이나 스쿠버 다이빙, 등산 등의 액티비티와 역사 탐방 등의 문화 체험 활동을 예약하고 참여할 수 있다. 클래스101의 크리에이터를 프립에서는 호스트라 하는데, 호스트를 지원하면 자신의 특기나 취미를 바탕으로 여가 활동을 주최하고 제공할 수 있다. 프립 호스트로 활동하면 '좋아하는 일 걱정 없이 하세요.'라는 글처럼 취미나 전문 지식을 공유하고 새로운 사람들과 교류하며 수익을 얻을 수 있다. 취미 활동을 같이 하는 동호회 회원을 온라인에서 모집하고 운영할 수 있는 것이다. 프립 호스트의 후기를 보면 대단한 강의보다 작은 경험들을 나누는 사람들이 많고 그러한 콘텐츠들이 반응도 좋다고 한다. 나의 경험을 누가 궁금해 할까 생각한다면 시도해 보라고 권하고 싶다. 여기에는 열정이 필요할 뿐 돈이 들지 않는다.

일방적인 TV 등의 매스미디어보다 양방향 소통이 가능하고 개인 취향에 따라 언제든지 선택해서 볼 수 있는 유튜브 소비가 월등히 많은 시대이다. 지금 사람들은 대기업이 만들어 낸 브랜드나 제품에는 관심이 없다. 과거에는 검색이 인터넷의 주요 소비 대상이었다면 지금은 정보를 얻기 위한 디지털 활동보다 자신의 존재 의미와 재미를 추구하는 시대이다. 클래스 101, 프립 등과 같은 온라인 플랫폼이 성공하게 된 배경도 여기에 있다. 이들은 누구나 생산자가 될 수 있는 통로를 열어 두고 다양한 콘텐츠 중개로 개인화된 서비스를 제공할 수 있다.

3-2 온라인 창작자 되기

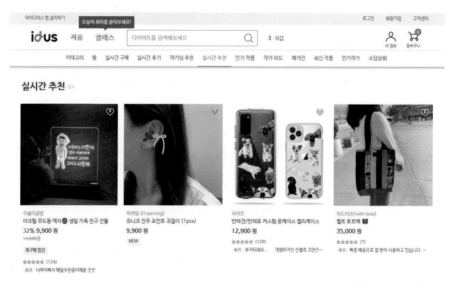

[그림 4-14] 아이디어스 홈페이지

출처: www.idus.com

아이디어스(www.idus.com)는 국내 최대의 핸드메이드 장터로 누적 다운로드 1,200만이 넘는다. 디저트, 가방, 도자기 등을 직접 만들 수 있으나 상점이 없으면 판매하기 어려운 수공예 작가들을 위한 온라인 마켓으로 크게 성장했다. 판매자는 베이킹, 드로잉 등의 취미로 작품을 만들고 구매자는 나만의 취향에 맞는 제품을 구매할 수 있는 것이다. 아이디어스는 더 나아가 작가들이 제품을 제작할 수 있도록 공유 공방, 공유 주방, 메이킹랩, 스튜디오 등을 운영하며 판매와 기술, 운영 및 홍보를 지원하는 다양한 프로그램도 제공하고 있다. 아이디어스 누적 거래액 증가 추이를 보면 오프라인 플리마켓을 온라인으로 가져왔을 때 얼마나 많은 사람이 모이는지 알 수 있다. 이들은 대량 생산된 제품보다 '남들과 다름'에 목말라 있으며, 이들이 소비하는 것은 상품이 아니라 콘텐츠인 것이다.

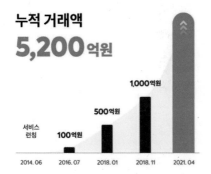

[그림 4-15] 아이디어스 누적 거래액

출처: 아이디어스

3-3 **메타버스로 세상 바꾸기**

게임만큼 덕후가 많은 분야가 있을까? 과거 게임 개발은 개발자들만이 할 수 있는 영역이라 여겨졌지만, 다양한 메타버스 플랫폼이 등장하면서 누구나 게임을 만들고 배포할 수 있게 되었다. 로블록스, 마인크래프트 등 제작용 스튜디오를 제공하는 메타버스 덕분에 게임 덕후들이 생산자로 활약할 수 있게 된 것이다. 3장에서 소개한 것처럼 직접 게임을 제작하거나 아바타 아이템을 판매하여 수익을 얻을 수도 있다.

[그림 4-16] 로블록스 문화유산 박물관

출처: www.aitimes.com

2022년 '제1회 디지털 문화유산 콘텐츠 경진대회'에서 학생부 문화유산 메타버스 분야에서 황○○ 군이 최우수상을 받았다. 역사 덕후이자 로블록스(Roblox) 게임을 즐겨하는 황군은 '메타버스 플랫폼 속 문화유산 활용 박물관'을 로블록스 게임으로 구현하였다. 코로나19 팬데믹으로 박물관이나 역사 유적지 방문이 어려워진 문제를 메타버스 박물관으로 해결한 것이다. 시공간 제약이 없고 전 세계인들이 사용하는 로블록스에 박물관을 만들면 우리 문화와 역사를 세계에 알릴 수 있다는 아이디어이다. 현실 세계를 확장할 수 있는 메타버스의 특성을 활용해 좋아하는 일을 디지털 공간에 실현한 사례이다.

"아기 북극곰 구하기"

지구온난화로 북극곰이 사냥을 못해 죽어가요.
얼음이 다 녹기전에 북극곰에게 줄 물고기 아이템을 획득 후
북극곰이 있는 곳(Endline)까지 도착하여 북극곰을 구해 주세요.
* 쓰레기봉투에 닿으면 플레이어가 사라지고 플라스틱 병에 닿으면 점수가 줄어들어요.

[그림 4-17] 디토랜드 메타버스 '아기 북극곰 구하기'

우리는 (주)유티플러스 인터랙티브의 디토랜드(DitoLand) 교육연구진으로 활동하면서 세상의 문제를 해결하는 메타버스를 제작하였다. 디토랜드 메타버스로 두 개의 미니 게임을 제작하였는데, 첫 번째는 지구 온난화로 먹이를 찾기 어렵게 된 북극곰을 구하기 위해 쓰레기를 치우고 물고기를 전달해 주는 게임이다. 두 번째는 700년 전 보물이 발견된 신안 보물선 이야기를 소재로 '바닷속 보물을 찾아라' 게임을 만들었다. 실제 세상에서 일어나는 일들을 기반으로 스토리를 구성하였고, 메타버스에 방문하는 이들이 지구 온난화 문제에 경각심을 갖고 신안 보물선 메타버스 체험으로 우리 역사에 관심을 갖기를 바라는 마음에서 제작하였다.

디토랜드(DitoLand) 메타버스 교육에서는 '메타버스로 사회 문제를 해결하기'를 주제로 자주 활용한다. 아이들은 '사회 문제 해결하기'를 주제로 아이디어를 구상하기 위해 주변을 관찰하고 해결 방법을 고민하게 된다. 또한, 아이디어 구상에 그치지 않고 메타버스에 구현하면서 실제 세상의 문제를 더욱 실감하고 관심을 갖게 된다. 다음은 교육에 참여한 학생들이 메타버스로 해결하고 싶은 문제들의 예이다.

학생들의 지역문제해결 아이디어

학생1

집 앞 쓰레기통을 보면 종류별로 나누어서 버릴 수 있게 쓰레기통의 분리가 되어 있어요. 한국에서는 분리수거가 필수이지만 여기 사람들은 사실 신경쓰지 않고 그냥 막 버리는 사람이 대다수에요.

학생2

제가 살고 있는 동네에 길고양이들이 많아서 고양이들을 위한 여러가지 미션을 주인공이 완수해야 하는 메타버스 게임을 만들고 싶다.

학생3

현재 거주하고 있는 웨이하이 지역에는 분실물을 보관해주는 관리 센터가 없다. 실제로 지인이 가방을 잃어버렸는데 주변에 분실물 센터가 없어 가방을 주워도 가져다 줄 수도 없으며 찾기가 어려웠다. 그래서 우리 지역에 분실물 센터를 만들고 싶다. 게임 아이디어는 잃어버린 물건이 바닥에 떨어져 있으면 아바타가 주워서 센터에 가져다 주는 것이다.

[그림 4-18] 민주화 운동 메타버스 구현 과정

한 청소년센터에서는 한국의 민주화 운동의 역사를 학생들과 함께 교육용 메타버스로 기획하고 제작하였다. 기념관이나 박물관에 방문하면 역사의 현장을 생생하게 보여 주는 많은 자료가 있다. 이들은 과거의 역사를 현재의 박물관이라는 물리적인 메타버스 공간에 옮겨 놓은 것이라 할 수 있다. 메타버스는 물리적인 제약이 없으므로 역사 현장을 생생하게 구현할 수 있다. 학생들은 메타버스를 제작하기 위해 민주화 운동의 역사를 공부하고 이를 효과적으로 표현하기 위해 기획하고 필요한 자료들을 수집하였다. 메타버스에서 전달할 수 있는 메시지에 대해 고민하고 사용자에게 어떤 경험을 줄 것인지 시뮬레이션해 보는 것이다.

04. 디지털 능력으로 1인 기업가 되기

[그림 4-19] 찰리 채플린의 모던 타임즈

출처: www.youtube.com/@TheChaplinFilms/

찰리 채플린은 〈모던타임즈〉에서 공장의 기계화로 반복된 작업을 해야 하는 노동 현장을 비판했다. 그가 지금의 4차 산업혁명 시대를 경험한다면 뭐라고 이야기했을까? 아마도 스마트 기기로 훨씬 더 많은 영화를 제작하고 유튜브를 적극 활용했을 것이다. 사람들은 찰리 채플린의 영화를 유튜브나 넷플릭스에서 시청하고 찰리 채플린은 세계적인 인플루언서가 되어 더 많은 콘텐츠를 빠르게 생산하면서 콘텐츠 생산자이자 창작자로 큰 기쁨을 누렸을 것이다.

카이스트 교수 정재승 박사는 《열두 발자국》에서 과거 공장의 기계가 생산 도구였다면 지금은 컴퓨터가 개인의 생산도구가 되었다고 말한다. 불과 얼마 전까지 이 생산 도구가 각 가정에 한 대씩 있었다면 코로나19를 지나온 지금은 성인을 비롯한 아이들까지 1인 1 PC가 일반화되었다. '책상 위의 컴퓨터' 또는 '손 안의 스마트폰'으로 할 수 있는 일들에는 찰리 채플린이 지적한 반복적인 작업은 줄어들었고 창조적이고 다양한 작업들을 빠르게 시도해 볼 수 있게 되었다.

이제부터는 디지털을 활용하여 다양한 시도를 해 보고 기회를 만들 수 있는 여러 가지 방법들을 제시하고자 한다. 여기에는 디지털 리터러시와 더불어 주체적으로 자신의 일을 시도하고 해내는 기업가 정신이 필요하다. 디지털을 활용하여 적은 비용으로 다양한 시도를 하고 삶을 풍요롭게 하는 도구로 경험하기를 희망한다. 이러한 작은 성취가 반복되면 디지털 활용 능력 및 주체성은 훈련되고 기회를 포착하고자 하는 기업가 정신은 더욱 고취될 것이다.

4-1 포트폴리오 만들기

디지털의 발달이 빠르게 혁신하고 있는 것은 학벌주의이다. 과거 기업에서 인재를 채용하는 기준은 대학 졸업장, 학점, 토익 점수 등의 스펙이었다. 앞서 디지털 기업가 정신 사례에서는 이러한 스펙보다 능력을 증명하는 디지털 기록물을 적극적으로 활용하였다. 기업에서 인재 채용 시 개인의 SNS 계정을 찾아본다는 이야기는 과거에도 있었지만 지금은 기업이나 지원자 모두에게 디지털 포트폴리오는 보다 적극적으로 활용되고 있다.

기업과 작은 브랜드를 비롯한 1인 기업가와 프리랜서들은 인스타그램에서 활발하게 활동하고 있다. 제품과 브랜드, 기업을 알리기 위해 가장 많은 사람을 만날 수 있는 곳이 소셜 미디어이다. 인스타그램, 페이스북 등에서 주기적으로 소식을 알리고 홈페이지나 블로그 방문을 유도하여 제품과 서비스에 대해 상세하게 확인할 수 있는 방식이다. 서비스나 제품이 없더라도 자신의 포트폴리오를 차곡차곡 쌓아 증명할 수 있도록 디지털에 기록할 수 있다. 디지털 기록은 거창하게 창업을 이야기하지 않더라도 삶과 일의 포트폴리오가 되고, 이는 내 삶에 기업가 정신을 발휘하는 일이 된다.

홈페이지 만들기

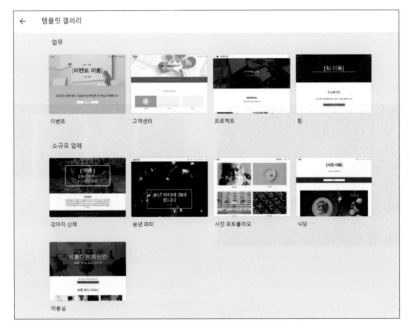

[그림 4-20] 구글 사이트 템플릿 예시

출처: 구글 템플릿 갤러리

구글 사이트는 구글 계정만 있으면 무료로 웹 사이트를 만들고 게시할 수 있는 도구로, 디지털 포트폴리오를 쉽게 만들 수 있다. 필자는 중학생들의 영화 토론 동아리를 지도한 적이 있었는데, 당시 아이들이 자신의 홈페이지를 구글 사이트로 만들고 동아리 활동을 기록하도록 했다. 동아리에서는 자신이 관심 있는 진로 분야의 영화를 감상하고 토론을 했다. 아이들은 영화와 관련하여 구글맵, 구글 프리젠테이션 등 클라우드 기반의 디지털 도구를 활용하고 각자의 구글 사이트에 기록했다. 아이들은 쉽게 자기만의 홈페이지를 만들 수 있다는 것에 즐거워했고, 할 수 있다는 자기 효능감과 성취감이 고취되었다. 이후 아이들은 독서록 등을 자신의 홈페이지에 기록하기도 했다.

구글 사이트는 학교에서 교육용으로 많이 사용하고 있으며, 구글 계정에 권한을 주면 공동 작업도 가능하다. 구글 프레젠테이션, 구글 드라이브, 구글 지도 등 다양한 서비스를 연동할 수 있으며 사용법이 간단해 아이들도 쉽게 만들 수 있다. 무료 도구인 만큼 단조롭고 자유롭게 디자인하기 어렵다는 단점이 있지만, 주어진 조건 안에서 아름답게 만들어 사용하는 이들도 있다. 구글 사이트로 홈페이지를 만들려면 아래의 예시를 참고하기 바란다.

구글사이트 예시

www.filiprzepka.com

체코의 영상 감독 필립 제프카의 홈페이지.

구독에 대한 소개와 포트폴리오를 확인할 수 있다. SNS와 유튜브 채널에 접속할 수 있으며 구글 설문지로 연락처와 메시지를 남길 수 있도록 해 두었다.

www.moalboaladventures.com

동남아 여행사 홈페이지.

동남아의 여행지에 대한 정보와 투어를 소개하고 있다. 특히 구글 맵을 연결하여 여행지를 지도로 확인할 수 있다.

윅스(Wix.com)와 워드프레스(WordPress.com)는 구글 사이트보다 다양한 레이아웃과 도구를 제공하는 웹 사이트 제작 도구이다. 무료로 제공되는 구글 사이트와 달리 유료 플랜을 제공하고 있으며 상품 등록 및 결제 서비스도 가능하여 쇼핑몰 운영도 가능하다.

[그림 4-21] (주) 이티랩 홈페이지

출처: etlab.us

윅스(Wix)는 워드프레스보다 초보자들이 사용하기 쉬운 도구이다. 사용자들은 미리 설계된 템플릿을 선택하여 웹 에디터에서 드래그 앤 드롭 방식으로 사이트 페이지와 메뉴를 구성할 수 있다. (주)이티랩은 윅스로 홈페이지를 제작하고 사이트 내 블로그에서 새로운 소식을 전하고 있다. 사업을 하는 개인 또는 기업이 디지털에서 검색 가능한 것은 신뢰성을 확보하는 데 중요한 요소이며, 무슨 일을 하고 있는지 알리는 데에는 홈페이지만한 것이 없다.

블로그 운영하기

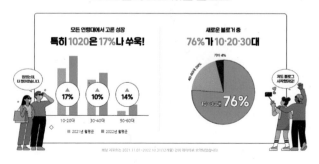

[그림 4-22] 2022 네이버 블로그 리포트

출처: campaign.naver.com/2022blog/blogreport/

웹 사이트 구축이 어렵게 느껴진다면 보다 쉬운 블로그를 운영할 수 있다. 네이버 블로그는 국내 검색에서 절대 우위에 있으며 회원 가입만 하면 초등학생부터 시니어까지 쉽게 활용할 수 있다. 스마트폰 블로그 앱에서 글쓰기, 카테고리 설정, 이웃 추가, 댓글 달기 등 대부분의 기능을 사용할 수 있어 인스타그램 등의 SNS처럼 접근성이 뛰어나다.

필자는 2020년부터 블로그를 운영하고 있는데, 인스타그램이나 페이스북에 비해 조회 수가 높지 않고 소통이 느리지만 긴 글을 나만의 호흡으로 적을 수 있어 좋았다. 또 다른 이들의 게시물과 섞여서 보이는 플랫폼들에 비해 글이 휘발되지 않고 누적되며 카테고리에서 블로그 주인의 취향을 드러낼 수 있다. 나에 대해 궁금해하는 사람들을 나만의 공간으로 초대하고 싶거나 일기장처럼 일상의 기록을 누적하고 싶은 이들에게는 블로그를 추천한다.

블로그는 인스타그램, 유튜브와 함께 소위 인블유로 불리며 개인이 수익을 올릴 수 있는 일인 미디어로 성장하고 있다. 잠시 다녀오는 카페는 인스타그램에서 찾아보고 방문하지만 여행지나 숙소를 찾을 때에는 인스타그램에서는 사진을 보고 블로그에서 자세한 정보를 확인한 후 예약한다고 한다. 실제로 필자의 블로그 강의 후기를 보고 의뢰를 받은 경험이 있다. 수강생 중에는 그림을 취미로 하는 분이 계셨는데 자신의 작품을 블로그에 기록하면서 무척 즐거워하셨다. 종이 그림으로만 남을 수 있는 작품을 블로그에 공유하면서 기쁨은 두 배가 되었다.

노션으로 포트폴리오 만들기

메모를 자주 하는 사람이라면 노션(Notion)은 훌륭한 디지털 도구이다. 필자는 오래전부터 기록용으로 에버노트(Evernote)를 사용하고 있었는데, 노션을 알고난 후 에버노트 데이터를 노션으로 이동하여 사용 중이다. 에버노트는 여러 기기에서 접속이 제한되고, 용량에도 제한이 있어 유료로 전환하여 사용하고 있었는데, 노션은 개인 사용자에게 기기와 용량 제한이 없다. 지금은 노션으로 독서록, 일정 관리, 강의 노트, 수입지출 관리를 하고 포트폴리오도 작성하여 활용하고 있다.

노션(Notion)은 사용자가 자유롭게 페이지를 구성할 수 있는 블록 기반 인터페이스를 제
공한다. 블록 단위의 텍스트, 이미지, 링크, 데이터베이스 등 다양한 형식으로 기록할 수 있
으며, 이를 템플릿으로 활용할 수 있다. 개인 사용자는 무료 요금제로 블록을 무제한 생성할
수 있고, 기기 제한이 없으며, 페이지 편집 및 공유 등 대부분의 기능을 사용할 수 있어 사용
자가 폭발적으로 늘어나고 있다.

노션은 개인 포트폴리오, 기업의 홈페이지로도 많이 활용하고 있는데, 대표적인 예가 배달
의 민족, 왓챠, 직방, 토스 등이다.

노션 notion.so
블록 단위로 편집이 가능한 다목적 노트 및 협업 도구

웹 앱　　　　　**데스크톱 앱**

노션 기업 페이지 예시

배달의 민족 (woowahan.oopy.io)

왓챠 (watcha.team)

노션에서 작성한 페이지를 웹에 공유하려면 링크 주소가 복잡할 수 있는데 짧고 기억하기 쉬운 주소로 변경하고 싶다면 비틀리(bit.ly)나 우피(oopy.io)를 활용하면 된다. 비틀리는 웹 페이지의 긴 URL을 짧게 줄여 주는 서비스로 회원 가입을 하면 무료로 사용할 수 있다. 비틀리를 활용하면 단축 링크의 QR 코드 생성과 방문자 분석도 가능하다. 설정한 단축 링크에 대해 날짜별 방문자 수, 접속 경로, 국가까지 확인할 수 있다.

우피는 노션 커뮤니티의 한국 개발자가 만든 서비스이다. 노션의 공유 링크를 입력하면 oopy.io가 붙은 단축 링크로 만들어 주고, 사용하는 도메인이 있다면 해당 도메인으로 연결도 가능하다. 우피는 노션에 특화된 서비스로 다양한 노션 템플릿을 제공하고, 폰트 변경, 외부 플러그인, SEO(검색 엔진 최적화) 세팅이 가능하다. 배달의 민족이나 왓챠와 역시 우피를 활용한 예이다. 우피는 유료 서비스이지만 노션만으로 아쉬울 때 다양한 기능을 쉽게 활용할 수 있다.

비틀리(bit.ly)

비틀리 홈페이지

비틀리 방문자 분석 화면

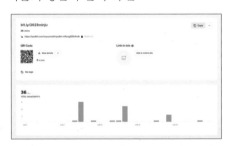

우피 (oopy.io)
노션 페이지 주소를 짧은 도메인으로 변경해 주는 서비스

　이 밖에도 개인이나 기업이 사용하는 SNS나 유튜브 채널, 웹 사이트 등을 하나의 페이지로 모아서 볼 수 있는 멀티링크 서비스도 있다. 멀티링크 서비스는 인스타그램이나 틱톡 등 SNS 프로필에 연결된 원 페이지 서비스로 많이 사용하는데, 관련된 채널을 모두 모아 볼 수 있는 서비스이다. 홈페이지나 블로그, 포트폴리오, 유튜브, 쇼핑몰 등 운용하고 있는 서비스나 제품, 채널 등을 한눈에 보여 줄 수 있어 기업이나 개인 프로필 링크로 유용하다. 멀티링크를 제공하는 사이트는 비틀리(bit.ly), 리틀리(litt.ly), 링크트리(linktr.ee), 인포크링크(link.inpock) 등 다양하다. 무료로 사용 가능하며 사용법도 간단하며, 방문자 통계나 링크 클릭 분석 등도 제공한다.

| 링크트리(linktr.ee) | 리틀리(litt.ly) | 비틀리(bit.ly) |

　기업은 물론 개인이 자신을 소개할 수 있는 방법은 무척 다양하다. 앞서 소개한 여러 가지 도구는 대부분 무료로 사용해 볼 수 있으며 활용 사례도 다양하다. 이 도구들로 자신의 스토리와 이력, 포트폴리오를 정리하다 보면 내가 어떤 일들을 주로 해왔는지, 무엇을 잘할 수 있는지 돌아보게 되고 또 할 수 있는 일들은 무엇인지 성찰하는 시간이 될 것이다.

자기소개서와 이력서로 자신을 소개하던 시대는 끝났다. SNS를 넘어서 다양한 디지털 도구를 활용하여 차곡차곡 기록하고 주체적인 삶의 기획자가 되어 보기 바란다. 더 나아가 빠르게 변하는 세상의 기회를 포착하고 도전 정신을 발휘할 수 있는 힘을 키울 수 있을 것이다.

4-2

챗GPT로 사업 계획서 쓰기

챗GPT와 사업 계획서 쓰기

챗GPT 출현 이후 다양한 인공지능 활용법이 많이 알려지고 있다. 챗GPT의 공개된 API로 다양한 서비스들이 출시되고 기존 서비스에 자연스럽게 융합되고 있다. 인공지능을 활용한 홈페이지 제작, 영상 제작 등에 시간과 비용을 획기적으로 줄여 주며 창업에 필요한 스텝을 빠르게 진행할 수 있게 되었다. 자, 이제 여러분의 실행만이 남았다. 아래 소개하는 무료 인공지능 도구들을 적극 활용해 보기 바란다.

K-Startup 창업 지원 포털(www.k-startup.go.kr)에서는 창업 지원 사업이나 교육, 멘토링 등 창업에 대한 다양한 정보를 확인할 수 있다. 예를 들어, 2023년 초기창업패키지 창업 기업 모집에 지원한다고 하자. 초기창업패키지는 유망 창업 아이템을 보유한 초기 창업 기업을 대상으로 사업화 자금 및 보육 프로그램 지원으로 사업 안정화와 성장을 지원하는 지원 사업이다. 모집 공고의 사업 계획서 양식에서 몇 가지를 챗GPT로 작성해 보겠다. 아래 질문과 답변은 챗GPT 자동 번역 프로그램인 지니 프롬프트를 활용하였다.

1. 문제 인식 (Problem)	**1-1. 창업 아이템 배경 및 필요성** - 제품·서비스를 개발/개선하게 된 내부적, 외부적 동기 등 - 제품·서비스 개발/개선의 필요성과 문제점에 대한 해결 방안, 개발/개선 목적 등 - 내·외부적 동기, 필요성 등에 따라 도출된 제품·서비스의 유망성 (성장 가능성) **1-2. 창업 아이템 목표 시장(고객) 설정 및 요구 사항 분석** - 제품·서비스 개발(개선) 배경 및 필요성에 따라 정의된 목표 시장 (고객) 설정 - 정의된 목표 시장(고객) 규모, 경쟁 강도, 기타 특성 등 주요 현황 - 정의된 목표 시장(고객) 요구 사항에 대한 조사·분석 결과 및 객관적 근거 등
2. 실현 가능성 (Solution)	**2-1. 창업 아이템의 개발/개선 준비 현황** - 사업 신청 시점의 제품·서비스의 개발 단계(현황) 등 - 사업 신청 시점의 실적 및 성과 목표 시장(고객) 반응 등 **2-2. 창업 아이템의 실현(개선/개발) 및 구체화 방안** - 제품·서비스에 대한 개발 개선 방안 등 - 목표 시장(고객)의 요구 사항 분석(문제점)에 대한 개선/ 대응 방안 등 - 보유 역량 기반 경쟁사 대비 제품·서비스 차별성, 경쟁력 확보 방안 등

2023년 초기 창업 패키지 사업 계획서 양식 중 일부

먼저 사업 아이템 구체화를 위한 아이디어를 질문해 보았다.

질문

액티브 시니어를 위한 디지털 교육 서비스 사업을 하려고 해. 구체적인 사업 아이템을 10개 목록으로 적어 봐.

답변

1. 커리큘럼 개발: 활동적인 시니어를 위한 다양하고 매력적인 커리큘럼을 만듭니다.

2. 온라인 학습 플랫폼: 고령자가 코스에 액세스할 수 있는 사용자 친화적인 플랫폼을 구축합니다.

3. 강사 모집: 양질의 교육을 위해 경험이 풍부한 강사를 모집합니다.

4. 기술 지원 및 교육: 노인을 위한 기술 지원 및 교육을 제공합니다.

5. 커뮤니티 구축: 상급 학습자 사이에 커뮤니티 감각을 조성합니다.

6. 맞춤형 학습 경로: 노인을 위한 맞춤형 학습 경험을 제공합니다.

7. 접근성 기능: 다양한 능력을 가진 노인들이 플랫폼에 접근할 수 있도록 합니다.

8. 고위 조직과의 파트너십: 승진 및 혜택을 위해 고위 조직과 협력합니다.

9. 정기 콘텐츠 업데이트: 코스 카탈로그를 지속적으로 업데이트하고 확장합니다.

10. 가격 및 구독 옵션: 합리적인 가격과 액세스를 위한 유연한 가격 계획을 제공합니다.

사업 계획서 양식 중 몇 가지를 챗GPT에게 질문해 보자.

질문

액티브 시니어를 위한 디지털 서비스 사업을 시작하려고 해. 사업 개요는 활동적인 시니어를 위한 AI 데이터 기반 앱 정보 추천 기술로 만든 '앱 구경' 서비스를 만드는 것이다. 이 아이디어를 바탕으로 사업 계획서를 작성해 보자.

1. 서비스 개발을 위한 대내외적 동기
2. 서비스 개발의 필요성, 문제 해결 및 개발 목적

답변

1. 서비스 개발을 위한 내부 및 외부 동기:

내부 동기:

· 활동적인 시니어의 요구를 충족하고 디지털 경험을 향상하려는 욕구.
· 노인의 삶을 개선하기 위해 기술을 활용하려는 열정.
· 고령자를 대상으로 한 디지털 서비스에 대한 시장 수요 증가 인식.
· 활동적인 노인과의 개인적인 경험 또는 연결 및 그들의 문제 이해.

외부 동기:

· 인구 통계학적 변화: 전 세계적으로 고령화 인구가 증가하고 있으며 노인을 대상으로 하는 서비스 시장이 더 커지고 있습니다.
· 노인들의 디지털 채택: 점점 더 많은 노인이 기술을 수용하고 삶의 다양한 측면에 대한 디지털 솔루션을 찾고 있습니다.
· 맞춤형 서비스 부족: 기존 디지털 플랫폼은 종종 활동적인 시니어의 고유한 요구와 선호도를 간과합니다.
· 앱 옵션 증가: 모바일 앱의 확산으로 고령자를 위한 지침과 권장 사항이 필요합니다.

2. 서비스 개발의 필요성, 문제 해결 및 개발 목적:

필요성:

· 많은 시니어들은 복잡한 인터페이스, 압도적인 옵션, 생소한 기술로 인해 사용 가능한 방대한 앱을 탐색하는 데 어려움을 겪고 있습니다.

· 노인들은 자신의 관심사, 건강, 피트니스, 취미 및 사회적 연결에 특별히 부합하는 앱을 찾는 데 어려움을 겪을 수 있습니다.

· 개인화된 권장 사항이 없기 때문에 노인들은 자신의 선호도 및 요구 사항에 맞는 관련 앱을 찾기가 어렵습니다.

솔루션:

· 데이터와 알고리즘을 활용하여 활동적인 시니어를 위한 맞춤형 추천을 제공하는 AI 기반 앱 보기 서비스를 개발합니다.

· 다양한 수준의 기술 이해력을 가진 노인을 수용할 수 있도록 직관적인 탐색, 큰 글꼴 및 명확한 지침으로 사용자 친화적인 인터페이스를 만듭니다.

· 건강 및 웰니스, 피트니스, 소셜 연결, 엔터테인먼트 및 평생 학습과 같은 노인의 관심사와 관련된 앱 카탈로그를 선별합니다.

· 신뢰를 쌓고 사용자가 정보에 입각한 결정을 내리도록 돕기 위해 다른 노인들의 리뷰, 평가 및 평가를 제공합니다.

· 사용자 피드백 및 선호도를 기반으로 추천 시스템을 지속적으로 업데이트하고 개선합니다.

여기서는 간략하게 질문했지만, 사업 아이템을 구체적으로 설명하고 답변받고 싶은 내용을 항목별 리스트로 정리하면 챗GPT는 더 상세하고 구체적인 답변을 줄 것이다. 사업의 SWOT(강점, 약점, 기회, 위기 분석 방법), 린 캔버스(Lean Canvas, 한 페이지로 사업 계획을 설명할 수 있는 시각화 도구) 등의 용어를 사용하여 질문해 볼 수 있다.

질문

이 사업의 SWOT를 분석해줘. 강점(S), 약점(W), 기회(O), 위협(T)을 분석하고 표로 정리해 줘.

답변

SWOT 분석: 활동적인 시니어를 위한 디지털 서비스 사업

강점(S)	약점(W)
1. 액티브 시니어를 위한 맞춤형 서비스	1. 일부 고령자의 기술적 장벽
2. 사용자 친화적인 플랫폼 및 인터페이스	2. 기술 및 인터넷 액세스로 인한 제한된 도달 범위
3. 특정 요구에 대한 맞춤형 솔루션	3. 기존 사업자와의 경쟁
4. 지원 온라인 커뮤니티에 대한 액세스	

기회(O)	위협(T)
1. 활동적인 시니어 인구 증가	1. 급속한 기술 발전
2. 시니어 중심 조직과의 파트너십	2. 사이버 보안 위험 및 데이터 프라이버시 문제
3. 노인 서비스에 대한 정부 지원 확대	3. 경기 침체 또는 재정적 제약
4. 관련 서비스 제공으로의 확장	4. 규정 준수 및 법적 문제

이 표는 SWOT 분석에 대한 요약을 제공하며 비즈니스에 미치는 영향을 완전히 이해하기 위해 각 포인트를 추가로 탐색하고 분석하는 것이 중요합니다.

챗GPT에 페르소나를 부여해 보자. 예를 들면, 질문하기 전에 "너는 디지털 교육 사업을 하는 사업가야."라고 역할을 줄 수 있는데, AI에 데이터 검색의 조건을 주는 것과 같다. 챗GPT의 답변을 그대로 사용하기는 어렵지만 아이디어가 필요하거나 진행이 잘 안 될 때 훌륭한 파트너가 될 수 있다.

뤼튼으로 사업 계획서 쓰기

이번에는 한국형 챗GPT 뤼튼을 활용해 보자. 뤼튼은 인공지능 문장 생성 서비스 뤼튼 도큐먼트(document.wrtn.ai) 서비스를 출시했다. 뤼튼 도큐먼트는 사업 계획서와 보고서 같은 업무 문서 초안을 작성해 주는 서비스다. 한국데이터산업진흥원의 데이터바우처 지원 사업을 시작으로 다양한 정부 지원 사업의 사업 계획서 템플릿을 제공하고 있다.

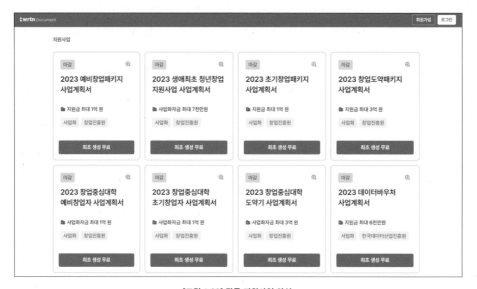

[그림 4-23] 뤼튼 지원사업 양식

출처: document.wrtn.ai

예비 창업자나 스타트업에서는 여러 지원 사업에 도전하여 도움을 받고 사업을 확장하는 것이 필요한데, 사업 계획서 작성이 쉽지 않고 시간도 많이 소요되는 것이 현실이다. 챗GPT에 지원서에 필요한 질문을 하나씩 하는 것에 앞서서 한국형 AI 서비스답게 각종 지원 사업의 템플릿을 제공하는 것이다. 지원 사업에 도전하는 창업가가 아니더라도 사업 아이디어를 확장하고 구체적인 계획을 세우는 데에 뤼튼 도큐먼트를 참고해 볼 만하다.

아래는 (주)이티랩에서 데이터바우처 지원 사업에 도전했을 때 활용해 본 뤼튼 도큐먼트의 예시이다.

[그림 4-24] 뤼튼에서 작성한 사업 지원서

출처: document.wrtn.ai

뤼튼은 용도 및 목적별 다양한 문장을 생성해 주는데, 챗GPT 사용이 막막하다면 작성하고자 하는 목적에 따라 뤼튼에게 맡겨 봐도 좋다. 문서 작성에 필요한 항목들을 몇 가지 적어 주면 필요한 문장을 알맞게 생성해 준다. (주)이티랩 교육 서비스의 상세 페이지 작성을 뤼튼에게 맡겨 보았는데, 생각지도 못한 문장들을 판매 목적과 타깃에 맞게 잘 작성해 준다. 영어 학습이 월등히 많을 수밖에 없는 챗GPT에 비해 뤼튼이 생성하는 한국어 문장은 훌륭하다.

상세 페이지 입력 항목	뤼튼 생성 문장

Gamma로 1분 만에 PPT 만들기

Gamma(gamma.app)는 주제를 입력하면 인공지능이 알아서 프레젠테이션을 작성해 주는 서비스이다. 회원 가입 후 프레젠테이션, 문서, 웹페이지의 세 가지 포맷 중 프레젠테이션을 선택하고 주제를 입력하면 인공지능이 개요를 작성해 준다. 다음으로 디자인 테마를 선택하면 개요에 맞는 프레젠테이션이 완성된다. 작성된 프레젠테이션은 웹에서 직접 수정할 수 있고, 페이지를 선택하고 인공지능 챗봇에게 수정을 요청할 수도 있다. 완성된 프레젠테이션은 PDF와 PPT 문서로 다운로드하거나 링크로 공유할 수 있다.

Gamma의 프레젠테이션 작성 과정

① 작성할 문서 양식을 선택한다.

② 주제를 입력한다.

③ 인공지능이 주제에 맞는 개요를 작성해 준다.

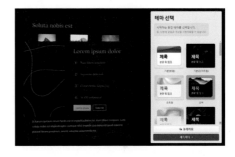

④ 디자인 테마를 선택하면 인공지능이
　프레젠테이션을 완성한다.

　아래는 '액티브 시니어의 즐거운 디지털 라이프를 위한 디지털 문화예술 교육'을 주제로 인공지능이 작성한 프레젠테이션의 일부이다. 문서 내용에 맞는 적절한 이미지를 인공지능이 배치하였고, 사용자가 수정할 수도 있다. 실제로 사용하려면 수정이 필요하겠지만 빠르게 발표 자료를 만들어야 할 때 유용하게 사용할 수 있다.

[그림 4-25] Gamma에서 작성한 프레젠테이션

출처: Gamma app

Mixxo로 1분 만에 홈페이지 만들기

믹쏘(app.mixo.io)는 아이디어를 입력하면 홈페이지를 제작해 주는 인공지능 서비스이다. 홈페이지에 대한 아이디어를 입력하면 로고와 슬로건, 후기 등으로 첫 페이지를 구성해 준다. 일반적인 홈페이지 구성에 맞게 페이지 레이아웃을 만들고, 아이디어에 어울리는 텍스트와 이미지도 채워 준다. 로고와 회사 이름, 이미지와 텍스트를 수정하면 훌륭한 홈페이지가 뚝딱 완성된다. 페이지 레이아웃도 인공지능이 알아서 해 주니 구글 사이트나 윅스보다 빠르게 홈페이지를 완성할 수 있다. 방문자가 이메일을 입력할 수 있는 '지금 가입하세요' 등의 구독 버튼도 포함되어 있어 첫 번째 홈페이지로 충분하다.

Mixxo 홈페이지 작성 과정

① 아이디어를 입력하면 로고와 슬로건을 포함한 홈페이지를 작성해 준다.

② 로고와 슬로건, 후기 등 페이지 일부를 수정할 수 있다.

[그림 4-26] Mixxo로 제작한 홈페이지

출처: Mixxo

4-5 디자인스AI로 1분 만에 영상 만들기

[그림 4-27] Designs.AI 홈페이지

디자인스AI(Designs.AI) 홈페이지에서 영상 제작을 선택하고 제목과 스크립트를 입력하면 동영상이 제작된다. 영상에 들어갈 스크립트는 챗GPT를 활용하여 만들 수 있다. 스크립트를 입력하면 이를 분석하고 키워드에 어울리는 영상을 조합하여 하나의 영상을 만들어 준다. 스크립트를 읽어 줄 인공지능 목소리와 텍스트 색상을 선택하면 1분 만에 영상이 완성된다. 화면 사이즈를 조절하거나 스크립트를 수정할 수 있고 장면 전환 효과와 편집도 가능하다. 보다 직관적인 영상 제작을 원한다면 제공되는 템플릿을 활용할 수 있다. 템플릿을 활용하면 마치 카드뉴스를 만들듯이 몇 번의 클릭으로 세련된 영상을 완성할 수 있다. 회원 가입 없이 영상을 만들어 볼 수 있고 영상을 다운로드하려면 회원 가입이 필요하다.

디자인스AI 동영상 제작 과정

① 영상 제목과 스크립트를 입력하고 테마가 되는 텍스트 색상과 최종 화면 메시지를 선택한다. 스크립트 작성은 챗GPT 또는 뤼튼을 활용할 수 있다.

② 산업 분야를 선택한다.

③ 언어와 스크립트를 읽어줄 인공지능 목소리를 선택한다.

④ 영상의 이미지와 텍스트를 수정할 수 있고, 영상에 넣고 싶은 사용자의 이미지와 영상을 업로드할 수 있다. 배경음악과 화면 비율, 화면 전환 효과 등 동영상 편집에 관한 대부분을 변경할 수 있다.

05. 디지털 자아실현

인공지능과 협업할 수 있는 다양한 도구들을 소개했는데, 인공지능이 도와줄 수 없는 것이 한 가지 있다. 인공지능은 아직 우리 마음을 알지 못한다. 내가 무엇을 하려고 하는지 무엇을 하고 싶어하는지 알지 못한다. 사업 계획서든 홈페이지든 인공지능이 많은 부분 대신해 줄 수 있지만 그에 앞서 어떤 사업을 하고 싶은지, 무엇을 위한 홈페이지를 만들려고 하는지 알려줘야 한다. 하고 싶은 일, 시도하려는 일을 발견하는 것은 자기 탐색에서 시작된다. 그리고 자기 탐색에는 다양한 경험이 가장 큰 도움이 될 것이다.

뇌를 활성화하고 창의적인 사람이 되려면 평소에 해 보지 않은 것을 시도해 보라고 한다. 매일 가던 길을 다른 길로 가보고, 매일 하던 일을 다른 방식으로 해 보는 것처럼 말이다. 디지털에서 콘텐츠를 생산한다는 것은 매일 다른 경험을 할 수 있게 한다. 어떤 콘텐츠를 만들지 고민하고 다양한 도구들을 다루면서 새로운 경험을 하고 성취감을 느낄 수 있다. 사람들이 유튜브나 SNS에 많은 시간을 소비하는 것은 매일 다른 콘텐츠를 볼 수 있기 때문일 것이다. 여기서 조금 벗어나 콘텐츠 소비자에서 생산자로 활동해 보면 어떨까? 당장 홈페이지나 영상을 제작하지 않더라도 일기를 쓰듯 경험을 기록해 볼 수 있다. SNS나 블로그도 부담스럽다면 더 쉽고 재미있는 스마트폰 앱을 활용해 볼 수 있다. 운동부터 루틴 만들기, 일기 쓰기, 그림 그리기 등 기록 목적의 다양한 앱이 있고 참여자들이 동기를 잃지 않도록 하는 챌린지 이벤트 등에도 참여해 보자.

[그림 4-28] 매슬로우의 욕구 5단계

매슬로우의 욕구 5단계는 인간의 욕구를 생리적 욕구, 안전의 욕구, 소속의 욕구, 존중의 욕구, 자아실현의 욕구로 나누고, 인간의 행동은 단계별 욕구를 충족하고자 하는 동기에서 출발한다고 한다. 하위 단계의 욕구가 충족되어야 상위 욕구가 발현되고, 최상위 욕구인 자아실현의 욕구는 하위의 네 단계 욕구가 모두 충족되어야 동기로 작동할 수 있다고 한다. 그러나 현대 사회의 인류는 과거보다 풍요로운 삶을 누리며 따라서 생리적 욕구와 안전의 욕구는 충족되었다고 할 수 있다. 생리와 안전의 욕구가 충족된 상태에서 자아실현의 욕구는 어디에서나 발현될 수 있으며, 자아실현 욕구가 충족되면 소속과 존중의 욕구는 자연스럽게 만족될 수 있다고 한다.

현대 사회에서 인간의 자아실현 욕구를 강력하게 채워 줄 수 있는 것은 디지털 리터러시이다. 소셜 미디어와 온라인 커뮤니티 형성, 디지털 콘텐츠 생산 능력 향상으로 개인은 디지털 공간에 자유롭게 자신을 표현하고 생각을 공유하며 소통할 수 있다. 여기에는 자신의 온라인 존재를 의식적으로 만들고 자신의 가치와 지식, 경험을 반영하는 콘텐츠를 생산하며, 디지털 영역에서 자신의 정체성을 표현하고 가꿀 수 있다. 디지털에서 자아는 오프라인보다 더 구체적이고 전략적으로 표현될 수 있는데, 온라인에서 개인은 존재감을 드러내어 참여하고 상호작용함으로써 표현되기 때문이다. 온라인에서 꾸준히 자기를 표현하고 상호작용하는 것은 자연스럽게 퍼스널 브랜딩으로 연결될 수 있다. 온라인에서 의식적으로 자기를 표현하고 가꾸는 것은 디지털 리터러시 역량을 키우며 건강한 관계 형성으로 시민의식을 북돋을 수 있다. 디지털에서 콘텐츠를 생산하고 온라인 커뮤니케이션과 디지털 에티켓을 이해하는 것은 자기실현을 돕는 동시에 소속과 존중의 욕구를 충족시킬 수 있다. 디지털 역량 개발은 디지털 도구 및 플랫폼을 활용함으로써 디지털 자기표현을 격려하고 개인은 디지털 탐색과 표현의 여정에서 성취감을 얻을 수 있다.

우리는 디지털 리터러시와 인공지능 리터러시, 미디어 리터러시를 주로 이야기했다. 이 역량은 우리 사회를 이해하고 미래를 살아가는 데 필수적이다. 이는 인공지능을 비롯한 미래 기술에 두려움보다 긍정적인 사고방식을 유지하고 변화에 적응하고 도전하는 태도를 갖도록 한다. 디지털 도구와 플랫폼을 활용하여 의미 있는 연결, 개인의 성장과 성취감을 고취하고 디지털 자기실현을 도울 수 있다. 이는 온라인뿐만 아니라 오프라인에서도 잠재력을 발휘하여 자신감을 가지며 긍정적인 삶의 태도를 유지하도록 한다. 우리 모두가 디지털 리터러시를 갖추고 건강한 디지털 시민으로 다가올 인류의 미래에 호기심을 가지며 즐거운 디지털 라이프를 누리기를 바란다.

참고문헌

· 『디지털 리터러시 교육과정 프레임워크 개발 연구』 이운지, 이은환, 김수환 (2019)
· 『AI 이후의 세계』 헨리 A. 키신저, 에릭 슈미트, 대니얼 허튼로커 저자(2023)
· 『디지로그 선언』 이어령 저자(2008)
· 『소설의 이해』 에드워드 모건 포스터(Edward Morgan Forster) 저자(1927)
· 『제4차 산업혁명』 클라우스 슈밥 저자 (2016)
· 『열 두 발자국』 정재승 저자(2018)

챗GPT chat.openai.com
뤼튼 wrtn.ai
노션 notion.so
DQ연구소 www.dqinstitute.org
DQ월드www.dqworld.net
개인정보포털 privacy.go.kr
SNU 팩트체크 factcheck.snu.ac.kr
팩트체크 사실 혹은 거짓 fcainse.kr
지속발전가능 포털 ncsd.go.kr
창업지원 포털 www.k-startup.go.kr

Chat GPT
AI 시대 리터러시를 만나다
디지털·미디어·인공지능 리터러시와 1인 기업가 되기

2023년 10월 5일	1판	1쇄	인 쇄
2023년 10월 16일	1판	1쇄	발 행

지 은 이 : 김미진 · 주혜정 공저

펴 낸 이 : 박　　　정　　　태

펴 낸 곳 : **주식회사 광문각출판미디어**

10881
파주시 파주출판문화도시 광인사길 161
광문각 B/D 3층
등　　　록 : 2022. 9. 2 제2022 - 000102호
전　화(代): 031-955-8787
팩　　　스 : 031-955-3730
E - mail : kwangmk7@hanmail.net
홈페이지 : www.kwangmoonkag.co.kr

ISBN : 979-11-93205-10-5　　　13000

값 : 20,000원

한국과학기술출판협회
Korean Science & Technology Publisher Association